Das Buch

Rainer Rupp alias »Topas« hat noch keine Memoiren vorgelegt. Das Interesse an der wichtigsten Quelle im Hauptquartier der NATO, die die Aufklärung der DDR in Brüssel hatte, ist aber ungebrochen. So haben denn zwei Freunde von ihm aus Selbstzeugnissen von Rainer Rupp, aus Korrespondenzen und Interviews, die er während und nach seiner Haft gab, das Leben einer ungewöhnlichen Persönlichkeit zu rekonstruieren versucht.
Rainer Rupp war ein Überzeugungstäter, und er ist es auch noch heute. Als Marxist glaubt er an die Veränderbarkeit der Welt — und an die Notwendigkeit, sie zu verändern, wenn denn Frieden und soziale Gerechtigkeit herrschen sollen. Als Analytiker und Publizist setzt er sich unverändert mit zentralen Menschheitsfragen auseinander. Er war und er ist ein Aufklärer in des Wortes doppelter Bedeutung.
Das Buch ist das erste in einer Porträt-Reihe, die wichtigen Spionen der DDR, die damals mit Recht »Kundschafter des Friedens« hießen, gewidmet ist.

Die Herausgeber

Klaus Eichner, Jahrgang 1939, von 1957 bis 1990 Mitarbeiter des MfS, letzter Dienstgrad Oberst. Von 1957 bis 1968 in der Spionageabwehr, danach in der Aufklärung des MfS; leitender Analytiker auf dem Gebiet der US-Geheimdienste; zuletzt Leiter des Bereiches IX/C (Auswertung/Analyse der Abteilung IX der HV A – Gegenspionage).

Karl Rehbaum, Jahrgang 1937, von 1955 bis 1990 Mitarbeiter des MfS, letzter Dienstgrad Oberst. Bis 1965 in der Abwehr (Schutz der Volkswirtschaft), danach in der HV A, spezialisiert auf NATO und EG. Zuletzt Leiter der Abt. XII. Führungsoffizier von Rainer Rupp.
Wegen Landesverrats zu einer Bewährungsstrafe verurteilt.

D1727843

Klaus Eichner/Karl Rehbaum
(Herausgeber)

Deckname Topas

Der Spion Rainer Rupp
in Selbstzeugnissen

edition ost

Inhalt

Topas war nicht der klassische Verräter,
der aus Geldgier handelte, sondern ein Überzeugungstäter.
»Ich steh zu dem, was ich getan habe. In dem Moment,
wo ich es getan habe, habe ich geglaubt,
dass es meine moralische Pflicht war, es zu tun.«

»Der Mann, der die NATO verriet – Topspion Topas«,
ARD-Dokumentation von Jörg Hafkemeyer,
Erstausstrahlung 2001

Auftakt einer neuen Reihe

Mit dem vorliegenden Buch beginnen ehemals verantwortliche Mitarbeiter der Hauptverwaltung A eine Porträt-Reihe, in der bedeutsame Kundschafter und Kundschafterinnen der DDR möglichst detailliert dargestellt werden. Dabei greifen sie auf Texte und Aufzeichnungen der Porträtierten, vorliegende Publikationen und andere Berichte zurück.

Mit dieser Porträt-Reihe soll auch an Kundschafter der DDR erinnert werden, über die in der Vergangenheit wenige – und oft auch falsche – Informationen in die Öffentlichkeit gelangten. Damit werden Mitarbeiter der HV A und die noch lebenden Kundschafter erneut ihrer oft von offizieller Seite verleugneten Rolle als Zeitzeugen des Kalten Krieges gerecht. Zudem soll ihnen auf diese Weise ein publizistisches Denkmal gesetzt werden – in einer Zeit, da Erinnerungen an den Sozialismus geschleift werden.

Nicht ohne Grund wird diese Serie mit einem Porträt über den Kundschafter Rainer Rupp begonnen. Er war eine der bedeutendsten Quellen der HV A, der mit seinem Zugang zu NATO-Dokumenten der höchsten Geheimhaltungsstufen und seinem kreativen Agieren, selbst besonders geschützte Geheimdokumente für die HV A zu beschaffen, entscheidende Beiträge für die militärstrategische Aufklärung des sozialistischen Lagers geleistet hatte.

Gleichzeitig war und ist Rainer Rupp auch heute noch unermüdlich als marxistischer Publizist und Analytiker in linken Medien erfolgreich tätig. Die Vielzahl seiner Publikationen zwang die Autoren, eine strenge Auswahl zu treffen. Leser der Tageszeitung *junge Welt* finden ihn fast täglich in dieser Zeitung.

Die Herausgeber konnten auf Rupps umfangreiche Korrespondenz zurückgreifen, die er in der Untersuchungshaft und in der Justizvollzugsanstalt Saarbrücken führte. Darin fixierte Rainer Rupp eine Vielzahl Überlegungen zu politischen Pro-

Werner Großmann und Rainer Rupp bei der Vorstellung des Buches »Militärspionage« im Gebäude des Neuen Deutschland, *8. September 2011*

blemen, die unverändert Anregungen für Diskussionen auf marxistischer Grundlage geben. Besonders beeindruckten mich seine Gedanken über die Ursachen unserer Niederlage, die Defizite des Realsozialismus in der Sowjetunion und der DDR sowie seine Überlegungen zu Elementen einer Strategie für die Schaffung einer Alternative zur kapitalistischen Gegenwart.

Ich danke den Autoren dieser Serie für ihre Bemühungen und wünsche der Porträt-Reihe eine weite Verbreitung – auch und nicht zuletzt in den uns nachfolgenden Generationen.

Generaloberst a. D. Werner Großmann,
letzter Leiter der Hauptverwaltung A des MfS der DDR

Die Jagd auf » Topas«

Am 15. Januar 1990 beging Dr. Heinz Busch Fahnenflucht. Der Oberst des MfS war stellvertretender Leiter der Abteilung VII der HV A (»Politische Auswertung«). Den Verantwortlichen in der Aufklärung war bewusst, dass er sein Wissen über Quellenpositionen des Dienstes dem Gegner offenbaren würde.

Busch war verantwortlich für alle militärpolitischen Analysen der HV A und erhielt zu diesem Zweck alle relevanten Informationen.

Nach den Quellenschutz-Regeln der HV A kannte er weder die Klarpersonalien der Quellen noch ihre konkreten Positionen in den Zielobjekten. Die Auswerter wussten nur die Decknamen und Registriernummern des Vorganges. Sie erhielten die Informationen aus dem Objekt in entsprechender Neutralisierung. Jedoch ließ es sich nicht vermeiden, dass bei einem langjährigen, dichten Informationsfluss ein erfahrener Auswerter mit guten Kenntnissen über das Zielobjekt ungefähre Vorstellungen über die Zugangsmöglichkeiten der Quelle und damit über deren mögliche Position im Objekt gewann.

Darum war Busch in der Lage, bundesdeutschen Behörden mitzuteilen, dass die Abteilung XII der HV A eine Quelle im Herzen der NATO führte, die den Decknamen »Topas« trug. Diese Tatsache war folglich seit Mitte Januar 1990 den Sicherheitsbehörden der BRD und der USA bekannt.

In dieser Zeit wurde eine Sonder-Arbeitsgruppe unter Leitung von Regierungsdirektor Stüben, Abteilung IV (»Spionageabwehr«) des Bundesamtes für Verfassungsschutz, aktiv, um »Topas« zu identifizieren. Ihr gehörten Mitarbeiter des MAD und des BND an, es gab entsprechende Arbeitsverbindungen zu den Sicherheitsinstitutionen der NATO. Besonders enge Beziehungen unterhielt die Sonder-Arbeitsgruppe zu den Geheimdiensten der USA, ihren Vertretern in der BRD und in der NATO.

Die Bundesanwaltschaft unter Leitung des nachmaligen Bundesanwalts von Langsdorff leitete ein Ermittlungsverfahren ein und beauftragte das Bundeskriminalamt mit intensiven Recherchen, die vor und auch nach der Enttarnung von »Topas« mit hohem Aufwand betrieben wurden.

Erst im ersten Halbjahr 1992 tauchten darüber Informationen in Medien der BRD auf. Die Journalisten beriefen sich auf eine »regelmäßig geheim tagende Expertengruppe aus allen deutschen Sicherheitsbehörden einschließlich der Bundesanwaltschaft in Karlsruhe«. (*Die Welt* vom 13. Mai 1992)

Gleichzeitig kamen spezielle Legenden auf. Sehr schnell wurde ein ganzes Agentennetz der HV A in der NATO ausgemacht, bestehend aus Informanten unterschiedlicher Nationalität auf mittlerer und hoher Ebene des Bündnisses.

Die Schwierigkeiten bei der Enttarnung von »Topas« führte man darauf zurück, dass dieser angeblich zu einem nachrichtendienstlichen Doppelspiel der amerikanischen Geheimdienste gehörte, in das die westlichen Verbündeten und die Führungskräfte der NATO keinen Einblick hätten.

Nicht zuletzt wurde die Behauptung kolportiert, die HV A habe die Quelle rechtzeitig an den sowjetischen Geheimdienst übergeben und die bisherigen Führungsoffiziere von »Topas« unterlägen damit einer besonderen Schweigepflicht.

Diese und weitere Spekulationen beherrschten bis Mitte 1993 die Medien in dieser Sache, bis schließlich die Quelle der HV A enttarnt und diese bei einem Besuch der Eltern in Saarburg festgenommen worden war.

Jedoch war, wie sich bald zeigte, der Fahndungserfolg nicht den hochbezahlten deutschen Spürnasen zuzuschreiben – die Identität der Quelle »Topas« lieferte ihnen die CIA mit Hilfe jener Akten, die in der Öffentlichkeit unter der Bezeichnung »Rosenholz« bekannt wurden. Dazu hieß es im *Spiegel* 32/1993 (»Auf den Knien zur CIA«): »Um die US-Connection zu verheimlichen, haben Verfassungsschützer und das Bonner Kanzleramt seit Wochen falsche Spuren gelegt. Sie ließen den Spekulationen, die sommerliche Agentenjagd sei auf große Aktenlieferungen vom Moskauer KGB zurückzuführen, freien Lauf – und heizten die Gerüchteküche durch doppeldeutige Interpretationen weiter an. Dabei, so zeigt sich jetzt, hat es eine

Aktenübergabe in großem Stil von Moskau an Bonn nicht gegeben.«

Zum Komplex »Rosenholz« eine kurze Erinnerung: Die CIA erhielt auf bisher unbekannten Wegen eine Kopie von Registrierungsunterlagen der HV A – das waren mikroverfilmte Karteikarten und Statistikunterlagen, keine Akten von Quellen.

Die Karteikarten widerspiegelten den Stand der Personenerfassungen der HVA bis Ende 1988. Das betraf alle Personenhinweise, die für die HVA relevant waren – und auch die Klarpersonalien von Quellen, Kontaktpersonen und anderen in den registrierten Vorgängen bedeutsamen Personen.

Zur Ergänzung existierte eine sogenannte Vorgangskartei. Durch Vergleich beider Karteikomplexe war die Identifizierung der Quellen möglich.

Die CIA informierte erst nach Abschluss ihrer Untersuchungen die BRD und andere NATO-Partner über den Besitz der HV A-Unterlagen. Das war etwa Anfang 1993. Eine Gruppe von Mitarbeitern des Bundesamtes für Verfassungsschutz wurde nach Washington entsandt, um dort Kopien der Karteikarten einzusehen und Angaben über HV A-Kontakte mit Bundesbürgern abschreiben. Diese Aktion erhielt im Verfassungsschutz intern die Deckbezeichnung »Rosenholz«.

Erst nach langwierigen Verhandlungen erhielt die Bundesregierung Jahre später von der CIA einen Satz elektronischer Datenträger mit Abschriften der Unterlagen. Über die Vollzähligkeit der Angaben kann man nur spekulieren.

Nachdem Rainer Rupp als »Topas« identifiziert worden war, mussten sich die Sicherheitsbehörden der BRD gedulden. Rupp lebte damals mit seiner Familie in Belgien und konnte dort nicht von deutschen Beamten festgenommen werden. Erst als Rainer Rupp zu einer Familienfeier nach Saarburg kam, konnten sie zuschlagen.

In seinem Beitrag »Mittendrin in der NATO« im Band 6 der Geschichte der HV A (»Militärspionage. Die DDR-Aufklärung in NATO und Bundeswehr«) beschrieb Rainer Rupp, wie er und seine Ehefrau die Fahndung nach der Quelle »Topas« erlebten. Darin nahm er auch Bezug auf den Verräter Heinz Busch: »Am 15. Januar 1990 war der Leiter der militärpolitischen Auswertung der Abteilung VII in der HV A, Oberst Dr. Heinz Busch, zum Bundesnachrichtendienst übergelaufen und hatte als Morgengabe sein Wissen über ›Topas‹ mitgebracht. Zuerst glaubt man im BND-Hauptquartier in München, es handelte sich bei Busch um einen Angeber, als er seinen Verhörspezialisten versicherte, dass ›die NATO so durchlässig‹ sei ›wie ein Sieb‹. Überläufer übertreiben gerne, um sich wichtig zu machen und so ihre Verhandlungsbasis zu stärken bzw. ihren Preis in die Höhe zu treiben. Zudem hatte Busch aus Angst vor seiner Entdeckung beim Grenzübertritt kein einziges von ›Topas‹ an die HV A geliefertes Dokument mit in den Westen gebracht, sondern lediglich die Vorgangsnummer und den besagten Decknamen.

Als Oberst Dr. Busch dann jedoch zu erzählen begann und seine auf Grundlage der ›Topas‹-Dokumente über viele Jahre erworbenen, intimen und umfangreichen Kenntnisse über die militärische Planung der NATO und ihrer Mitgliedsstaaten zum Besten gab, gingen den BND-Zuhörern die Augen über. Schleunigst wurde Anfang 1990 eine hochrangige Arbeitsgruppe zusammen gestellt, die sich aus Vertretern des BND, der Staatsschutzabteilung des BKA, des Bundesverfassungsschutzes, des Militärischen Abschirmdienstes und der Bundesanwaltschaft zusammensetzte und die die Suche nach ›Topas‹ mit einer ebenfalls zu diesem Zweck neu gegründeten Gruppe im NATO-Hauptquartier in Brüssel koordinierte. Im April/ Mai 1990 lief die Operation nach dem meistgesuchten Mann der BRD, die – so die Bundesanwaltschaft später – ›zur größten Suchaktion‹ der Geheimdienste der BRD werden sollte, bereits auf Hochtouren. Aber die Dienste wussten nicht genau, wo sie mit der Suche beginnen sollten.

Die Informationen von Bush entsprachen nicht unbedingt den aus den Vernehmungen von Übersetzern, Sekretärinnen, Technikern und anderem Personal der HV A gewonnen Erkenntnissen über ›Topas‹. Zugleich wurde für die westdeutschen Spürhunde langsam klar, dass das NATO-Material, das Oberst Busch zur Analyse bekommen hatte, nur die Spitze eines Eisberges war. Nach über einem Jahr akribischer Untersuchungen und Verhöre ehemaliger HV A-Mitarbeiter und anderer DDR-Bürger war klar, dass neben den militärischen und militärpolitischen Dokumenten aus der NATO-Abteilung für ›Verteidigungsplanung und -politik‹ (*Defence Planning und Policy Division*), mit denen sich Oberst Dr. Busch hauptsächlich beschäftigt hatte, ganz offensichtlich auch andere Auswerter der HVA Material von ›Topas‹ bekommen hatten, das aus den anderen vier Hauptabteilungen des NATO-Hauptquartiers stammte.

Auf Grund der Fülle des von ›Topas‹ aus allen NATO-Abteilungen gelieferten Materials schlossen die Verfolger schließlich, dass sich hinter dem Decknamen nur ein ›Spionagering‹ verbergen konnte. Aber auch diese Annahme half nicht weiter, und die Suche nach den Mitgliedern des ›Rings‹ blieb ohne Erfolg.

Dank in früheren, aktiven Zeiten getroffener, sorgfältiger Vorbereitung und glücklicher Umstände, deren Hintergründe das Thema dieses Beitrages sprengen würde, konnte ich die Suche nach ›Topas‹ in der NATO von Anbeginn im Detail mitverfolgen. Hinzu kam, dass ich seit vielen Jahren ständigen und freundschaftlichen Umgang mit den führenden Mitarbeitern der NATO-Sicherheitsabteilung hatte, der Leiter der Gruppe, die ›Topas‹ fassen sollte, mit eingeschlossen.

Während der dreieinhalb Jahre dauernden Suche stand ich bis zuletzt nicht in Verdacht. Erst nachdem es der CIA nach jahrelangen Bemühungen im Frühling 1993 gelungen war, die zwei im Rahmen der sogenannten ›Operation Rosenholz‹ für angeblich eine Million Dollar aus bisher ungeklärten Quellen beschafften Personaldateien der HV A gegenseitig abzugleichen, konnte man in Washington schließlich im Juni 1993 die Identität von ›Topas‹ zweifelsfrei bestätigen.

Am 31. Juli 1993, als ich mit meiner Ehefrau und unseren drei kleinen Kindern von Brüssel zum Geburtstag meiner Mutter in meinen Heimatort in der Nähe von Trier kam, schlug die Falle zu. Über 70 Mitarbeiter des BKA-Staatsschutzes und der Polizei waren im Einsatz und hatten die Umgebung rund um das Elternhaus weiträumig gesichert. Meine Ehefrau und ich wurden verhaftet.«

Rainer Rupp bei der Gesellschaft zum Schutz von Bürgerrecht und Menschenwürde e. V. (GBM) in Berlin, 5. November 2011. Rechts Prof. Gerhard Fischer, 1. Sprecher des Berliner Alternativen Geschichtsforums

Rainer W. Rupp:
Herkunft und Entwicklung

Biografische Angaben aus dem Urteil des Oberlandesgerichts
Düsseldorf von 1994

»Der heute 49-jährige, bisher nicht vorbestrafte Angeklagte Rainer Rupp wurde in Saarlouis als nichteheliches Kind von Margarete Rupp geboren.

[…]

1958 – nach der Eheschließung seiner Mutter – zog Rainer Rupp zu ihr und seinem Stiefvater Rudolf Jacoby nach Saarburg und besuchte von nun an ein neusprachliches Gymnasium in Trier, nachdem er zuvor nach vierjähriger Grundschulzeit in Schwalbach auf das Humanistische Gymnasium in Saarlouis gewechselt war. Zu seinem Stiefvater hatte er ein gutes Verhältnis ebenso wie zu seinen drei Halbbrüdern.

Mit 16 Jahren – veranlasst durch die vermeintlich spießbürgerliche Enge einer Kleinstadt – riss der Angeklagte Rainer Rupp für ca. 6 bis 8 Wochen nach Paris aus; zuvor hatte er bereits einen Sommerurlaub an der Nordsee »überzogen« und war per Autostopp für einige Wochen nach Schweden gereist.

[…]

Nach bestandenem Abitur studierte er ab 1964/65 Volkswirtschaft an den Universitäten in Mainz (bis etwa 1969), Brüssel (bis 1970) und Bonn, wo er im Frühjahr 1974 sein Studium erfolgreich mit der Note 2+ abschloss.

Im Anschluss fand er zunächst an der Universität in Brüssel eine Anstellung als wissenschaftlicher Mitarbeiter für ein Forschungsprojekt über internationale kurzfristige Kapitalbewegungen. Bereits 1975 arbeitete er gleichzeitig – zunächst nur halbtags – bei einer Firma IRELCO in Brüssel, die Industrieinteressen bei den politischen Gremien wahrnahm, als rechte Hand des Geschäftsführers. Anfang 1976 wechselte er zur

Brüsseler Industriebank CEDIF und fungierte dort ein Jahr als Leiter der Abteilung für INDUSTRIAL ECONOMIC RESEARCH.

Seit dem 15. Januar 1977 war er bis zu seiner Festnahme am 31. Juli 1993 als *Country Rapporteur* im Wirtschaftsdirektorat der NATO tätig, wo er zuletzt umgerechnet etwa 16.000 DM netto monatlich verdiente.«

Politische Entwicklung

Mit Beginn des inoffiziellen Kontaktes zur HV A wurde Rainer Rupp gebeten, seine öffentlichen politischen Äußerungen und Aktivitäten weitgehend einzustellen bzw. zu neutralisieren. In einer späteren Phase der Zusammenarbeit mit der HV A erfolgte seine Aufnahme als Mitglied der SED. Nach 1989/90 bzw. nach seiner Inhaftierung war er Mitglied der PDS und nahm unmittelbar nach seiner Freilassung aktiv und öffentlich an Parteitagen und zentralen Veranstaltungen der Partei teil.

Entwicklungen in der PDS, die seiner politischen Überzeugung zuwiderliefen, veranlassten Rainer Rupp, aus dieser Partei auszutreten. Rainer Rupp: »Ich bin Marxist, weil ich mit Marx konform gehe, dass die Geschichte der Menschheit eine Geschichte der Klassenkämpfe ist«. (*Tagesspiegel* vom 2. Januar 1999)

»Für Rupp war diese Zeit, abgesehen von hoher psychischer Belastung, nicht frei von Konflikten. Er war sich seiner Verantwortung für die Erhaltung des militärischen Gleichgewichts von NATO und Warschauer Pakt bewusst. Zugleich erkannte er mit wachsender Beunruhigung, dass der Sozialismusversuch in der DDR womöglich scheitert, wenn nicht notwendige wirtschaftliche und politische Reformen durchgeführt würden«, schrieb das *Neue Deutschland* über ihn in der Haft am 30. Juli 1998.

Am 27. Dezember 1995 reflektierte Rupp in einem Brief seine innere Haltung in dieser Frage: »An manchen Tagen überkommt mich eine innere Leere und Resignation, wenn ich daran denke, welche historische Chance wir verspielt haben, die Idee des Sozialismus in einer wirklich humanen Gesellschaft zu verwirklichen. Hierfür hatte ich mit jeder Faser meines Herzens gekämpft und auch die Sicherheit meiner kostbaren Familie aufs Spiel gesetzt. […]

Da ich aber auch ein politischer Mensch bin, sehe ich mich auch als Teil der Gesellschaft und ihrer Entwicklung. Und hier gibt es wenig Positives. Andererseits versuche ich mich in die Rolle jener Genossen zu versetzen, die unter ungleich schwierigeren politischen und physischen Bedingungen im Knast und im Konzentrationslager saßen und lasse deren Widerstandskraft mir Vorbild sein. Allerdings hatten jene Genossen trotz ihrer ungleich viel schwierigeren Lage doch einen großen Vorteil: die Solidarität der Partei, und die Partei wusste, wofür sie stand.«

Rainer Rupp und seine Familie

In seinen Briefen an Freunde und Genossen äußerte sich Rainer Rupp ab und zu auch über seine Sorgen, welche Auswirkungen seine Verhaftung, der Prozess und die lange Haftzeit auf seine Ehefrau Ann und die Kinder haben könnten. Letzten Endes siegt immer wieder der Optimismus. Aus allen Zeilen ist seine tiefe Zuneigung zur Familie spürbar.

Am 4. September 1994 notierte er in der UHA Koblenz:

»*Dies irae, dies ulla* (Der Tag des Zornes naht) – hier: der Tag des Prozessbeginns naht mit Riesenschritten. […]

Quälend langsam vergeht die Zeit, wenn ich an meine Familie denke; an Ann, die ich heute genauso liebe wie am ersten Tag – wenn nicht noch mehr – und der gegenüber ich trotzdem große Schuld auf mich geladen habe.

Und dann sind noch die Kinder da. Ich hatte mich immer so bemüht, ein guter Vater zu sein, Freund und Erzieher und liebender Vater, der immer da war für sie, wenn sie etwas bedrückte. Und es hat mir soviel Freude gemacht, in jeder ihrer Entwicklungsphasen dabeisein zu können. Ich vermisse sie sehr – und noch mehr, wenn ich sehe, wie sehr ich ihnen fehle, wenn sie mich nach einem Besuch hier wieder verlassen müssen. Das macht mir sehr zu schaffen. Auch jetzt, wo ich darüber schreibe, werde ich ganz nervös. Da ist nichts, aber auch gar nichts, was man machen kann. Zu dem Gefühl der absoluten Hilflosigkeit kommt dann auch noch das alles überlagernde Bewusstsein der eigenen Schuld. Das kann ich auf niemand anderes abwälzen oder mich sonst wie herausreden.

[…]

Gerade jetzt, vor der bevorstehenden Prüfung (*gemeint ist der Prozess – d. Hrsg.*) ist die Gesundheit besonders wichtig. Das ist auch das Thema, das mich hier im Knast besonders beschäftigt: die Angst, dass Ann oder die Kinder krank werden könnten. Auch die Gewissheit, daß ich für eine sehr lange Zeit das Leben und die Entwicklung meiner Familie nur noch passiv aus der Ferne beobachten kann, belastet mich sehr. […] Ich muss da ganz alleine durch. Und solange es Frau und Kindern gut geht, schaffe ich das auch.«

Aus einem Brief zum Jahresende 1995:

»Das ist aber alles zu ertragen, da trotz aller Widrigkeiten meine Familie intakt geblieben ist; die Beziehungen zu meiner Frau und den Kindern sind fest wie eh und je. Und auch meine Eltern und Brüder – obwohl sie meine nachrichtendienstliche Tätigkeit, und wie es dazu kam, nicht verstehen und viel weniger gutheißen – stehen weiter hinter mir. So lässt sich selbst die härteste Haftzeit ertragen.«

Am 27. Februar 1996 schrieb er:

»Zum Glück hat sich die Generalbundesanwaltschaft an unseren Deal gehalten, und meine Frau ist draußen geblieben. So haben unsere Kinder wenigstens einen Elternteil.

Meine Frau Ann und die Kinder wohnen jetzt in einem kleinen Dorf unweit von Trier, das ja jedem Marxisten bekannt ist, und in der Nähe (5 km) von meinen Eltern und Brüdern.

Weder meine Frau noch die Kinder werden wegen meiner ›Tat‹ stigmatisiert, sondern sie sind mittlerweile in der dörflichen Gemeinschaft recht gut integriert. Und ich bin auch froh, dass jetzt, da meine beiden Söhne (14 und 16) in die Pubertät kommen, die Familie in einer ländlichen Gegend wohnt, wo ›die Welt noch in Ordnung‹ ist und nicht in einer Großstadt, zumal ich als Vater bei der Erziehung ausfalle.

Und gerade die Erziehung unserer drei Kinder (es gibt noch ein Mädchen von 9 Jahren) zu offenen, kritisch-selbstbewussten Menschen mit dem aufrechten Gang hat mir so sehr am Herzen gelegen. Trotz aller Schwierigkeiten scheint meine Frau aber auch dieser Aufgabe recht gut gewachsen. Ann steht fest zu mir und sie ist eine großartige Kameradin, liebe Frau und gute Mutter; und leider z. Z. der einzige Brotverdiener. Sie hat zur Zeit eine Dreiviertel-Stelle an der Uni in Trier, wo sie für einen recht bekannten Politikwissenschaftler arbeitet. Der hat aber nun einen Ruf nach Potsdam bekommen und will sie mitnehmen. Sie aber möchte die Kinder nicht schon wieder aus ihrem Umfeld reißen, in das sie gerade erst richtig hineingewachsen sind und in dem sie sich wohlfühlen. Da Ann jedoch allseits geschätzt wird, braucht sie sich um ihren Arbeitsplatz vorerst keine Sorge zu machen.

Und da ist auch immer noch die Großfamilie. Meine Eltern (Mutter und Stiefvater) und meine drei jüngeren Stiefbrüder unterstützen uns, wo sie nur können. Auch stehen sie weiter fest hinter mir, wenn sie auch meinen Einsatz für das ›marode DDR-System‹ nicht verstehen können. Mit 20 kam Vater für vier Jahre in russische Kriegsgefangenschaft und hat sich dort sein Bild über Russland und den Kommunismus gemacht. Dabei war sein Bild von den Russen nie negativ; er betonte stets, dass er fair behandelt wurde; zwar gab es für die Kriegsgefangenen kaum etwas zu essen – zumindest vor und einige Zeit nach Kriegsende –, aber die Russen hatten ja selbst nichts zu essen. Und wer arbeitet, soll auch essen; so oder ähnlich zitierte er Stalin. Und zu arbeiten verstand Vater und wusste sich als Techniker und Mechaniker in den verschiedenen Lagern und Betrieben ›unentbehrlich‹ zu machen.

Aber der Kommunismus kann nie bestehen, weil die Eigensucht des Menschen stärker ist; so versuchte er mich schon als Jugendlichen zu belehren, wenn ich mich für marxistische Ideen begeisterte. Er hat die größten Schwierigkeiten, meine ›Tat‹ zu verstehen. Und trotzdem behandelt er mich weiter wie seinen Sohn und nicht wie ein Stiefkind.

In meinem Elternhaus bekam ich eine humanistische Erziehung, und es war Mutter, die alles zusammenhielt und uns schon als Kinder lehrte, dass Meinungsverschiedenheiten kein

Grund waren, sich einander böse zu sein. Und dieser Zusammenhalt innerhalb der Familie hat auch nun während meiner Einkerkerung Bestand.

Mehr Verständnis für mein Handeln finde ich bei meiner Mutter; so sind Mütter halt eben. Seit meiner Verhaftung hat sie viel über den Kommunismus gelesen; und zwar nicht die vorgekauten Meinungen, die dazu in der gängigen BRD-Literatur zu finden sind. Von großem Einfluss war dabei auch ein Zusammentreffen meiner Mutter mit dem (Schriftsteller-)Ehepaar Schuder-Hirsch aus Ostberlin. Rudolf und Rosemarie haben mich quasi ›adoptiert‹, wir schreiben uns regelmäßig, und sie haben mich hier im Knast in Saarbrücken sogar besucht. Sie schicken meinen Kinder zu jeder Gelegenheit Bücher und setzen sich auch sonst wo immer möglich für mich/uns ein.«

Eintrag am 24. März 1996:

»Die Jungs tragen Sonntagmorgens Zeitungen aus und verdienen sich so ein Taschengeld, und deshalb konnten sie nicht mitkommen. Leider bekamen beide eine Deutscharbeit mit der Note 5 zurück. Die lange Zeit auf einer englischsprachigen Schule macht sich leider immer noch negativ bemerkbar und addiert zu unseren Sorgen.«

Brief am 3. Juli 1997:

»Meiner Frau und unseren Kindern geht's den Umständen entsprechend gut. In ihrer neuen Umgebung in dörflicher Atmosphäre sind sie integriert und respektiert. Es gibt keinerlei Diskriminierungen. Desgleichen gilt für den Arbeitsplatz meiner Frau. Sie hat nun einen Dreiviertel-Job an der Universität und kann so die Familie materiell über Wasser halten. Du kannst Dir ja vorstellen, dass sie alle Hände voll zu tun hat; Erziehung, Haushalt, Anlaufstelle für Auskünfte über ihren Mann etc. Leider kann ich ihr von hier aus nichts abnehmen. Aber sie beklagt sich nie, und wenn ich nachhake, untertreibt sie stets in ihrer sehr britischen Art, um mir das Herz nicht schwer zu machen.

Ann und die Kinder kommen mich regelmäßig besuchen. Und immer wieder muss ich erstaunt feststellen, wie sehr die

Kinder gewachsen sind; ein Zeichen dafür, wie schnell die Zeit vergeht. Die dreieinhalb Stunden Besuchszeit im Monat reichen jedoch bei weitem nicht aus, um auch nur halbwegs alles besprechen zu können, zumal jedes unserer drei Kinder seine eigenen Probleme und Erlebnisse hat, die es dem Vater mitteilen möchte. Und hinzu kommt, dass wir manchmal noch einen Teil der Zeit an andere Besucher abtreten, wenn z. B. meine alten Genossen und Freunde aus der HV A, mit denen ich lange Jahre zusammengearbeitet habe, die lange Reise hierher antreten; oder wenn ein Journalist zu einem Interview hierher kommt.«

Aus einem Brief vom 27. September 1997:
»Herzlichen Dank für die Geburtstagsgrüße und Eure Solidarität. Besonders hat mich gefreut, dass Ihr auch an meine Familie gedacht habt. Der geht es zwar den Umständen entsprechend gut, aber trotzdem werde ich das Gefühl nicht los, dass meine Frau – obwohl in Freiheit – härter bestraft ist als ich, denn an ihr allein bleiben alle Sorgen des Alltags hängen – materielle Existenz der Familie, Arbeit, Erziehung der Kinder, Haushalt, und der Mann im Gefängnis –, während ich hier hinter Gittern meine Zeit so sinnvoll wie möglich mit meiner Lektüre und Schreibarbeit verbringe und von Alltagssorgen nicht geplagt werde, denn hier drinnen ist alles geregelt, und man muss nur den Anweisungen folgen.

Allerdings hat mich meine Frau ihre Bürde nie spüren lassen. Beim Besuch – im Monat dreieinhalb Stunden – höre ich nie eine Klage, alles ist in Ordnung; wir werden das schon schaffen, bekomme ich zu hören, und ich weiß, dass sie es schafft. Aber zu gern würde ich ihr zur Seite stehen. Aber das wird noch was dauern, denn in den Köpfen der maßgeblichen Politiker geht der Kalte Krieg weiter, solange sich noch auf deutschem Boden sozialistisches Gedankengut regt.«

Aus einem Brief vom 26. September 1997:
»Eine Woche vorher waren Karl Rehbaum und mein ehemaliger Instrukteur, Heinz Sacher, zu Besuch. Ann hatte ihnen die restlichen anderthalb Stunden der monatlichen Besuchszeit abgetreten, weil sie weiß, welch enge Freundschaft uns drei

verbindet. Sie kommen mich regelmäßig einmal im Jahr um diese Zeit besuchen. Anschließend verbringen sie ein paar Tage in der Nähe von Ann, sprechen viel mit ihr und unseren Kindern, aber auch mit meinen Eltern.

In den vergangenen Jahren hatte sich allerdings mein Vater diesen Treffen stets entzogen. Obwohl er sich nie von mir abgewendet hatte, hatte ihm meine Verhaftung doch am meisten zu schaffen gemacht. Da er als angesehener Geschäftsmann sein Leben lang immer viel Wert auf das Ansehen bei den ›Leuten‹ seines Umfeldes gelegt hatte, was ich ihm als junger Mann immer als Spießertum vorgeworfen hatte, was aber sicherlich notwendig ist, wenn man als Geschäftsmann in einem kleinen Städtchen der Provinz bestehen will, also da er immer viel Wert auf den guten Ruf der Familie gelegt hatte, hatte ihn meine Verurteilung als Hochverräter im Rampenlicht der Öffentlichkeit besonders stark mitgenommen.

Hinzu kommt, dass er zwar nie antikommunistisch eingestellt war, sondern das System im Osten als gut gemeint, aber für die menschliche Natur als absolut untauglich ansah; eine Meinung, die, versetzt mit den üblichen, westlichen Propagandasprüchen, ich mir als junger Mann immer wieder anhören musste. Und nun stellte sich heraus, dass ausgerechnet ich, auf dessen berufliches Fortkommen er doch so stolz war, für eben dieses ›untaugliche System‹ gearbeitet hatte und mit Schimpf und Schande ins Gefängnis gesteckt wurde.

Soweit der Vorspann.

So ist es schon irgendwie verständlich, dass er die Leute, mit denen ich dieses schändliche Tun betrieben hatte, nicht kennenlernen wollte.

Meine Mutter war von jeher geistig viel aufgeschlossener und seit meiner Verhaftung beschäftigte sie sich intensiv mit der deutschen linken Geschichte und begann mit der Zeit meine Motivation zu verstehen. Sie hatte denn auch bezüglich Karl und Heinz keine Berührungsängste. Und nachdem sie das erste Mal mit ihnen gesprochen hatte, lud sie die beiden für das folgende Jahr zu sich nach Hause ein.

Beim nächsten Mal hatte Vater noch das Weite gesucht, aber dieses Jahr blieb er da, und wie ich von allen Seiten gehört habe, gab es einen sehr langen Abend mit viel Diskussion und

Saarwein, und man ist sich allseits viel näher gekommen, sogar soweit, dass Vater persönlich die Einladung fürs nächste Jahr ausgesprochen hat. Dann soll bei meinen Eltern ein Ostabend steigen, wozu die beiden die entsprechenden ›DDR-Produkte‹ mitbringen.

Wenn ich so lange darüber schreibe, dann nur weil ich mich über diese Entwicklung sehr freue.«

Aus einem Brief vom 8. November 1997:

»Vorgestern war meine Frau Ann zu einem einstündigen Sonderbesuch bei mir, der durch Mithilfe des Anstaltspfarrers alle drei Monate ermöglicht wird. Bei diesen Gelegenheiten sind die Kinder nicht dabei, so dass wir uns, ohne auf sie Rücksicht nehmen zu müssen, auch über politische Dinge unterhalten können. Und ich kann Dir gar nicht beschreiben, welche große moralische Hilfe mir meine Ann ist, abgesehen davon, mit welcher Bravour sie alle anderen Probleme meistert. Das dickste und das längste Stück haben wir sowieso schon hinter uns.

Wir haben es bis hierhin geschafft, ohne uns verbiegen zu lassen, dann werden wir den Rest erst recht schaffen!«

Aus einem Rundbrief von 1998:

»Vieles hat sich also zum Guten entwickelt, trotz alledem. Und die ganze Familie ist gesund und guten Mutes. Auch von ihr soll ich grüßen. Kürzlich haben wir sogar eine neue, bessere, größere und hellere Wohnung gefunden, zum selben Preis wie die alte. Dadurch, dass ich nun doch öfters nach Hause komme und auch wieder meine Sachen brauche, diese also nicht länger in Kisten verwahrt auf dem Speicher gestapelt sind, ist die alte Wohnung doch sehr eng geworden.

Anfang Juli werden wir umziehen. Allerdings nur 1,5 km von unserer jetzigen Wohnung entfernt, und so werden unsere Kinder auch nicht ihre sozialen Kontakte verlieren. Sie sind vollkommen akzeptiert und integriert. Thomas, der älteste Sohn, nun schon 19 Jahre alt, ist ein guter Musiker und spielt u. a. in einer Gruppe, die regelmäßig auch bei den lokalen Faschings- und anderen Veranstaltungen auftritt. Richard, 18 Jahre alt, ist ein erfolgreicher Fußballspieler. Er spielt in der A-

Jugend der Regional-Liga. Und unsere Alexandra, 12 Jahre, spielt Klarinette in der Musikgruppe des Dorfes, die bei allen möglichen Veranstaltungen in der Region auftritt. Auch sie ist sportlich, hat viele Interessen und einen netten Freundeskreis. Durch unseren Umzug wird dies und all die anderen gesellschaftlichen Bindungen unserer Kinder nicht beeinträchtigt.«

Rainer Rupp arbeitete während der Haft an einem Buch für seine Kinder. Darüber berichtete er in einem Brief am 18. Januar 1994 aus der Untersuchungshaft in Koblenz. Er schrieb es in Fortsetzungen, damit sie sich auf das nächste Lebenszeichen von ihrem Papa freuten.

»Es handelt sich um eine Abenteuergeschichte, in der drei Kinder in einer Situation wie die meine ihre Eltern durch einen schweren Unfall für eine gewisse Zeit verlieren. Die Kinder, die im Ausland in einer großen Stadt aufgewachsen sind, müssen nach Deutschland zu ihren Großeltern in ein kleines Dorf ziehen. Erst einmal ein großer Schock, aber nicht für lange, denn sie machen schnell neue Freunde und erleben eine wundervolle Zeit auf dem Lande, in der unberührten Natur eines Waldsees, wo sie auch ihrer Lieblingsbeschäftigung nachgehen können, nämlich Fischen.

Aber die Idylle des Waldsees ist einer tödlichen Bedrohung ausgesetzt. Aus der unterirdischen Quelle, in der Nähe des Ufers, wo das Wasser immer besonders kalt ist – auch an heißen Sommertagen –, quillt bald ein gelblicher Stoff hervor, der in immer größerem Umkreis alle Lebewesen tötet. Die Kinder versuchen die Behörden zu alarmieren, aber in der Ferienzeit interessiert sich niemand für ihre Belange.

Durch Zufall stoßen sie dann selbst auf eine verdächtige Fährte, die sie zu einem ausgedienten und geheimnisvollen Steinbruch führt, in dessen unterirdischen Galerien gefährlicher Sondermüll in Fässern deponiert wird. Einige skrupellose Unternehmer wollen auf die Schnelle reich werden und nehmen dabei auf nichts Rücksicht.

Der Fall wird nach und nach von den Kindern und unter manchen Gefahren, aber auch lustigen Begebenheiten aufgeklärt. Dabei spielen meine Kinder die Hauptrollen, und die Beschreibungen passen genau auf sie.

Auch habe ich alte Geschichten, die uns oder ihnen in der Vergangenheit passiert sind, eingebaut. Insgesamt gibt es viele Streiche, Abenteuer, Entdeckungen und Lehrreiches aus Wissenschaft und Forschung, das flott in die Geschichte eingebaut ist.

Soweit ich das bisher von meinen Kindern gehört habe, sind sie ganz begeistert und wollen dauernd wissen, was sie nun als nächstes in ihrem Abenteuer machen werden. Bis jetzt bin ich auf Seite 60 angekommen. Also liegt noch viel Arbeit vor mir, obwohl das Gesamtkonzept schon fertig ist. Aber wie immer liegt der Teufel im Detail, und wenn man will, dass es wirklich spannend und trotzdem für Kinder einfach geschrieben ist, ist das gar nicht so leicht.«

In einem Brief am 5. März 1997 ergänzte Rupp:

»Außerdem hat mein Töchterchen kürzlich beanstandet, dass ihre Abenteuergeschichte seit einiger Zeit nicht weitergegangen ist. Also habe ich in den letzten Tagen die Fortsetzung geschrieben, von Seite 143 bis Seite 155. Und so einfach mal runtertippen kann ich das nicht. Schließlich soll die Spannung erhalten bleiben, die Geschichte soll lehrreich sein und zugleich Liebe und Interesse für Tiere und die Natur erwecken, die durch ein Umweltverbrechen konkret bedroht ist, das meine Kinder in der Geschichte nach allerlei Verwicklungen aufdecken.«

Am 10./11. August 1996 erschien im *Neuen Deutschland* nach einem Besuch in der Justizvollzugsanstalt Saarbrücken, in welcher Rupp bereits länger als ein Jahr einsaß, nachfolgender Beitrag:

»An diesem Sonntagmorgen versteckt sich die Sonne gelegentlich hinter den Wolken, aber auch das verwandelt die Haftanstalt Lerchesflur hinter den meterhohen fahlgrauen, fleckigen Wänden nicht in ein düsteres Château d'If. Hinter dem Schlagbaum und der Eisentür mit dem Sicherheitsglas regieren Sachlichkeit und Routine. Christine Ann Rupp (48) und Tochter Alexandra (9) werden mit einem halben Dutzend anderer Menschen in den Besuchstrakt geführt, ›durchleuchtet‹ und dürfen dann in einem der vielleicht zweimal zwei

Meter großen Räume Platz nehmen. Rainer Rupp ist von seiner Frau durch eine 30 Zentimeter hohe Glasscheibe getrennt: Anweisung des Anstaltsleiters für akustische Überwachung, wenn ein Nicht-Familienmitglied wie der *ND*-Journalist beim Besuch dabei ist. Christine Ann protestiert, aber sie weiß, dass es vergeblich ist.

Oktober 1993 soll im fensterlosen Saal A 01 des Düsseldorfer Oberlandessgerichtes ein unscheinbar wirkender ›Bart- und Brillenträger‹ mit ›müder Stimme‹ seine Zeugenaussage im Prozess gegen Markus Wolf, den langjährigen HV A-Chef, gemacht haben, wie *dpa* berichtete. An diesen Zeugen erinnern im Besucherraum der JVA Saarbrücken lediglich der Bart, der zu ergrauen beginnt, und die Metallbrille. Rainer Rupp – 1,78 Meter groß und 85 Kilogramm schwer, mit muskulösem Oberkörper und festem Händedruck, hält sich sehr gerade. Er spricht klar und schnell, gestikuliert kaum, überlegt kurz, bevor er bündig antwortet. Rupp ist der Mann, dem das ›Testpsychologische Gutachten‹ von Prof. Dr. Steimeyer, Medizinische Fakultät der TH Aachen, ›weit überdurchschnittliche Gesamtintelligenz‹ bescheinigt. ›Organisationsfähigkeit, Kreativität und Originalität‹ wiesen auf ›hohe soziale Intelligenz‹. Es keimt eine Ahnung, warum im ›größten Verratsfall der NATO-Geschichte‹ die HV A ihrem Mann den Decknamen ›Topas‹ gab.

Um den tatsächlichen Wert des Brüsseler Edelsteins herauszufinden, wird man nicht Politiker, Juristen oder Geheimdienstler, sondern Historiker bemühen müssen. Werner Großmann, Wolfs Nachfolger und letzter HV A-Chef, erinnert jedenfalls daran, dass in der ersten Hälfte der 80er Jahre maßgebliche Kräfte in Moskau von der Theorie ausgingen, dass ein dritter Weltkrieg unmittelbar bevorstünde, die NATO einen atomaren Erstschlag gegen sozialistische Länder plane. Bei einem Arbeitstreffen mit seinem sowjetischen ›Partner‹, dem Spionagechef des Komitees für Staatssicherheit und späteren KGB-Chef, Generaloberst Wladimir A. Krjutschkow, hatte er den Eindruck, dass seine – gerade auf den ›Topas‹-Berichten fußende – gegensätzliche Einschätzung ihre Wirkung nicht verfehlte. Diesem Gedanken mochte sich auch das Düsseldorfer Gericht nicht verweigern, als es im Urteil feststellte, es sei Rupp darum gegangen, ›zum Abbau von Vorurteilen und

Besorgnissen des Warschauer Paktes die Absichten der NATO transparent zu machen und damit zum Frieden beizutragen‹. Gleichwohl schickte es den ›Top-Spion‹ ein Dutzend Jahre hinter Gitter.

Wir reden über den Knast-Alltag. Im Frühjahr wurde Rupp zum Vorsitzenden der fünfköpfigen ›Gefangenen-Mitverantwortung‹ gewählt. Er kümmert sich. Um Wäscheprobleme, Hofverschmutzung, das von Gefangenen bemängelte, offenbar minderwertige, aber überteuerte Warenangebot, das mieseste im Vergleich von zehn Knast-Verkaufsstellen.

Auf einen wenig schmeichelhaften Knast-Report in der *Saarbrücker Zeitung* hat Anstaltsleiter Ernst-Peter Hirschmann mit einem empörten Leserbrief reagiert. Er vermutet, dass die Gefangenen im Beitrag ›ihr mehr oder weniger langfristiges Lebensumfeld … nicht wiedererkennen‹. Mit Hirschmann hat Rupp seine Erfahrungen. Der Leiter lehnte z. B. ein ungebührliches Ansinnen Rupps – die Teilnahme am jährlichen JVA-Sportfest – ab. Begründung: Die frühere nachrichtendienstliche Tätigkeit versetze ihn in die Lage, die ›Sicherheit einer Vollzugsanstalt zu gefährden‹.

Und wir reden über die Ungleichbehandlung der West- und Ost-Spione. Professor Helmut Ridder (Gießen) schreibt in einer völker- und staatsrechtlichen Analyse: Das vereinte Deutschland sei durch völkerrechtliche Akte (Einigungsvertrag und ›Zwei-plus-Vier‹-Vertrag) ein Neustaat. Mit dem Untergang der Alt-BRD und der DDR sind auch ihre strafrechtlichen Schutz- und Verfolgungsansprüche untergegangen.

Es spricht wenig dafür, dass es künftig ridderlich zugeht.

Allein seit 1992 wurden in der Bundesrepublik 2.400 Ermittlungsverfahren wegen ›geheimdienstlicher Agententätigkeit‹ zugunsten der DDR eingeleitet. 72 oder mehr Verurteilungen erfolgten. 17 Menschen sind in Haft. Rupp erhielt die höchste Strafe. Nach den Gesetzen der alten BRD sei er zu Recht verurteilt worden, andererseits will ihm nicht in den Kopf, dass nach der deutsch-deutschen Vereinigung ein Mehr-Klassen-Strafrecht angewandt wird. In schroffem Gegensatz auch zum Artikel 3 des Grundgesetzes.

Christine Ann rutscht unruhig auf dem Stuhl hin und her, runzelt die Stirn. Sie hat Angst, dass sich ihr Mann um Kopf und Kragen, zumindest aber um eine vorzeitige Haftentlassung redet. Und sie will ihn raushaben. Lieber vorgestern als übermorgen.

Sie hat Glück gehabt, obwohl an der Seite ihres Mannes als ›Türkis‹ zu Bewährung verurteilt, ist sie wieder in Lohn und Brot. Nein, kein Bild von ihr in die Zeitung! Sie möchte ihren Arbeitgeber nicht in Verlegenheit bringen.

Über die Familie brauchen wir nicht zu reden. Es gibt beredte Blicke und eine allgegenwärtige Zärtlichkeit. Immer wieder sucht Rupp die Augen seiner Frau.

Die lebhafte Christine Ann Rupp mit dem kurzgeschnittenen Haar, dem schmalen Gesicht und energischen Mund lacht gern. Und sie verfügt über eine gehörige Portion Selbstironie, wenn sie ulkige Geschichten über ihre Koch›kunst‹ erzählt, die offenbar alles in den Schatten stellt, was schon Gruseliges über die englische Küche bekannt ist.

Womöglich möchte sie ihrem Mann nur bedeuten, dass er sich keine Sorgen zu machen braucht, dass sie mit den Kindern klarkommt. Dass die beiden Großen die Hausaufgaben schaffen und schon allein fischen gehen. Das mag alles stimmen – die Wahrheit ist es nicht.

Immerhin erlaubt der fleißig mitschreibende junge Aufsichtsbeamte der neunjährigen Alexandra, sich auf den Schoß ihres Vaters zu setzen. Sie legt die Arme um Papas Hals, den Kopf an seine Brust – und da sitzt sie nun, auf dem ihr wohl liebsten Platz.«

Mit der HV A in das Herz des Nordatlantikpaktes

In seiner Korrespondenz aus der JVA Saarbrücken mit Freunden und Genossen ging Rainer Rupp wiederholt auf seine Tätigkeit in der NATO ein. Hier einige Brief-Auszüge:

18. Januar 1994:

»Erst nachdem ich selbst einige Jahre bei der NATO war und von innen gelernt hatte, wie sie arbeitet, wurde mir bewusst, dass diese Organisation eigentlich strukturell nicht angriffsfähig war. Das nicht so sehr, weil alle Länder gleich friedliebend waren, keineswegs! Da gab es schon welche, die auch gerne mit dem Feuer spielten – das weißt Du ja genau so gut wie ich. Aber strukturell nicht angriffsfähig deshalb, weil die 15 Mitgliedsländer – die es damals waren – politisch nicht unter einen Hut zu bringen gewesen wären, wenn es darum gegangen wäre, eine offene Aggression zu planen. Von daher war mir klar, dass das sozialistische Lager nicht mit einem von *allen* geplanten Überraschungsschlag zu rechnen hatte. Das bedeutete jedoch nicht, dass die Gefahr einer bewaffneten Auseinandersetzung in Europa gebannt war.

Zwischen den zwei Blöcken herrschte ein strategisches Gleichgewicht. Durch immer neue Technologien versuchte die technologisch stärkste Supermacht die andere auszuhebeln; wobei die Sowjets immer stärker in die Enge gedrängt wurden. Wollten sie das strategische Gleichgewicht erhalten, mussten sie immer mehr ihrer ohnehin knappen Ressourcen in die Rüstung stecken. Statt mit Technologie versuchten es die Sowjets oft mit Masse. Insgesamt jedoch ist zu sagen, dass trotz wiederholter Versuche, das strategische Gleichgewicht auszuhebeln, es zu keinem Zeitpunkt ernsthaft in Gefahr war.

In der Ost-West-Tagespolitik ging es vielmehr darum, temporäre Teilungsgleichgewichte auf militärischem Gebiet in politische Vorteile umzumünzen. Dabei ging es hauptsächlich darum, die Entscheidungsspielräume des anderen einzuengen. Gerade darin lag jedoch die permanent große Gefahr einer Fehleinschätzung. Wie schwerwiegend solche Fehleinschätzungen auf oberster politischer Ebene sein konnten, zeigt das Beispiel Afghanistan. Auch die sowjetische Entscheidung, die SS-20 zu dislozieren, war eine solche Fehleinschätzung, die das Klima in Europa nachdrücklich verdarb.

Gerade die SS-20 ist aber auch ein gutes Beispiel dafür, wie Schlimmeres verhütet wurde. Wie Du mir damals sagtest, waren die Interessen der BRD und der DDR auf erstaunliche Weise kongruent, da weder die BRD die Stationierung der Cruise und Pershing II auf ihrem Territorium wollte noch die DDR die SS-20 auf dem ihrigen. Dadurch, dass Moskau letztendlich einsah, dass die BRD stationieren (nachrüsten nach damaligem Sprachgebrauch) würde, kam es schließlich zu den Abrüstungsverhandlungen, die mit der berühmten Null-Null-Lösung endeten. […]

Zu Beginn der 80er Jahre war der Weltfrieden von mehreren Seiten bedroht, nicht nur durch Afghanistan und die SS-20. Mit der Reagan-Administration kam eine Gruppe in Amerika an die Macht, die mit allen Mitteln das ›Reich des Bösen‹ zu Grunde richten wollte. Die in der Sicherheitspolitik führenden Persönlichkeiten rekrutierten sich fast ausschließlich aus dem ›Committee for the Present Danger‹, der erzkonservativen antikommunistischen Gruppe, die sich nicht mehr mit dem sogenannten *containment* zufrieden gab, sondern aggressiv die *roll back*-Strategie verfolgte. Diese Politik wurde dann auch vom ersten Tag des Regierungsantritts an verfolgt, und zwar mit einer Aggressivität, die auch so mancher westeuropäischen NATO-Regierung kalte Schauer über den Rücken jagte.

In diese Zeit fiel auch das Projekt ›Star Wars‹, das ob seiner großangelegten, umfassenden Mobilisierung der amerikanischen Hochtechnologie und unter riesigem Ressourceneinsatz das strategische Gleichgewicht nachhaltig zugunsten Amerikas verändern sollte. Die östliche Seite war über diese Entwicklung natürlich besonders besorgt, woran Du Dich ja sicher noch im Detail erinnerst.

Wie ernst ist es den Amerikanern mit diesem Projekt? Ist es technisch machbar und wenn ja, ist es dann auch finanzierbar? Wie stark ist die politische Opposition der Franzosen und Briten gegen dieses Projekt? Diese und ähnliche Fragen gehörten jenerzeit zu den dringlichsten.

Das ›Star-Wars-Projekt‹ enthielt alle Zutaten zur nachhaltigen Vergiftung des Ost-West-Klimas (in Washington sprach man von den *Pinkos* in Bonn, und ›Detente‹ war zu einem schmutzigen Wort geworden). Vor dem Hintergrund einer wachsenden Verunsicherung und Unsicherheit wuchs auch die Gefahr von Fehlkalkulationen auf beiden Seiten. Wenn überhaupt, dann waren es jene Jahre, wo die Herstellung einer bestmöglichen Transparenz am wichtigsten für den Erhalt des Friedens war. Im Nachhinein sollte sich bewahrheiten, wovon ich schon damals nach recht kurzer Zeit überzeugt war, nämlich dass das Projekt weder technisch noch finanziell durchführbar war, die amerikanische Regierung jedoch weiter so tat, als sei es möglich, um dadurch die Sowjets so in Zugzwang zu bringen, so dass diese sich im Endeffekt totrüsten.

Unter dem Druck der amerikanischen Öffentlichkeit und der Alliierten mussten die USA jedoch einlenken, und so kam es letztlich zu den erstaunlichen und von allen begrüßten Fortschritten bei der nuklearen Abrüstung (Doppel-Null-Lösung und dann START) und den auf Ausgleich ausgerichteten Entwicklungen auf konventionellem Gebiet (MBFR, das dann im Rahmen des CFE zum erfolgreichen Abschluss kam). (*CFE = Conventional Armed Forces in Europe bzw. KSE = Konventionelle Streitkräfte in Europa; 19. 11. 1990 Abschluss eines Vertrages über die Begrenzung konventioneller Streitkräfte – d. Hrsg.*)

1985, Gorbatschow, Glasnost etc.: Damals glaubten wir alle, dass nun die Reform, die lang erwartete, von oben endlich möglich war. Die HV A war nach Deinen Worten damals ein Vorreiter für solche Reformen. Bei den Betonköpfen blieb jedoch der Verdacht, dass das alles vom Westen gesteuert wäre und mit *Glasnost* der Westen eine Strategie zum Aufbrechen des sozialistischen Lagers und besonders der DDR plante.

In diesem Zusammenhang erinnere ich mich noch genau an eine Maßgabe, die etwa so lautete: ›Wenn Du nachweisen kannst, dass die NATO die jetzige Situation nicht ausnutzt, um die DDR auszuhöhlen, dann kann sich auch die Führung in der DDR nicht länger gegen eine Liberalisierung sperren. Mit Deiner Hilfe können wir glaubhaft machen, dass vom Westen keine Gefahr ausgeht und daher den Vorwand der Betonköpfe gegen Reformen und Liberalisierung entkräften.‹

Dies gab mir natürlich besonders Auftrieb und motivierte mich zu einem besonders großen Arbeitseifer; war doch nun die Umgestaltung der DDR in eine sozialistische Demokratie und Wirtschaft zum Greifen nahe – zumindest glaubte ich das damals.

Das war wohl meine größte Fehleinschätzung, obwohl ich eigentlich immer glaubte, gute analytische Fähigkeiten zu haben. Es ist nur ein schwacher Trost, wenn auch andere dieser Fehleinschätzung unterlagen.

Der SPD-Politiker Vogel sagte z. B. vor kurzem vor der Berliner Enquete-Kommission über die Vereinigung, dass auch er noch bis kurz vor Ende der DDR an die Entstehung einer sozialistischen Marktwirtschaft und Demokratie im Osten geglaubt habe. Mit ihm waren da wohl noch viele andere. Aber, wie gesagt, ein schwacher Trost!

Tja, und dann kam der Zusammenbruch, das Durcheinander, die Abschaltung und die Suche nach mir.«

8. November 1997:

»Wie Du ja sicher weißt, bin ich nun der einzige ehemalige Kundschafter, der noch nicht entlassen oder zumindest als Freigänger im offenen Vollzug ist. Warum bei mir trotz des wachsenden Drucks in dieser Richtung noch keine wesentlichen Fortschritte gemacht wurden, hängt sicherlich auch damit zusammen, dass die NATO darin verwickelt ist, und ich die da getroffen habe, wo es wirklich wehgetan hat. Der vom Oberlandesgericht Düsseldorf bestellte Militärexperte vom Führungsstab der Bundeswehr bewertete die Qualität und die Quantität der von mir gesicherten NATO-Dokumente als GAU, als größten anzunehmenden Unfall, der im Falle eines bewaffneten Konfliktes zwischen Ost und West kriegsentscheidend hätte sein können.

Nachfolgend einige Passagen aus dem Urteil: ›Dieser Aufgabe entledigte der Angeklagte Rainer Rupp sich durch kontinuierliche Lieferung betreffender Enddokumente (*der NATO-Verteidigungsplanung aller Mitgliedsländer – d. Hrsg.*), die jeweils ermöglichten, die bisher gewonnenen Erkenntnisse über Stärken und Schwächen der NATO zu überprüfen, zu ergänzen und zu aktualisieren.‹ (S. 66)

›*Topas* war die einzige in der NATO tätige Quelle mit Zugang zu geheimen militär- und sicherheitspolitischen, militärischen und rüstungstechnischen Dokumenten; zudem befand sich das von *Topas* gelieferte Material stets auf einem aktuellen Stand.‹ (S. 56)

›Die Kenntnisse dieser von Rupp gelieferten Dokumente versetzten den potentiellen Gegner in die Lage, das militärische Potential der Bundesrepublik und der anderen NATO-Länder sicher zu beurteilen, die erkannten Schwächen sowohl in operativer Hinsicht als auch bezüglich der eigenen Planung zu nutzen, die zu erwartende Dauer der Beseitigung der Schwachstellen zu berücksichtigen, erkannten Stärken auszuweichen oder sich durch einen zutreffenden Kräfteeinsatz und zielgerechte Verfahren darauf besser einzustellen. Die Kenntnis von Schwachstellen der anderen Mitgliedsländer der NATO betraf zugleich die Verteidigungsfähigkeit und damit die äußere Sicherheit der Bundesrepublik.‹ (S. 45)

›Das hatte zur Folge, dass der potentielle Gegner alle Karten kannte. Der Sachverständige Oberst Mayer hat diesen Verrat überzeugend als die Gefahr des GAU für die NATO bezeichnet, der sich im Kriegsfall kriegsentscheidend hätte auswirken können.‹ (S. 47)

Hinzu kam ein anderer Aspekt: das jährlich von den Nachrichten-Abteilungen der NATO-Länder gemeinsam erarbeitete Dokument, das ›top secret‹ klassifiziert war und das gesamte Wissen der NATO über das militärische Potential des Warschauer Vertrages bis hin zu technischen Einzelheiten von Waffensystemen umfasste ebenso wie die von der NATO angenommenen Konzepte für den Einsatz der Truppen des Warschauer Vertrages zu Beginn einer kriegerischen Auseinandersetzung.

Das Hauptdokument umfasste etwa 500 Seiten mit mehreren, noch umfangreicheren Anhängen.

Dazu heißt es in meinem Urteil: ›Die Kenntnis dieser Dokumente gibt Aufschluss über die durch die NATO perzipierten Möglichkeiten und Vorgehensweisen des Warschauer Paktes bis hin zum angenommenen und bewerteten militärischen Risiko. Der potentielle Gegner erhielt damit die Gesamtheit der NATO-weit vorhandenen Vorstellungen über ihn und konnte diese namentlich bei den Eckwerten seiner Operationsplanung entscheidend berücksichtigen. Er bekam durch diese Dokumente außerordentlich wichtige Hinweise auf die Reaktionen der NATO etwa im Bereich Rüstung, Forschung und Planung. Fehleinschätzungen der NATO konnten genutzt, zutreffend beurteilte Schwächen des Warschauer Paktes – für den Gegner verdeckt – beseitigt werden.‹ (S. 49)

Zusammenfassend kann man auch in der Urteilsbegründung lesen, dass allein dieser Teil meiner nachrichtendienstlichen Arbeit ›für die äußere Sicherheit der Bundesrepublik die Gefahr eines besonders schweren Nachteils im Sinne des § 94 Abs. 2, 2 Nr. 2 StGB herbeigeführt (hat), verschaffte er doch dem Warschauer Pakt ein umfassendes stets auf dem neuesten Stand befindliches Bild von den Stärken und Schwächen der NATO, was sich im Fall einer bewaffneten Auseinandersetzung mit dem Warschauer Pakt kriegsentscheidend hätte auswirken können‹. (S. 73)

Die anderen Teile meiner nachrichtendienstlichen Tätigkeit kamen weder bei den Verhören noch vor Gericht zur Sprache. Und ich selbst war ja nicht so dumm, die Aufmerksamkeit darauf zu lenken. Bei den Verhören und vor Gericht konzentrierte man sich auf die oben angeführten Dinge, die durch die Aussagen von Oberst Dr. Busch, ehemals Leiter der Abteilung für militärische Auswertung bei der HV A und zum BND übergelaufen, als erwiesen galten.

Allerdings ging aus etlichen Bemerkungen hervor, dass sie wussten, dass sie nur die Spitze des Eisberges erwischt hatten. Der Rest war aber nicht zu beweisen, da sich für die anderen Bereiche keine Zeugen fanden. Ihnen war trotzdem bewusst, dass ich die NATO umfassend und in allen Bereichen – mit einer Ausnahme – aufgeklärt hatte. Die eine Ausnahme war die nukleare Zielplanung, an die ich nie herangekommen bin.

Besonders beschämend musste es für die Autoritäten sein, dass ich trotz aller Sicherheitsmaßnahmen und Überprüfungen an alles herangekommen bin, abgesehen von der oben erwähn-

Bei einer Podiumsdiskussion in der Bücherstadt Wünsdorf am 8. September 2011. Von links nach rechts: Klaus Eichner, Rainer Rupp und Karl Rehbaum

ten Ausnahme. Dass ich dazu überhaupt in die Lage versetzt wurde, verdankte ich dem Zusammentreffen von Faktoren, die sonst bei NATO-Bediensteten nicht unbedingt zutrafen. Ich war stets bereit, neue und zusätzliche Arbeiten zu übernehmen, die ich schnell und kompetent zu Ende brachte. Schwierige Probleme waren kein Hinderungsgrund. Dabei kam mir zugute, dass ich durch meine vielen Vorträge und Veröffentlichungen überall Kontakte hatte, auch in den Ministerien in den jeweiligen Hauptstädten, was dabei half, so manches Problem auf dem kleinen Dienstweg auszuräumen. So wurde ich im Laufe der Jahre in allen Abteilungen der NATO und in den beigeordneten NATO-Botschaften als kollegialer und kompetenter Mitarbeiter bekannt, der gerne und immer wieder bei neuen Projekten beteiligt wurde, ja, geradezu gedrängt wurde, selbst wenn diese Projekte mit meinem eigentlichen Arbeitsbereich nur noch entfernt etwas zu tun hatten. Aber trotz aller Erfolge blieb ich stets bescheiden im Hintergrund, wenn die Projektleiter oder so mancher Egomane seine Lorbeeren einheimsten. Meine Früchte hatte ich ja bereits für die HV A geerntet.

Vielleicht kannst Du jetzt verstehen, warum man einen solchen Groll gegen mich hegt, und warum mir die Bundesanwaltschaft mit einer lebenslangen Freiheitsstrafe drohte, aus der im Plädoyer dann ›nur‹ 15 Jahre wurden.

Eine friedenserhaltende Wirkung meiner Tätigkeit hat mir das Gericht nicht zugebilligt. Das haben lediglich einige Zeugen und Zeitungskommentare (auch Westzeitungen) getan.

Mildernd hat das Gericht nur folgende Umstände gewertet: Er hat ›ein arbeitsames und erfolgreiches Leben geführt. Seine Vorgesetzten schätzten ihn als tüchtigen und wertvollen Mitarbeiter‹. Ihm kann ›ferner zugute gehalten werden, dass es ihm auch darum ging, zum Abbau von Vorurteilen und Besorgnissen des Warschauer Paktes die Absichten der NATO transparent zu machen und damit zum Frieden beizutragen‹. ›Die Erstellung von Charakteristiken (von Mitarbeitern) hat er abgelehnt und auch nicht des Geldes wegen für seine östlichen Auftraggeber gearbeitet.‹ (S. 77)

Aus der Sicht des Gerichtes verkehrte sich jedoch mein subjektives Motiv, den Frieden zu sichern und den Sozialismus zu festigen, ›objektiv‹ in einen GAU für die NATO im Fall eines bewaffneten Konfliktes.«

Im Urteil des Oberlandesgerichts Düsseldorf sind mehrere Aussagen zu den Motiven der Arbeit von Rainer Rupp für die HV A zu finden:

»Der nachrichtendienstliche Auftrag und das Bestreben des Angeklagten Rainer Rupp gingen dahin, der HV A und über diese den Staaten des Warschauer Paktes, insbesondere der Führungsmacht Sowjetunion, ein umfassendes, stets aktuelles Bild über die Streitkräfteplanung der NATO zu verschaffen. Dieser Aufgabe entledigte der Angeklagte Rainer Rupp sich durch kontinuierliche Lieferung der betreffenden Enddokumente, die es jeweils ermöglichten, die bisher gewonnenen Erkenntnisse über die Stärken und Schwächen der NATO zu überprüfen, zu ergänzen und zu aktualisieren. Seine fortlaufende, in verhältnismäßig kurzen Zeitabständen geleistete Arbeit am ›Bild‹ der NATO stellt sich als eine natürliche Handlungseinheit dar, in deren Rahmen auch das Dokument MC 161/88 geliefert worden ist und hineinpasst.« (S. 66)

»Zu Lasten des Angeklagten Rainer Rupp fällt namentlich ins Gewicht, dass er insgesamt 21 Jahre ein williger Mitarbeiter eines gefährlichen östlichen Nachrichtendienstes war. Die große Fülle der von ihm gelieferten Informationen, vor allem die von ihm übermittelten Finaldokumente des NATO-Streitkräfteplanungsverfahrens und das Dokument MC 161/88, aber auch die mehrere Aktenschränke füllenden Meldungen aus dem SITCEN machten ihn zu einer Spitzenquelle. Dies wird auch an dem von der HV A für ihn betriebenen Aufwand deutlich: regelmäßige Teilnahme auch des Abteilungsleiters an den Führungstreffs, Auswechselung des Instrukteurs ›Kurt‹ gegen Prof. ›Heinz‹ Sacher, Einrichtung zusätzlicher Kurierverbindungen über die Eheleute Pfeifer und den Zeugen Jacob, Zuwendung hoher Geldbeträge.

Bis auf die von ihm abgelehnte Charakterisierung von Kollegen und Vorgesetzten hat der Angeklagte Rainer Rupp alle Erwartungen seiner Führungsstelle erfüllt.

Sein Verhalten zeugte von hoher krimineller Energie: Obwohl 1979 bei einer nächtlichen Kontrolle mit Verschlusssachen entdeckt, hat er auch weiterhin in großem Umfang Geheimdokumente nach draußen geschafft, um sie zu Hause zu fotografieren. […]

Auf der anderen Seite sprechen eine Reihe von Umständen für ihn: Er ist bislang unbestraft und hat – wenn man von seiner Verratstätigkeit absieht – ein arbeitsames und erfolgreiches Leben geführt. Seine Vorgesetzten schätzten ihn als tüchtigen und wertvollen Mitarbeiter. Zu seiner Verratstätigkeit ist er in jungen Jahren – er war 22 Jahre alt, als er auf seinen Werber ›Kurt‹ traf – und unter geschickter Ausnutzung seiner Mentalität und politischen Ansichten gebracht worden. Die Übergabe zahlreicher und umfangreicher Geheimdokumente ist ihm auch dadurch erleichtert worden, dass die Sicherheitsvorkehrungen der NATO nicht sehr effizient waren. Der Angeklagte ist in all den Jahren nur einmal kontrolliert worden.

Dem Angeklagten Rainer Rupp kann ferner zugute gehalten werden, dass es ihm darum ging, zum Abbau von Vorurteilen und Besorgnissen des Warschauer Paktes die Absichten der NATO transparent zu machen und damit zum Frieden beizutragen. Die Erstellung von Charakteristiken hat er stets abgelehnt und auch nicht des Geldes wegen für seine östlichen Auftraggeber gearbeitet.« (S. 76)

Zu den Gründen und Motiven, warum er sich entschloss, für die Auslandsaufklärung der DDR zu arbeiten, machte Rainer Rupp in einigen Briefen Mitteilung.

18. Januar 1994:

»Wenn ich rekapituliere, dann entschloss ich mich 1968/69 zur Mitarbeit hauptsächlich, weil ich damals Angst vor dem Wiederaufleben des Rechtsradikalismus hatte und zugleich mir große Sorgen um den Weltfrieden machte, den ich nicht von der ›sowjetischen Expansion‹, sondern vielmehr von der aggressiven amerikanischen Außenpolitik bedroht sah, wofür nicht nur Vietnam, sondern auch viele andere, kleinere Länder als Beispiele aufzuführen sind. Viele der Schweinereien, die damals als linke Propaganda dargestellt wurden, haben sich im Nachhinein höchst offiziell bestätigt; z. B. wer hinter dem Putsch gegen Allende stand, welche Pläne die Amerikaner mit Italien und dann später mit Portugal hatten, falls diese Länder kommunistisch gewählt hätten, wer die Todesschwadronen in El Salvador ausbildete mit offizieller Unterstützung der Regierung in Washington – die entsprechenden Dokumente sind in

Washington vor etwa zwei Monaten deklassifiziert worden und zeigen, wie ungeheuerlich die Verwicklung der amerikanischen Regierung in diese Sache war – und wie menschenverachtend die Anti-Vietnam-Politik war, die darin gipfelte, dass die USA, UK und Frankreich gemeinsam mit China das Mörderregime des Pol Pot in Kampuchea unterstützten, nur deshalb, weil die Sowjetunion hinter Vietnam stand.

Von all dem möchte man heute natürlich nichts mehr wissen. Auch die deutschen Politiker, die damals aus Chile heim nach Bonn kamen und über das in ein Konzentrationslager umfunktionierte Fußballstadion berichteten, dass ›es sich bei Sonnenschein dort ganz angenehm leben lasse‹; wofür sie den allgemeinen Applaus der deutschen Rechten erhielten. Eben diese Rechte, die sich in Deutschland für eine Gebirgsjägerkaserne Dietl – einen anerkannten Kriegsverbrecher – stark machte, machte auch besonders rabiat gegen uns Studenten der 68er-Generation Front, mit der ganzen Macht des Staates; schließlich wurde sogar das Sitzen auf Straßenbahnschienen zu Landfriedensbruch . Man braucht da nur die heutige Reaktion des Staatsapparates gegen das Mordschatzen rechtsradikaler Banden ins Verhältnis zu setzen, um zu sehen, dass es hier auch heute noch unterschiedliche Reaktionen gibt.

Für mich stellte sich die Welt zu jener Zeit wie oben geschildert dar. Auch das sozialistische Lager war weit davon entfernt, ein ideales Bild zu bieten. Die vielen Fehler waren nicht zu übersehen. Aber die Möglichkeiten, dass sich der real existierende Sozialismus als Sprungbrett zu einem besseren Gesellschaftssystem eignete, waren zu verlockend, nicht nur für mich. Wenn man sich an jene Zeit zurückerinnert, schien damals der Aufbau des Sozialismus und der allgemeine Fortschritt und Liberalisierung in vollem Schwung.

Zu jener Zeit wurde ich von Euch davon überzeugt, dass ich einen Beitrag zur äußeren Sicherheit des Sozialismus leisten könnte. Je sicherer das System gegen Aggression von außen, desto schneller der innere Aufbau und die gesellschaftliche Weiterentwicklung zur sozialistischen Marktwirtschaft und echten Demokratie. So hieß damals die Devise. Die USA und die NATO erschienen damals als größte Bedrohung für den Weltfrieden und das sozialistische Lager.«

Am 23. Dezember 1996 veröffentlichte das *Neue Deutschland* einen Leserbrief von Rainer Rupp, mit dem dieser auf den Beitrag »Junker – gab's die überhaupt?« reagiert hatte:

»Als ich als junger Student 1968 heimlich nach Ostberlin zu meinem ersten Gespräch mit der HV A kam, stellte ich die provokative Frage, ob denn die Menschen in der DDR überhaupt vom Aufbau des Sozialismus überzeugt seien? Die Antwort war alles andere als dogmatisch und hinterließ auf mich eine bleibende Wirkung: ›Vielen Leuten passt nicht, wie hier dies oder jenes gemacht wird. Und etliches könnte besser gemacht werden. Aber eins ist sicher: Wenn morgen die DDR als Staat verschwinden würde, würden sich die Arbeiter mit Zähnen und Klauen gegen die Wiedereinführung des Kapitalismus wehren. Und sollten die Junker zurückkommen, würden sie von den Bauern mit Knüppeln davongejagt.‹

1990 wählte die Mehrzahl der DDR-Bürger den Arbeiter- und Bauernstaat ab und entschied sich für mehr persönliche Freiheiten und besonders den schillernden Westkonsum. Als die Arbeiter nach der großen Euphorie wieder zu sich kamen, waren die meisten Arbeitsplätze weg, und was verblieb, war widerstandslos in kapitalistische Hände gefallen. Wen wundert's, dass sich jetzt die Junker gute Chancen ausrechnen.«

Mittendrin in der NATO

Kaum jemand in der NATO hatte einen derart umfangreichen Zugang zu Informationen und zu den Dokumenten aller Abteilungen des Hauptquartiers wie ich. In seiner Urteilsbegründung hielt mir das Oberlandesgericht Düsseldorf denn auch vor, dass die von mir an den Osten gelieferten Informationen für die NATO »den GAU« bedeutet hätten, also den größten anzunehmenden Unfall, der im Ernstfall »kriegsentscheidend« gewesen wäre. Mit dieser sicherlich etwas unreflektierten Formulierung hat das Hohe Gericht nicht bedacht, dass es in Europa, insbesondere in Deutschland, wo sich die beiden mit Atomwaffen aller Art hochgerüsteten Blöcke hautnah gegenüber standen, bei einem Krieg auf keiner Seite Gewinner gegeben hätte, sondern nur Verlierer. Bei meiner Aufklärungsarbeit in der NATO ging es daher nicht darum, für den Warschauer Vertrag »kriegsentscheidende« Vorteile auszukundschaften, sondern einen Krieg zu verhindern, der im Zentrum Europas, insbesondere in Deutschland Hunderttausenden von Soldaten und zig Millionen von Männern, Frauen und Kindern das Leben gekostet hätte.

Ursprünglich war für mich die lebenslange Haft im Gespräch, aber schließlich forderte die Staatsanwaltschaft nur 15 Jahre. Das OLG Düsseldorf billigte mir jedoch einige strafmindernde Umstände zu. So heißt es im Urteil: »Wenn man von seiner Verratstätigkeit absieht – hat Rainer Rupp ein arbeitsames und erfolgreiches Leben geführt. Seine Vorgesetzten schätzten ihn als tüchtigen und wertvollen Mitarbeiter. […] Dem Angeklagten Rainer Rupp kann ferner zugute gehalten werden, dass es ihm auch darum ging, zum Abbau von Vorurteilen und Besorgnissen des Warschauer Paktes die Absichten der NATO transparent zu machen und damit zum Frieden beizutragen. Die Erstellung von Charakteristiken hat er stets abgelehnt und auch nicht des Geldes wegen für seine östlichen Auftraggeber gearbeitet.«

Und weiter: »Neben der Freiheitsstrafe, die ihn auf lange Zeit von seiner Familie trennen wird, werden ihn auch die Belastung mit den Verfahrenskosten und der angeordnete Verfall empfindlich treffen. Mit dem Untergang der DDR ist zudem das östlichen Agenten in der Regel gegebene Versprechen, sie nach Enttarnung, Festnahme und Verurteilung im Wege des Austausches heimzuholen, gegenstandslos geworden. Statt der geforderten 15 Jahre lautete daher das Urteil auf zwölf Jahren Haft, wovon ich letztlich sieben Jahre absitzen musste. Alle Appelle prominenter Intellektueller und Politiker, mich bereits vorher in die Freiheit zu entlassen, blieben ohne Erfolg.

Im Irrgarten der NATO-Strukturen

Meine Arbeit im NATO-Headquarter in Brüssel-Evere hatte ich am Mittwoch, dem 5. Januar 1977, im Wirtschaftsdirektorat als »Country Rapporteur«, also als Sachbearbeiter für bestimmte NATO-Länder, begonnen. Beim Wirtschaftsdirektorat handelte es sich um eine Unterabteilung der »Political Division«, die einflussreichste der insgesamt fünf Hauptabteilungen des Hauptquartiers.

Die anderen Abteilungen waren die »Division of Defence Planning and Policy« (DPP), die Abteilung für Planung und Militärpolitik, die »Division of Defence Support«, die Rüstungsabteilung, die »Division of Scientific Affairs«, die Wissenschaftsabteilung, und das »Office of Council Operation and Communication«, das Büro für die Operationen des NATO-Rats und für Kommunikation. Ich war somit Mitarbeiter des vom Generalsekretär geleiteten zivilen Internationalen Stabes (IS) der NATO. Dem stand – für den Fall, dass besonderer militärischer Sachverstand gewünscht war – als Pendant der Internationale Militärstab (IMS) zur Seite.

So war in der Regel bei jeder der vielen Ausschusssitzungen des IS stets ein Vertreter des IMS anwesend.

Im Rahmen meiner Tätigkeit bekam ich zunehmend Zugang zu Verschlusssachen aller Art, Dokumente der Nuklearen Planungsgruppe mit eingeschlossen. Dabei reichte der

Geheimhaltungsgrad von NATO-RESTRICTED bis zur höchsten Stufe NATO-COSMIC-TOP SECRET.

In den ersten Jahren verbrachte ich den größten Teil meiner Zeit mit der Vorbereitung von Beiträgen für und der Mitwirkung beim NATO-Streitkräfteplanungsverfahren. Die Leitung dieses Verfahrens lag jedoch nicht bei der Politischen Abteilung, sondern bei der Abteilung für (militärische) Planung und Politik (DPP). Für mich war der Umstand, Mitarbeiter in einer Abteilung zu sein, hauptsächlich aber für eine andere zu arbeiten, ein ausgemachter Glücksfall, da ich damit von Anfang an nicht nur in die beiden wichtigsten Arbeitsbereiche der NATO eingebunden war, sondern auch Zugang zu deren Dokumenten bekam.

Die Politische Abteilung (PAD) bestand aus dem Direktorat für Politische Angelegenheiten, das in der NATO das höchste Prestige genoss, gefolgt vom eher stiefmütterlich behandelten Wirtschaftsdirektorat und dem Informationsdirektorat samt Pressedienst.

Die Abteilung für Planung und Politik (PPD) wiederum setzte sich aus dem Direktorat für Streitkräfteplanung und -politik, dem Direktorat für Nukleare Planung und dem Direktorat für Notstandsplanung zusammen.

Der Direktor des NATO-Wirtschaftsdirektorats war Vorsitzender des NATO-Wirtschaftsausschusses (EC), und die Arbeit eines Teils des Direktorats definierte sich hauptsächlich durch die Zuarbeit zu diesem Ausschuss, der sich aus Vertretern der nationalen Botschaften zusammensetzte. Die Ausschussarbeit war insbesondere durch die zahlreichen »Expertentreffen« zu Spezialthemen charakterisiert, wie z. B. das alljährliche, zwei Tage dauernde Treffen über sowjetische Verteidigungsausgaben. Dazu kamen die entsprechenden Spezialisten aus den Geheimdienstzentralen der NATO-Mitgliedsländer und den Botschaften in Moskau zu den EC-Sitzungen nach Brüssel.

Zugleich wurde das Wirtschaftsdirektorat immer wieder zu den Arbeiten des Direktorats für Politische Angelegenheiten der Politischen Abteilung (PAD) hinzugezogen, das in enger Zusammenarbeit mit dem Generalsekretär die jeweils aktuellen politischen Diskussionen im höchsten NATO-Gremium, im NATO-Council (NATO-Rat), vorbereitete.

Während ich in die beiden oben genannten Aktivitäten der Wirtschaftsabteilung anfangs nur am Rande einbezogen war, lag der Schwerpunkt der Sektion des Wirtschaftsdirektorats, in der ich tätig war, in der Zusammenarbeit mit dem Direktorat für Streitkräfteplanung und -politik, das zur DPP-Abteilung gehörte. Zugleich arbeiteten wir im Rahmen des Streitkräfteplanungsverfahrens dem Verteidigungsüberwachungsausschuss (*Defence Review Committee*, DRC) zu.

Dabei ging es um die Durchführung der alljährlichen »Defence Review«, der im Zweijahresrythmus (in geraden Jahren) stattfindenden »Force Goals« (Streitkräfteziele) und der in ungeraden Jahren vom NATO-Militärausschuss (MC) präsentierten Bedrohungsanalyse, auf die dann die im DRC abgeleiteten militärpolitischen »Ministerial Guidances« (Ministerrichtlinien) folgten. In diese Arbeiten war meine Sektion des Wirtschaftsdirektorats vollkommen integriert.

Die Gründe für diese Konstruktion waren historischer Natur und gingen auf den Rauswurf der NATO aus Frankreich unter Präsident Charles des Gaulle im Jahr 1966 zurück.

Bei meiner Arbeitsaufnahme im Januar 1977 wurde ich im Rahmen der militär-ökonomischen Zuarbeit für die Defence Review als Referent verantwortlich für die NATO-Mitgliedsstaaten Bundesrepublik Deutschland, Griechenland, Türkei und Portugal. Die Arbeit bestand darin, Analysen über wirtschaftliche Faktoren und Entwicklungen in diesen Ländern anzufertigen.

Jedes der NATO-Mitgliedsländer kam im DRC-Ausschuss auf den militärischen, politischen und ökonomischen Prüfstand. Soweit es die Wirtschaft betraf, bestand die Kunst darin, den Delegationen aus den jeweiligen Ländern keine ökonomische Entschuldigung für die Absenkung der Wachstumsraten der Militärausgaben zu erlauben. Vielmehr galt es, den NATO-Planern im DRC in Brüssel starke Argumente an die Hand zu geben, um die Regierungen der Bündnismitglieder zu noch höheren Rüstungsausgaben zu drängen, um die von den Planern vorgegebenen Streitkräfteziele zu erfüllen.

Für die HV A bedeutete meine neue Position in der NATO, dass ich in den nächsten drei Jahren alle Dokumente des Streitkräfteplanungsverfahrens für die Länder, für die ich zuständig war, nachrichtendienstlich sichern konnte. Zugleich musste ich an allen Sitzungen der entsprechenden Ausschüsse teilnehmen, vom DRC bis hin zum DPC (Verteidigungsplanungsausschuss) auf höchster Ebene. Dort konnte ich auch die Dissonanzen innerhalb der Allianz bestens verfolgen.

Da die Zahl der ursprünglich 20 Mitarbeiter des Wirtschaftsdirektorats Anfang 1980 auf zwölf reduziert worden war, wurde mein Aufgabengebiet um die Länder Italien, die Benelux-Staaten und Spanien erweitert. Dennoch war mein Einblick in die NATO zu dieser Zeit immer noch relativ begrenzt.

Aber das sollte sich bald ändern

Der Durchbruch

Weil mir die Arbeit zügig von der Hand ging und ich zudem einen besonderen Stil entwickelt hatte, zeitraubende Probleme mit meinen Kollegen in den Ministerien in den nationalen Hauptstädten direkt und schnell zu klären, bekam ich nach und nach immer mehr Aufgaben aus anderen Bereichen in Zusammenarbeit mit anderen Ausschüssen und Direktoraten aufgebürdet. Besonders schätzte mein Chef, der sich angesichts des Personalabbaus Angst um die Bedeutung und Zukunft unseres Wirtschaftsdirektorats machte, meine Fähigkeit quer zu denken. Ungeahnt weitreichende Folgen hatte schließlich meine Initiative, ihn auf Entwicklungen und Fragestellungen in anderen NATO-Ausschüssen hinzuweisen, wo ein ökonomischer Beitrag von uns für den Erfolg der Arbeit von Nutzen gewesen wäre und zugleich das Ansehen und die Sichtbarkeit der Wirtschaftsabteilung gefördert hätte.

Nachdem mein Chef zwei, drei meiner Vorschläge erfolgreich aufgegriffen hatte, kam er auf die Idee, zur Zentralregistratur zu gehen und mich auf die Empfängerliste aller CM- und DPC-Dokumente zu setzen. Das Resultat war, dass in unserem Direktorat neben dem Chef auch ich einen kompletten Satz der gesamten aktuellen Arbeiten aller NATO-Abteilungen bekam. Da es sich dabei um umfangreiche Dokumentenserien handelte, musste der Panzerschrank in meinem Büro um zwei weitere Einheiten aufgestockt werden. Meine zusätzliche Aufgabe bestand nun darin, alle neu eingehenden Dokumente auf Möglichkeiten zu überprüfen, wo sich unser Direktorat in anderen NATO-Foren prestigefördernd einbringen konnte.

CM steht für *Council Memorandum*. Es war die Dokumentenreihe des NATO-Rats, des höchsten Gremiums der Allianz. Alle Dokumente der drei NATO-Abteilungen für Politik, Rüstung und Wissenschaft, die in den untergeordneten NATO-Ausschüssen ausgearbeitet worden waren, wurden in dem Moment zu einem CM-Dokument, in welchem sie dem NATO-Rat zur Diskussion oder zum Absegnen vorgelegt wurden. Auch die Dokumente des NATO-Sicherheitsausschusses, in dem sich die Abwehrchefs der NATO-Länder trafen, wurden zu CMs.

Der Rat tagte je nach Anlass entweder auf der Ebene der NATO-Botschafter, der Außenminister oder der Staatschefs.

Einen parallelen Ablauf gab es bei allen militärischen und militärpolitischen Dokumenten der jeweiligen Direktorate der DPP-Abteilung und der Abteilung für Ratsoperationen und Kommunikation bzw. der von ihnen bedienten Ausschüsse. In diesem Fall gingen die Enddokumente jedoch nicht an den NATO-Rat, sondern an den NATO-Verteidigungsplanungsausschuss (DPC), wo sie zu DPC-Dokumenten wurden.

Der DPC tagte ebenfalls auf Ebene der NATO-Botschafter oder der Verteidigungsminister. Indem ich die Gesamtheit der CM- und DPC-Dokumente unmittelbar nach ihrem Erscheinen erhielt, bedeutete das, dass alle vom Internationalen Stab der NATO in Dutzenden von Ausschüssen erarbeiteten aktuellen Dokumente über meinen Tisch und von dort nach Ostberlin gingen.

»Gesamtüberblick über das Bündnis«

Neben den Ministerrichtlinien und der Bedrohungsanalyse des MC lieferte ich bis Ende 1989 regelmäßig und vollständig für alle NATO-Mitgliedsstaaten sämtliche Enddokumente des NATO-Streitkräfteplanungsverfahrens einschließlich der sogenannten Länderkapitel der »Force Goals« und der »Annual

Defence Review« mitsamt den umfangreichen statistischen Anhängen und Zusatzdokumenten (»Enclosures«).

Zu der Wertigkeit der einzelnen Dokumentenserien hieß es im Urteil des OLG Düsseldorf: »Die Force Goal-Länderkapitel ließen durch die Festlegung der künftigen Sollwerte die bisherigen Schwachstellen (TST-Werte) erkennen und gaben dadurch dem Gegner außerordentlich wertvolle Hinweise sowohl in militärisch-operativer Hinsicht als auch für seine eigene Planung. [...] Der Force Goal-Generalbericht (General-Report) stellte eine verbindliche Trendbestimmung für das gesamte Bündnis dar.«

Zu den Ministerrichtlinien heißt es, dass sie zwar »keine konkreten militärischen Einzelheiten« wiedergaben, aber die Staaten des Warschauer Paktes dank der darin enthaltenen Angaben »die Möglichkeit« hatten, »ihre Kenntnisse von den Vorhaben der NATO zu verbessern und das dadurch gewonnene Bild der eigenen Rahmen- und Gesamtplanungen zugrundezulegen«.

Über die Kenntnis der Länderkapitel der jährlichen Defence Review urteilte das Oberlandesgericht, dass sie »dem potentiellen Gegner annähernd alle für seine operationellen Planungen wesentlichen Aufschlüsse über die Streitkräfte des jeweiligen Mitgliedstaates« gegeben habe, insbesondere »im Hinblick auf die Fülle von Details im Statistischen Anhang. Das Ergebnis dieser jährlichen Verteidigungsüberprüfung in den NATO-Mitgliedsländern vermittelte dem Gegner einen umfassenden Überblick über den aktuellen Stand der Streitkräfte in dem jeweiligen Mitgliedsstaat sowie deren kritische Schwachstellen.« Dabei habe »der Defence Planning General Report in verdichteter Form einen Gesamtüberblick über das Bündnis« gegeben.

Und weiter: »Die Kenntnis dieser von Rupp gelieferten Unterlagen versetzte den potentiellen Gegner in die Lage, das militärische Potential der Bundesrepublik und der anderen NATO-Länder sicher zu beurteilen, die erkannten Schwächen sowohl in operativer Hinsicht als auch bezüglich der eigenen Planung für sich zu nutzen, die zu erwartende Dauer der Beseitigung der Schwachstellen zu berücksichtigen, erkannten Stärken auszuweichen oder sich durch einen zutreffenden Kräfteansatz und zielgerechte Verfahren darauf verbessert einzustellen«.

Zusammenfassend urteilt das OLG: »Der Angeklagte Rainer Rupp war die einzige Quelle der HVA, die solche Dokumente lieferte.« Insbesondere »die kontinuierliche Lieferung der Enddokumente aus dem Streitkräfteplanungsverfahren über einen Zeitraum von zwölf Jahren hatte zur Folge, dass der potentielle Gegner ›alle Karten kannte‹. Der Sachverständige, Oberst i. G. Mayer, hat diesen Verrat überzeugend als die Gefahr des GAU für die NATO bezeichnet, der sich im Kriegsfall kriegsentscheidend hätte auswirken können.«

Die CM-Dokumente des NATO-Rats

Der militärische Gesamtüberblick über das Bündnis wurde durch die lückenlose Aufklärung der Arbeiten in den Ausschüssen der NATO-Abteilungen für Politische Angelegenheiten, für Rüstung und für Wissenschaft, die in CM-Dokumentenserie einflossen, umfassend ergänzt. Die einzelnen Sachgebiete aufzuzählen wäre zu umfangreich und würde hier zu weit führen. Zur Illustration folgen daher lediglich einige, u. a. auch im OLG-Urteil aufgeführte, Fallbeispiele: die vergleichende Ost-West-Studie des Politischen Ausschusses, Beschlussentwürfe des NATO-Rates, Jahresberichte und Tageseinschätzungen des NATO-Generalsekretärs, Berichte über die Entwicklung des Ost-West-Verhältnisses nach der Machtergreifung Gorbatschows, zusammenfassende Berichte der NATO-Ministerratssitzungen, die Krisenhandbücher, Inventur der von der NATO geplanten Präventivmaßnahmen, die halbjährlich aktualisierten politischen Berichte über die Lage in verschiedenen Regionen der Welt, wie in Nordafrika, im südlichen Afrika, in der Karibik und in Lateinamerika, in China, in Südost- und Ostasien usw.

Aus der Rüstungsabteilung gab es Papiere über neue militärische Pipelines oder über Fortschritte von gemeinsamen NATO-Rüstungsprojekten. Daneben gab es »weitere Berichte verschiedener NATO-Ausschüsse und deren nachgeordneter Gremien, soweit sie Rainer Rupp für wichtig hielt«. Aus dem Wirtschaftsdirektorat lieferte ich politische und wirtschaftspolitische Analysen und Untersuchungen der NATO, insbesondere über Vorgänge in sozialistischen Staaten, in Entwicklungsländern und in ausgewählten Regionen, so z. B. die Einschätzungen der Belastung der sowjetischen Wirtschaft durch den Afghanistan-Krieg, die regelmäßig aktualisierten Berichte der ökonomischen Lage in der Sowjetunion und Osteuropa, die Einschätzung sowjetischer Waffenexporte, der jährlich aktualisierte Bericht über die sowjetischen Verteidigungsausgaben, um nur einige typische Beispiele zu nennen.

Daneben gab es auch eine Fülle von Material in Form von Analysen und Gedankenspielen, die entweder innerhalb des Internationalen Stabs erarbeitet worden waren oder aus den NATO-Hauptstädten kamen, ohne jedoch offizielle Dokumente der NATO-Ausschüsse zu werden.

Situation Center – SITCEN

Als Mitglied der *Current Intelligence Group* (CIG), der geheimen Nachrichtengruppe, versah ich etwa alle sechs bis acht Wochen jeweils eine Woche lang Dienst im Lagezentrum der NATO, das als Situation Center, abgekürzt SITCEN, bekannt war. Allerdings hatte ich jederzeit auch vollen Zugriff auf die Dokumente, die während meiner Abwesenheit eingegangen waren.

Das SITCEN war das innerste Sanktum der Organisation, in dem im Krisenfall alle Nervenstränge des Bündnisses zusammen liefen. Nur wenige NATO-Mitarbeiter hatten Zutritt und auch das nur mit einem speziellen Pass.

Auch in normalen Zeiten trafen im SITCEN täglich von den Nachrichtendiensten der NATO-Mitgliedsländer gefertigte Meldungen politischer und militärischer Natur zur aktuellen Lage ein. Dazu gehörten beispielsweise von westlicher Seite beobachtete Flugaktivitäten oder Manöver oder von westlichen Satelliten beobachtete Schiffsbewegungen des Warschauer Vertrags. Ein Dreiergremium – ich hatte während meines Dienstes hier den Vorsitz – entschied, welche Nachrichten in den jeweiligen Tagesbericht der CIG aufgenommen wurden, der dann – in der Regel »Confidential« oder »Secret« eingestuft – an leitende Beamte im

NATO-Hauptquartier und in den Hauptstädten der NATO-Mitgliedsstaaten verteilt wurde. Im Urteil des OLG Düsseldorf heißt es, dass »das aus dem Lagezentrum von Rupp gelieferte Material besonders umfangreich war und (*in der HV A – d. Hrsg.*) ganze Aktenschränke füllte«.

In meiner Eigenschaft als Mitglied der CIG nahm ich auch im zweijährigen Turnus an den Wintex/Cimex- und Hilex-Übungen teil und erhielt dabei einen Gesamtüberblick über das Operationsverfahren der NATO im Krisenfall. Aus dem Lagezentrum der NATO sicherte ich u. a. den gesamten Ablauf und alle Lageberichte zu den strategischen NATO-Übungen (»WINTEX-CIMEX« und »HILEX«). Bei WINTEX handelte es sich um eine strategische Übung, bei der die NATO mit dem Einsatz von taktischen Atomwaffen unter realistischen Bedingungen alle zwei Jahre den Ersteinsatz dieser Massenvernichtungswaffen gegen Ziele in Osteuropa probte.

In der letzten WINTEX-Übung, an der ich Ende der 80er Jahre teilnahm, setzte die NATO in zwei Wellen über 150 dieser geächteten Waffen hauptsächlich gegen Ziele in Osteuropa und in der europäischen Sowjetunion ein, drei davon gegen Ziele in der DDR, wobei eine Atomwaffe für die Außenbezirke von Dresden bestimmt war.

Bezeichnend ist, dass weder die Medien noch das OLG Düsseldorf im Urteil auf Inhalt und Zielstellung der WINTEX-Übung und mit keinem Wort auf meine diesbezüglichen Einlassungen vor Gericht eingingen.

Im SITCEN konnte ich auch das *Indicator and Warning System* zur Frühwarnung vor Angriffen für die HV A sichern. Hierbei handelte es sich um eine Aufstellung von Ereignissen aus den Bereichen der Diplomatie, Wirtschaft, Politik, Geheimdienste und des Militärs, welche die NATO als Indikatoren für den Spannungs- und Kriegsfall ansah. Der Katalog umfasste insgesamt ca. 800 solcher Indikatoren, die jeweils mit einer speziellen Kennziffer versehen waren. Laut OLG-Urteil war dieses Dokument »in der HV A, namentlich unter dem Gesichtspunkt der Früherkennung eines Raketenkernwaffenangriffs, besonders begehrt«.

Weiter liefen im SITCEN eine Unmenge von brandaktuellen Lagemeldungen und analytischen Berichten, die sogenannten »Intelligence Memoranda« der Nachrichtendienste der NATO-Staaten, ein: Meldungen zur Entwicklung der Streitkräfte des Warschauer Vertrags, Meldungen über personelle Veränderungen in den Stäben und Ministerien der Warschauer-Pakt-Staaten, Berichte über Manöver in den Staaten des Warschauer Vertrages, technische Einschätzungen der Bedeutung von neuen Antennen an sowjetischen Kampfflugzeugen, militärische Lagemeldungen aus der Dritten Welt, eine Studie über die Einschätzung der Kosten des Afghanistan-Krieges.

Besonders interessant ist, dass das OLG Düsseldorf in seinem Urteil auch eine aus dem SITCEN stammende Analyse der politischen Situation in der DDR vom 12. Dezember 1989 namentlich aufführte, sonst aber nicht weiter darauf einging. Tatsache ist, dass ich nach dem Fall der Mauer meine Arbeit als Aufklärer nicht aufgegeben hatte, denn auf Grund der anschließenden politischen Wirren schien mir die Lage auf beiden Seiten besonders anfällig für Fehlinterpretationen und Überreaktionen, die zu militärischen Auseinandersetzungen hätten führen können. Daher fand ich, dass es besonders wichtig war, wenn man in Ostberlin genaue Kenntnis davon hatte, dass in der NATO bezüglich der DDR keine militärischen Provokationen oder aggressiven Maßnahmen geplant waren.

Das Sahnehäubchen

Als besonders erschwerend wurde mir im Urteil des OLG die Lieferung des mit NATO-COSMIC-TOP SECRET klassifizierten 480 Seiten umfassenden Berichtes des Militärausschusses der Allianz, einschließlich eines Anhangs (*enclosure*) von 478 Seiten, angelastet. Dabei handelte es sich um das Dokument MC-161 samt einem der wichtigsten Anhänge.

Dieser jährlich unter Federführung der nachrichtendienstlichen Abteilung des Internationalen Militärstabs erstellte Bericht umfasste laut dem vom Oberlandesgericht bestellten militärischen Gutachter Oberst Mayer von der Bundeswehr »das gesamte Wissen der NATO über das militärische Potential des Warschauer Paktes«. Kopien des Dokumentes durften nicht gemacht werden, auch dann nicht, wenn sie registriert worden wären. Einsicht in das umfangreiche Papier konnte nur in den Räumlichkeiten der Registratur in Anwesenheit einer Aufsichtsperson genommen werden.

Dennoch gelang es mir, das Dokument in seiner Gänze fotografisch zu sichern.

Insgesamt kamen in der NATO alljährlich etwa vierzig Gruppen, überwiegend Experten der Militäraufklärung der NATO-Länder, in Brüssel zusammen, um MC-161 zu aktualisieren. Dazu wurden alle Erkenntnisse der NATO-Länder zu unterschiedlichen Bereichen der für die Verteidigung der Sowjetunion und des Warschauer Vertrags relevanten politischen, ökonomischen, technischen, aber insbesondere militärischen Entwicklungen im Osten auf den neuesten Stand gebracht. Dabei ging es u. a. um Einschätzungen bezüglich personeller Veränderungen im Generalstab der Roten Armee oder deren Teilstreitkräften und deren mögliche Auswirkungen auf Strategie und Taktik.

Ein anderer Unterausschuss beschäftigte sich mit militärtechnischen Entwicklungen. Ein dritter kümmerte sich um die Verbesserung der gegnerischen Waffenwirkungen, wie z. B. Reichweiten, Feuergeschwindigkeit etc. Die Ergebnisse dieser Arbeiten wurden in Anhängen zu MC-161 festgehalten, während das Kondensat dieser Arbeit in das MC-161-Hauptdokument einfloss und somit eine alljährlich aktualisierte Gesamteinschätzung bot.

Im Teil I des von mir Anfang 1988 beschafften MC-161-Dokuments waren die – von der NATO angenommenen – politischen und strategischen Erwägungen der Sowjets betreffend der NATO dargestellt, darunter in einem Abschnitt 5 der Frühwarnprozess. Abschnitt 2 betraf die Beschaffung der Ausrüstung für die einzelnen Waffengattungen. Die NATO ging z. B. unter Ziffer 37 davon aus, dass »bei der Beschaffung von Flugkörpern ein Verdrängungseffekt zu Lasten von SS-17, -18 und -19 wegen der vorrangigen Ausgaben für Interkontinental- und Flugabwehrraketen« erfolgte.

Die Teile II und III enthielten – so das Urteil – »im Detail das militärische Potential des Warschauer Pakts, darunter im Abschnitt 1 von Teil II auch die Kommandostrukturen«. Im

Teil II Abschnitt 6, der sich mit der Luftwaffe des Warschauer Pakts befasste, hieß es beispielsweise zu den Stärken: »Ziff. 10. Eine signifikante Kampfwertsteigerung der Bomberflotte findet statt durch die Modifizierung der Bear B/C und den Einsatz der Backfire C und Bear H-Waffensysteme. Die Fähigkeit zur elektronischen Kampfführung dieser Allwetterbomber wurde durch die Einführung neuer Flugkörper und Elektronik ebenfalls gesteigert.«

Zu den Schwächen wird unter Ziff. 109 ausgeführt: »Das Eindringen und die Punktzielerfassung bei Nacht und schlechtem Wetter sind begrenzt.« Unter Ziff. 110: »Der Bomberflotte fehlen Präzisionswaffen für Direktangriffe auf nichtstrahlende Landziele und weitreichende Abstandswaffen für konventionelle Angriffe auf die meisten Landziele. […] Nur ein Teil der Bomber kann Operationen gegen Nordamerika durchführen.« Oder unter Ziff. 313: »Offensichtliches Fehlen von ausgebildetem Personal für Rollbahninstandsetzung. […] Nicht mehr als die Hälfte der nötigen Kräfte können in einsatzbereitem Zustand gehalten werden.«

Teil IV des Dokuments MC 161 enthält schließlich die von der NATO angenommenen Konzepte für den Einsatz der Truppen des Warschauer Paktes zu Beginn einer kriegerischen Auseinandersetzung. Die Kenntnis dieses Dokuments gibt laut Urteil »Aufschluss über die durch die NATO perzipierten Möglichkeiten und Vorgehensweisen des Warschauer Paktes bis hin zum angenommenen und bewerteten militärischen Risiko. Der potentielle Gegner erhielt damit die Gesamtheit der NATO-weit vorhandenen Vorstellungen über ihn und konnte diese namentlich bei den Eckwerten seiner Operationsplanung entscheidend berücksichtigen. Er bekam durch dieses Dokument außerordentlich wichtige Hinweise auf die Reaktionen der NATO etwa im Bereich Rüstung, Forschung und Planung. Fehleinschätzungen der NATO konnten genutzt, zutreffend beurteilte Schwächen des Warschauer Paktes konnten vom Gegner verdeckt beseitigt werden.«

Bei dem im Urteil erwähnten 478 Seiten umfassenden Anhang zu MC-161 handelte es sich um die Einschätzung der militärischen und technischen Fähigkeiten der Luftabwehrsysteme der Sowjetunion und der Warschauer Vertragsstaaten.

Jedes von den westlichen Geheimdiensten erkannte Luftabwehrsystem, insbesondere die Luftabwehrraketen (Boden-Luft; Luft-Luft) wurden auf ihre Stärken und Schwächen analysiert und Gegenmaßnahmen der NATO wurden diskutiert. Von manchen neuen sowjetischen Entwicklungen hatte die NATO nur auf Gerüchten beruhende, fragmentarische Kenntnisse. Auch in solchen Fällen bekam das neue System bereits einen NATO-Codename, begleitet von einer groben Beschreibung der möglichen Parameter des neuen Systems.

Jedem Strategen ist sofort klar, dass die Kenntnis der MC-161-Dokumente für den Warschauer Vertrag und die Sowjetunion von nicht zu überschätzender Bedeutung war. Aus diesen Dokumenten konnten die Auswerter in Berlin und in Moskau herauslesen, in welchen Bereichen die NATO korrekt über die Stärken des Gegners informiert war, wo sie diese überschätzte bzw. unterschätzte und – noch wichtiger – von welchen Entwicklungen im Osten die NATO überhaupt nichts wusste.

Zu diesem Vorteil kam das genaue und umfassende Wissen über die Aufstellung der NATO-Streitkräfte und ihrer Stärken und Schwächen hinzu, was durch die regelmäßigen Lieferungen der alljährlich von den NATO-Ausschüssen aktualisierten Dokumente der NATO-Streitkräfteplanung gesichert wurde. Der dadurch gegebene strategische Vorteil kann anhand von zwei Kartenspielern illustriert werden, die sich gegenübersitzen. Während Kartenspieler A versucht, auf der Grundlage der bereits gespielten Karten die des Gegners B zu erraten, kennt B nicht nur die Karten von A ganz genau, sondern er weiß zugleich, welche Vorstellungen der Gegner von seinen Karten hat.

SDI und China

Die Tatsache, dass ich in der NATO schließlich einen fast allumfassenden Zugang zu Verschlusssachen hatte, verdankte ich sowohl einigen glücklichen Umständen als auch meiner umsichtigen, engagierten Arbeitsweise, welche die Aufmerksamkeit meiner Vorgesetzten auf mich lenkte. Wer viel Arbeit schnell und effektiv erledigt, bekommt von seinen Chefs oft noch mehr aufgebürdet. So war das auch bei mir. Neue Aufgaben nahm ich in der Regel auch an, allerdings immer nur unter Protest, selbst wenn das neue Projekt aus dem Blickwinkel potentieller Aufklärungsergebnisse sehr vielversprechend erschien. Ein Protest war nötig, denn niemand übernimmt zusätzliche Arbeit gern, erst recht nicht in einem Umfeld, in dem die Atmosphäre von Regierungsamtstuben vorherrschte und Fleiß und Einsatz nur äußerst selten mit einer Beförderung belohnt wurden.

Wenn ich schließlich doch eine neue Aufgabe übernahm, bat ich mir im Gegenzug einige Bedingungen aus. In der Regel gehörten dazu auch »Fortbildungsmaßnahmen«, die mir – so gab ich vor – helfen sollten, die neuen Herausforderungen auf entsprechend hohem Niveau zu bewältigen. Tatsächlich aber sollten sie mir zu Zwecken der Aufklärung einen tieferen Einblick in die anstehende Problematik gewähren. So wurde z. B. Anfang der 1980er Jahre in der Rüstungsabteilung (»Defence Support«) eine NATO-Arbeitsgruppe für Reagans Sternenkriegsprogramm gegründet. Die Strategische Verteidigungsinitiative (SDI) des US-Präsidenten hatte vor dem Hintergrund der rabiat-aggressiven Politik und andauernder militärischer Provokationen der USA gegen sowjetisches Territorium im Kreml für große Unsicherheit gesorgt.

Bezüglich SDI war ich bereits wiederholt von der HV A darauf hingewiesen worden, dass die Freunde in Moskau dringend Informationen dazu brauchten. Bis zu jenem Zeitpunkt war jedoch der »Krieg der Sterne« ein rein US-amerikanisches Projekt und keine NATO-Angelegenheit. Erst die SDI-Arbeitsgruppe sollte das ändern. Sie war auf Druck der europäischen NATO-Länder zustande gekommen, die befürchteten, durch die SDI-Initiative im Bereiche der Weltraumforschung und -waffen von den USA restlos abgehängt zu werden. Washington versprach sich von einigen europäischen Staaten technologische Entwicklungen als Beiträge zum Erfolg des »Sternenkrieges«.

Warum ich Mitglied der SDI-Arbeitsgruppe wurde, darüber kann ich nur spekulieren. Aber schon damals war ich wegen meiner Arbeitsweise, kombiniert mit technischem Verständnis und einem umgänglichen Wesen sowie der perfekten Beherrschung der beiden Amtssprachen englisch und französisch über die politische Abteilung hinaus in der NATO bekannt.

Tatsache ist, dass der Beisitzende Generalsekretär (ASG) der NATO-Rüstungsabteilung, ein Amerikaner, meinen obersten Chef, den deutschen ASG für Politische Angelegenheiten, Fredo Dannenbring, in einem Schreiben bat, mich als sachkundigen Vertreter in die SDI-Arbeitsgruppe zu entsenden.

Bei Cocktailparties und anderen Gelegenheit hatte ich den Chef der Rüstungsabteilung bereits wiederholt getroffen, wobei wir uns über allerlei militär-ökonomische und technische Entwicklungen gut unterhalten hatten. Wahrscheinlich war das der Grund, weshalb er mich bei der SDI-Arbeitsgruppe dabeihaben wollte.

Da zu jener Zeit alles, was mit SDI zu tun hatte, auch höchst politisch war, war auch mein Chef über diese Gelegenheit höchst erfreut, durch meine Mitarbeit in der Arbeitsgruppe einen »politischen« Fuß in der SDI-Tür zu haben.

Als der ASG der Politischen Abteilung mir schließlich verkündete, dass ich auf seinen Wunsch hin in der SDI-Arbeitsgruppe mitarbeiten sollte, gab ich mich natürlich ablehnend und verwies auf meine anderen, bereits zusätzlich zu meiner Arbeitsplatzbeschreibung übernommenen Aufgaben. Zögerlich ließ ich mich dann von der Wichtigkeit meiner Teilnahme überzeugen. Allerdings verwies ich auf ein großes Hindernis. Ich gab zu erkennen, dass ich mir gegenüber all den Experten, die aus den verschiedenen Hauptstädten in der NATO-SDI-Gruppe zusammmen kommen würden, als Laie vorkommen würde. Wenn ich mich dagegen vorher 14 Tage lang in Washington in Gesprächen mit den führenden Leuten zum Thema schlau machen könnte, dann wäre ich zuversichtlich, in der SDI-Gruppe meiner Aufgabe gerecht zu werden.

So geschah es, dass ich zwei Wochen in Washington in jeder SDI-relevanten Regierungsstelle, vom Pentagon und DIA über das Department of State und die CIA und Denkfabriken wie Brookings bis hin zu den Verfechtern und Kritikern von SDI im Kongress vorstellig wurde und mit den dortigen Experten sprach. Vorbereitet waren die Treffen von der US-

Botschaft in der NATO. Die Tage in Washington waren von morgens bis abends mit Gesprächen gefüllt. Immer neue Aspekte und Probleme offenbarten sich, die zu weiteren, tiefgründigeren Fragen führten.

Am Ende der zwei Wochen war ich in Hochstimmung, denn ich fühlte mich – soweit es die Gesamtübersicht über das SDI-Programm betraf – hervorragend informiert. Am wichtigsten aber war, dass ich von maßgeblichen Stellen erfahren hatte, dass es sowohl technisch als auch konzeptuell viele, in absehbarer Zeit nicht zu bewältigende Probleme mit SDI gab. Damit war das Projekt als reine US-Propagandakampagne enttarnt, also als ein weiteres Element der breiten Palette von Maßnahmen, mit denen die eiskalten Krieger der Reagan-Administration in jenen Jahren den Kreml verunsichert haben.

Zugleich erfuhr ich von den US-Experten, mit denen ich gesprochen hatte, dass sich die strategische Planung der USA niemals auf SDI verließ – selbst wenn das System irgendwann einmal technisch funktionieren würde.

Damit schied es als zuverlässiges US-Abwehrsystem zum Unterlaufen der sowjetischen Zweitschlagkapazität aus.

Wieder zurück in Brüssel, verfasste ich einen Bericht für meinen Chef in der NATO und einen weitaus ausführlicheren für die Genossen in der HV A und die Freunde in Moskau.

Ein ähnlicher Coup sollte mir ein Jahr später im Zusammenhang mit der Volksrepublik China gelingen. Von der HV A hatte ich erfahren, dass Moskau schon lange über ernstzunehmende Hinweise besorgt war, dass es zwischen den USA und China eine militärische Zusammenarbeit gab, die auch den Transfer von Waffensystemen einschloss. Der Kreml befürchtete, dass sich die Amerikaner auf die chinesischen Schultern stellen könnten, um eventuell auch von der Seite gegen die Sowjetunion loszuschlagen. Es traf sich, dass just zu jener Zeit in der Politischen Abteilung der NATO ein Nachfolger für die Leitung des China-Ausschusses des Bündnisses gesucht wurde und ich ins Blickfeld meiner Vorgesetzten kam.

Seit meiner Studienzeit hatte ich die Entwicklungen in China mit regem Interesse verfolgt und war daher auf diesem Gebiet nicht ganz unbedarft. Hinzu kam, dass ich kurz zuvor im renommierten hauseigenen Organ, im NATO-Brief, einen

Aufsatz über »Die Probleme der militärischen Modernisierung Chinas« veröffentlicht hatte, der über Brüssel hinaus große Aufmerksamkeit und Resonanz hervorgerufen hatte.

Letztlich ließ ich mich auch diesmal von meinen Vorgesetzten widerwillig überzeugen, den China-Ausschuss zu übernehmen – aber nur unter der Bedingung, dass ich mich 14 Tage in Washington und mit Gesprächen vor Ort im Beobachterposten in Hongkong gründlich auf die neue Aufgabe vorbereiten konnte. Auch diesmal bereitete die US-Botschaft in der NATO alle Treffen mit den von mir gewünschten Personen in Washington vor. So gelang es mir in Gesprächen mit Mitarbeitern der CIA, der DIA und des Geheimdienstes des US-Außenamtes, aber auch mit politischen Vertretern aus den verschiedenen Ministerien der Reagan-Administration und Mitgliedern von Kongressausschüssen, die US-amerikanischen Beziehungen umfassend aufzuklären.

Höhepunkt war ohne Zweifel, dass es mir sogar gelungen ist, bis ins *Net Assessment*-Zentrum des Pentagon vorzudringen, wo ich dem zuerst äußerst zurückhaltenden Oberst N. schließlich die lang gesuchten Informationen über die Details der tatsächlich stattfindenden militärischen Zusammenarbeit zwischen den USA und der Volksrepublik entlocken konnte. Washington versorgte Peking nicht nur mit Waffen zur Panzerabwehr, sondern es gab bereits eine enge Zusammenarbeit auf dem Gebiet der elektronischen Aufklärung, wie z. B. eine gegen die UdSSR gerichtete gemeinsame Abhörstation auf dem Gebiet der Inneren Mongolei. (Ende der 90er Jahre las ich in meiner Zelle in Saarbrücken eine Notiz in der *International Herald Tribune,* wonach Washington und Peking eine in der Inneren Mongolei gemeinsam betriebene elektronische Überwachungsstation einvernehmlich geschlossen hätten.)

Schlussbemerkungen

Abschließend gelangte das OLG Düsseldorf zu der Überzeugung, dass namentlich die alljährlich aktualisierten Länderkapitel der Streitkräfteziele (Force Goals) und der Verteidigungsüberwachung schon jedes für sich, umso mehr aber im Verbund

*Vorstellung des Buches, dem dieser Beitrag entnommen wurde,
mit anschließender Signierstunde am 8. September 2011:
Eichner, Rupp und Rehbaum*

eines Planungszyklus Staatsgeheimnisse darstellten. Insbesondere durch die kontinuierliche Lieferung der betreffenden Enddokumente, die es jeweils ermöglichten, die bisher gewonnenen
Erkenntnisse über die Stärken und Schwächen der NATO zu
überprüfen, zu ergänzen und zu aktualisieren, habe insbesondere die Sowjetunion als Führungsmacht des Warschauer Paktes
dank meiner Arbeit ein umfassendes, stets aktuelles Bild über
die Streitkräfteplanung der NATO gehabt. Zu diesem Vorteil
kam das genaue und umfassende Wissen über die Aufstellung
der NATO-Streitkräfte und ihrer Stärken und Schwächen durch
die Lieferung des Dokuments MC-161 hinzu.

Obwohl im Urteil des OLG etliche Zitate aus dem Dokument MC-161 aufgeführt wurden, wurde die wichtigste Stelle,
nämlich eine Passage aus dem Teil IV – Militärdoktrin der
Sowjetunion – nirgendwo erwähnt, obwohl ich in der Ver-
handlung nachdrücklich darauf hingewiesen hatte.

Das ist verständlich, denn darauf einzugehen hätte bedeutet, das jahrzehntelang im Westen gepflegte Propagandabild
von der aggressiven, die »freie Welt« bedrohenden Sowjetunion
zu widerlegen. In Teil IV von MC-161 hieß es nämlich, dass

die Sowjets keine militärische Aggression gegen den Westen planten. Nur im Falle eines Angriffs aus dem Westen würden sie sofort und mit aller Macht offensiv vorgehen, um nach den schrecklichen Erfahrungen der UdSSR im Zweiten Weltkrieg den nächsten Krieg nicht auf dem Boden des sozialistischen Lagers sondern auf dem Territorium des Gegners auszufechten.

Abschließend möchte ich daher nochmals betonen, der Zweck meiner gemeinsamen Aufklärungsarbeit mit der HV A und meinen vielen anderen GenossInnen an der geheimen Front war nicht, einen Krieg zu gewinnen, sondern den Krieg zu verhindern.

Aus: Rainer Rupp/KarlRehbaum/Klaus Eichner:
»Militärspionage. Die DDR-Aufklärung in NATO
und Bundeswehr«, edition ost, Berlin 2011

Krisenjahr 1983.
Steht die Welt vor einem
atomaren Inferno?

Auf der Basis von Aussagen Rainer Rupps formulierte der Journalist Markus Kompa in einem Beitrag für das Internetportal TELEPOLIS (»Der NATO-Spion«) zur Situation 1983:

»Wäre es im Kalten Krieg zu einem militärischen Schlagabtausch zwischen der NATO und den Staaten des Warschauer Pakts gekommen, so hätte dieser unweigerlich in einen Nuklearkrieg gemündet. So sieht es u. a. Rainer Rupp, der während der 80er Jahre aufgrund seiner Position im NATO-Hauptquartier in Brüssel die Planung des dritten Weltkriegs genau kannte. Gleich, ob man die Strategie der *Massive Retaliation*, die *Mutually Assured Destruction* (MAD), gefahren hätte oder die begrenzte Strategie der *Flexible Response*: Mitteleuropa wäre in jedem Falle nuklear vernichtet oder zumindest verseucht worden.

Ein mit konventionellen Streitkräften geführter Krieg wäre schon deshalb keine Option gewesen, weil die NATO-Strategen das taktische nukleare Potential ganz bewusst nicht in der strategischen Tiefe des Raums, sondern relativ vorne an der Grenze zu den Warschauer Pakt-Staaten stationiert hatten. Im Fall eines Grenzkonflikts wäre man daher schnell in einen bewusst vorprogrammierten Zugzwang gekommen: ›Fire them or loose them.‹ Man hätte natürlich gefeuert.

Bezüglich der atomaren Abschreckung hält der Fachmann das ursprüngliche Konzept der *Massive Retaliation* (›Boston für Berlin‹) für die geringere Gefahr, denn jeglicher Nuklearangriff hätte dann für beide Parteien den gemeinsamen Untergang bedeutet, wäre also keine Option gewesen.

Durch die gegebenenfalls auf den Kriegsschauplatz Europa beschränkte *Flexible Response* sei jedoch die Bereitschaft auf

US-Seite, die Atomwaffe zur Kriegsführung einzusetzen, deutlich gestiegen. Auch mit den Vorschlägen der Falken um Richard Perle, damals unter Reagan Staatssekretär im Pentagon für Planung und Politik, die sich für eine Strategie eines führbaren, gewinnbaren und beschränkten nuklearen Präventivkrieges gegen die Sowjets mit Hilfe von Enthauptungsschlägen durch die Zerstörung der Kommando-, Kontroll- und Kommunikationszentren von Militär und Partei einsetzten, ist er gut vertraut – eine Strategie, die derzeit wieder von den Neokonservativen gegen Iran propagiert wird.

RYAN

Der Ernstfall kam im Herbst 1983 näher als je zuvor. Aufgrund von Reagans Kriegsrhetorik, dessen SDI-Programm und der beschlossenen Stationierung der Pershing II, einer wegen ihrer extrem kurzen Vorwarnzeit von wenigen Minuten zum Erstschlag prädestinierte Waffe, folgerten Moskaus Strategen, der Westen steuere von der Verteidigungsbereitschaft nunmehr auf einen nuklearen Präventivkrieg zu. Die Sowjets waren von der Erfahrung einer Überraschungsinvasion im Zweiten Weltkrieg geprägt, die 27 Millionen Russen das Leben gekostet hatte. Zudem hatte man von den Plänen der ultrarechten Militärs Anfang der 60er Jahre gehört, die tatsächlich einen präventiven Nuklearkrieg aus dem Hinterhalt gegen die Sowjetunion führen wollten. Für Überraschungskriege waren die USA auch wegen ihrer Invasion in der Schweinebucht bekannt.

Ein Jahr nach Amtsantritt von US-Präsident Reagan, der die Entspannungspolitik für tot erklärt hatte, besetzte das US-Militär mit einem Überraschungsschlag die unabhängige Inselrepublik Grenada. Angeblich habe das Eiland gedroht, dem Kommunismus anheim zu fallen. Die Reagan-Administration leitete eine gigantische Aufrüstung mit dem Ziel ein, die Sowjetunion ›totzurüsten‹ und damit das strategische Gleichgewicht zu Gunsten Washingtons zu kippen.

Neokonservative wie Richard Perle, damals ›Beisitzender Verteidigungsminister für Verteidigungspolitik‹, hatten fertig ausgearbeitete Pläne für den ›begrenzten Nuklearkrieg‹, der für die USA ›führbar und gewinnbar‹ sei. Durch die Stationierung von Pershing II-Mittelstreckenraketen in Europa drohte ein Erstschlagpotential für einen atomaren Überraschungsschlag auf die zivilen und militärischen Kommando-, Kontroll- und Kommunikationszentren der Sowjetunion.

Der baldige Erstschlag durch die NATO war für etliche Strategen in Moskau eine subjektive Gewissheit. Das geplante NATO-Herbstmanöver ABLE ARCHER von 1983, das diesmal besonders umfangreich durchgeführt werden sollte, hielt Moskau für den als Übung getarnten Einstieg in den dritten Weltkrieg.

Da die Sowjets nicht bereit waren, einen nuklearen Vernichtungsschlag hinzunehmen, ohne diesen zu vergelten, war es zur Reaktion unerlässlich, einen Angriff frühzeitig erkennen zu können. Das zivile KGB und der militärische GRU starteten im März 1981 ihr größtes jemals durchgeführtes geheimdienstliches Programm, die Operation RYAN: RAKETNO-YADERNOYE NAPADENIE, was soviel wie ›Raketenangriff‹ bedeutet. Im Operationsgebiet sollten die KGB-Agenten jedes auch noch so geringe Anzeichen einer Angriffsvorbereitung sofort nach Moskau melden.

Auf einer Historiker-Konferenz in Odense referierte Rupp 2007 seine Eindrücke, auf denen die folgende Darstellung mit freundlicher Genehmigung des Autors zum Großteil basiert.

Im Rahmen der Operation RYAN wurde versucht, möglichst umfassende Erkenntnisse über die Alarm- und Kriegsplanung der NATO und ihre Angriffsvorbereitungen in Erfahrung zu bringen, um auf dieser Basis im Ernstfall rechtzeitig reagieren zu können. Allerdings ging man in Moskau bereits davon aus, dass man auf Grund der in Europa stationierten US-amerikanischen atomaren Präventiv- und Präemptivschlagkapazitäten nur noch 5 bis 8 Minuten Vorwarn- bzw. Reaktionszeit hatte. Bereits bei einem Missverständnis konnte die nukleare Katastrophe drohen, denn die Sowjets waren nicht bereit, den drohenden amerikanischen Erstschlag einfach zu absorbieren, ohne vorher mit gleicher Münze zurückzuschlagen.

In der KGB-Instruktion Nr. 6282/PR/52 vom 17. Februar 1981 hieß es daher: ›Die Tatsache, dass der Feind einen beträchtlichen Teil seiner strategischen Streitkräfte in erhöhter

Gefechtsbereitschaft hält, [...] macht es notwendig, Hinweise für die Vorbereitung eines atomaren Raketenangriffs zu einem sehr frühen Zeitpunkt zu entdecken, noch bevor der Befehl an die Truppen zum Einsatz nuklearer Waffen erteilt wurde.‹

Daher wurden die sowjetischen Geheimdienstniederlassungen im Ausland angewiesen, auf den kleinsten Hinweis für einen bevorstehenden Atomangriff zu achten.

So erhielten die KGB-Residenten am 17. Februar 1983 die Direktive Nr. 374/PR/52, die zwanzig Indikatoren für einen unmittelbaren Kriegsbeginn auflistete, u. a.:

›Halte die wichtigsten Regierungsinstitutionen, Hauptquartiere und anderen Anlagen, die an der Vorbereitung eines atomaren Raketenangriffs beteiligt sind, unter ständiger Beobachtung. [...] Bestimme das *normale Tätigkeitsniveau* dieser Ziele während und außerhalb der Arbeitsstunden, z. B. die äußeren Merkmale ihrer täglichen Aktivitäten unter normalen Bedingungen (Differenzen der Zahl der dort geparkten Autos am Tage und am Abend, die Zahl der beleuchteten Zimmer während und nach der Arbeitszeit und Aktivitäten um diese Ziele herum an arbeitsfreien Tagen).

Finde, auf Basis der festgestellten *normalen Tätigkeitsniveaus*, jede Veränderung dieser Merkmale bei Sonderkonferenzen in einer Krisensituation heraus.‹

Rupp hielt diese Befürchtungen für unbegründet, schließlich wirkte er selbst an den Planspielen mit und konnte bei seiner Arbeit als Vorsitzender der *Current Intelligence Group* (CIG) im NATO-*Situation Center* (SITCEN), dem innersten Sanktum des Bündnisses, wo im Krisenfall alle Informationen zusammenfließen, über das Militärmanöver hinaus keine tatsächlichen Kriegsvorbereitungen erkennen.

Denkbar sei allenfalls ein Alleingang der USA gewesen, was etwa gerade auf Grenada erfolgt war.

Die NATO jedoch hatte nichts weiter als eine Übung nebst Säbelrasseln im Sinn.

Auch Spionagechef Markus Wolf teilte diese Einschätzung, aber es war nicht einfach, dessen argwöhnische Kollegen in der Führungsspitze des KGB zu überzeugen. Es bedurfte kostbarer Zeit, welche die hochgefährliche Krise verlängerte.

KAL 007

Die politischen Spannungen verschärften sich, als am 1. September 1983 das südkoreanische Verkehrsflugzeug KAL 007 über einem hochsensiblen militärischen Sperrgebiet im Fernen Osten der Sowjetunion abgeschossen wurde. Die KAL 007 war unter bis heute noch nicht gänzlich geklärten Umständen in den Luftraum der UdSSR eingedrungen, ausgerechnet über einer Region mit Militärinstallationen, die zur strategischen Abschreckung der Sowjetunion gehörten.

Der den Abschussbefehl ausführende russische Jagdpilot hielt das Passagierflugzeug, das nicht auf Funk oder Warnschüsse reagierte, für einen US-Spionageflieger des Typs RC-135. Bei beiden Flugzeugen handelte es sich um viermotorige Maschinen; die RC-135 war eine Boeing 707, die KAL 007 eine Boeing 747, die sich zwar in der Größe, kaum jedoch in der Silhouette unterschieden. Für derartige Spionageflugzeuge war die Tarnung als scheinbar ziviles Flugzeug mit Fenstern nichts Ungewöhnliches. Seit Jahrzehnten gehörten Luftraumverletzungen zum festen Repertoire der USA, allein der Luftraum der DDR war mehr als 25.000 mal mit Spionageflügen verletzt worden. Horchapparatur der NSA war häufig in zivilen Flugzeugen installiert, die regulär etwa Berlin anflogen.

Unstreitig befand sich in jener Nacht wieder routinemäßig eine RC-135 von See her in Höhe des hochsensiblen sowjetischen Sperrgebiets im Anflug auf die sowjetische Küste. Normalerweise drehte das amerikanische Spionageflugzeug dann kurz vor dem sowjetischen Luftraum nach Süden ab, um im internationalen Luftraum entlang der sowjetischen Grenze zu fliegen und mit Mitteln der elektronischen Aufklärung, mit denen die RC-135 vollgestopft war, in das Sperrgebiet hinein zu ›horchen‹ und zu ›sehen‹. Durch den angetäuschten Anflug in Luftraum über fremdem Hoheitsgebiet sollten etwa versteckte Radarstationen zur Aktivität provoziert und hierdurch enttarnt werden. Das war für die Sowjets lästig, jedoch nach internationalem Recht erlaubt.

In dieser fatalen Nacht jedoch schien alles anders zu sein. Für die Sowjets sah es aus, als ob die RC-135 diesmal nicht abdrehte, sondern in das Sperrgebiet über der Halbinsel von

Kamtschatka hineinflog, der erste Zwischenfall dieser Art in dem fraglichen Gebiet. Später bei der Aufarbeitung des Unglücks kam dann heraus, dass sich vor der Küste von Kamtschatka noch im internationalen Luftraum die Flugbahnen der KAL 007 und der RC-135 gekreuzt hatten. Die KAL 007 befand sich auf dem Heimweg von den USA und flog gewöhnlich die Polarroute, also von Norden kommend entlang der sowjetischen Grenze in Richtung Süden nach Seoul.

Auch die aus dem Osten kommende RC-135 drehte gewöhnlich in der Nähe des sowjetischen Luftraums in Richtung Süden ab. Aber nachdem sich für einen kurzen Moment in dieser Schicksalsnacht die Radarschatten von KAL 007 und RC-135 gekreuzt hatten, waren die beiden Flugzeuge auf den Radarschirmen nicht mehr von einander zu unterscheiden. Auf den Schirmen der russischen Flugüberwachung sah es so aus, als ob die von Osten kommende RC-135 ihren Kurs beibehielt und unbeirrt das sowjetische Sperrgebiet ansteuerte. Tatsächlich war es aber die RC-135, die nun auf der Route der KAL Richtung Süden flog.

Aus bis heute nicht geklärten Gründen hatten die Piloten des koreanischen Passagier-Jumbos ihren Kurs in Richtung sowjetisches Sperrgebiet geändert.

Seltsam ist auch, dass die koreanischen Piloten weder auf die Versuche, sie per Funk zu erreichen noch auf die international üblichen visuellen Warnungen und Zeichen reagierten, mit denen die russischen Kampfjets die Piloten der vermeintlichen RC-135 unter Drohung zum Abdrehen aufforderten.

Der Abschuss wurde von den USA propagandistisch benutzt, um die Sowjets als aggressive Barbaren darzustellen – was erst 1988 abrupt endete, als die USA ihrerseits versehentlich ein iranisches Verkehrsflugzeug abschossen.

PSYOPS (Psychological Operations)

Mit der Geheimdienstwelt der NATO und der USA vertraut, bezweifelt Rupp die offizielle Version, die KAL 007 sei versehentlich und ohne verdeckte Absichten in das hochsensible Sperrgebiet der strategischen Abschreckung der Sowjetunion eingedrungen. Rupp verweist in diesem Zusammenhang auf die Veröffentlichungen von Ben Fisher, ehemals hochrangiger Mitarbeiter der CIA und inzwischen deren offiziell bestellter Historiker. In seinen Abhandlungen über die ABLE ARCHER- bzw. RYAN-Krise räumt Fisher ein, dass mit dem Amtsantritt der Reagan-Administration 1980 eine hochgefährliche Periode begann, die extrem provokative Verletzungen des sowjetischen Hoheitsgebiets zu Lande, zu Wasser und in der Luft beinhaltete. Die Operationen fanden zumeist in militärisch besonders sensiblen Regionen statt, um auf diese Weise systematisch die Abwehrreaktion der Gegenseite zu testen, z. B. wie die ersten Alarmmeldungen über welche elektronischen Knotenpunkte verarbeitet werden und aus welchen Hauptquartieren mit welcher Zeitverzögerung dann die Befehle zu Gegenmaßnahmen kamen.

Dank der damals bereits weit fortgeschrittenen elektronischen Fernaufklärung, z. B. über Spionagesatelliten, konnte das Pentagon auf diese Weise immer mehr Koordinaten der militärischen und politischen Kommando-, Kontroll- und Kommunikationszentren (C3) erhalten, die für die strategische Abschreckung der Sowjetunion von kritischer Bedeutung waren.

Zugleich passte es zu der neuen Strategie eines ›führbaren und gewinnbaren begrenzten Atomkriegs‹, die von den Falken in führenden Positionen der Reagan-Administration wie z. B. Richard Perle propagiert wurde. Als für den Erfolg dieser Strategie unabdingbar galt die Zerstörung der sowjetischen C3-Zentren in einem Überraschungsschlag durch den Einsatz taktischer Nuklearwaffen, sodass die ›mächtige Rote Armee nach dem Erstschlag ohne Befehle, Kommunikation und Kontrolle wie ein Huhn mit abgeschlagenem Kopf über einen russischen Bauernhof läuft‹.

Das seien damals die Vorstellungen der US-amerikanischen eiskalten Krieger gewesen, so Rupp, der die Ereignisse der KAL-007 in diesem größeren Zusammenhang sieht.

Für seine Sicht bietet Rupp ein gewichtiges Indiz: Einige Monate nach dem Abschuss sei im Rahmen seiner Arbeit im NATO-SITCEN ein *Intelligence Memorandum* (IM) vom militärischen US-Nachrichtendienst DIA eingegangen, in dem von einem jüngst gelungenen ›durchschlagenden Erfolg‹ bei der Aufklärung der sowjetischen C3-Zentren im russischen Fernen Osten geprahlt worden sei. Es sei ein tragisches Nebenprodukt des KAL 007-Abschusses gewesen, aber eine offizielle Verbindung der USA zu dieser Tragödie wurde natürlich nicht hergestellt.

Bis heute wird über die Gründe spekuliert, welche die koreanischen Piloten der KAL-007 ausgerechnet zu dem Zeitpunkt zu der verhängnisvollen Kursänderung bewogen haben, zu dem sich ihr Radarschatten mit dem der RC-135 kreuzte. Schon damals wurde von Anfang an nicht ausgeschlossen, dass die koreanischen Piloten für dieses verhängnisvolle Manöver von US-Geheimdiensten bestochen worden waren, allerdings unter der Annahme, der ›Irrtum‹ der KAL 007 ende nicht in einer Tragödie. Wenn die Sowjets in dem Eindringling eine Passagiermaschine erkannt hätten, wäre es – so Rupp – mit an Sicherheit grenzender Wahrscheinlichkeit nicht zu dem Abschuss gekommen. Die koreanischen Piloten hätten sich für ihre versehentliche Kursänderung entschuldigt, niemand wäre zu Schaden gekommen – außer Moskau, denn wegen des Eindringlings wären die sowjetischen C3-Zentren ohnehin alarmiert und so vom militärischen US-Nachrichtendienst DIA identifiziert worden. Ein solches Szenario könnte die Kursänderung der KAL 007 zwar plausibel erklären, aber handfeste Beweise dafür gebe es nicht, und wenn, dann lägen sie tief in den Geheimtresoren des Pentagon vergraben.

Es stand zu befürchten, der Vorfall könne die Stimmung zur Akzeptanz eines Weltkriegs beeinflussen. Angesichts der Nervosität der russischen Staatsspitze bestand ein gewisses Risiko, dass ein ›Gegenschlag‹ aufgrund eines Fehlalarms hätte eingeleitet werden können.

Ein solcher Fehlalarm etwa ereignete sich im September 1983, kurz nach dem KAL 007-Zwischenfall, als die russischen Spionagesatelliten irrtümlich die Starts von fünf Interkontinentalraketen meldeten. Da der diensthabende Offizier Stanislaw Petrow der Bodenstation davon ausging, ein westlicher Nuklearschlag würde mit dem gesamten Potential auf einmal durchgeführt werden, schloss er, fünf Raketenstarts seien eher nicht der dritte Weltkrieg, und wartete mit seiner Lagebeurteilung 20 Minuten auf die Radarbestätigung – die jedoch ausblieb.

Bald nach diesem bis 1998 vertuschten Zwischenfall wurde der Kalte Krieg in ebenso geheimer Weise durch das nun beginnende Manöver ABLE ARCHER 83 heiß, dessen Gefährlichkeit u. a. Gorbatschow später mit der Kuba-Krise verglich, freilich mit dem Vielfachen an nuklearem Potential.«

In seinem Referat »Aufklärung der NATO« auf der internationalen wissenschaftlichen Konferenz »Hauptverwaltung A – Geschichte, Aufgaben, Einsichten« am 17./18. November 2007 in der süddänischen Universität Odense schilderte Rainer Rupp seine Erfahrungen als unmittelbarer Teilnehmer der NATO-Übung ABLE ARCHER. Sie erschienen im Konferenzreader, den Klaus Eichner und Gotthold Schramm 2008 in der edition ost herausgaben.

»Der Kulminationspunkt der sowjetischen Kriegsangst kam im Herbst 1983 mit der NATO-Übung ABLE ARCHER. Und ausgerechnet zu dem Zeitpunkt, wo die sowjetischen Aufklärer unter Hochdruck nach Anzeichen für einen nuklearen Erstschlag Ausschau hielten, begann die NATO unter US-Führung ein Manöver, in dem ein solcher Erstschlag unter sehr realistischen Bedingungen geübt wurde. Bereits im Vorfeld des Manövers zeichnete sich ab, dass ABLE ARCHER dem Szenario folgen würde, das aus der Sicht Moskaus die Vorbereitungsphase für einen atomaren Erstschlag war. Daher befürchtete Moskau, dass unter dem Deckmantel des regelmäßig wiederkehrenden Routinemanövers ABLE ARCHER der nukleare Überraschungsangriff vorgetragen werden sollte. Nach Meinung der sowjetischen Führung wurden diese Befürchtungen auch durch ungewöhnliche Neuerungen bei ABLE ARCHER 83 bekräftigt.

Das zehn Tage dauernde NATO-Manöver begann am 2. November 1983 und umspannte ganz Westeuropa. Zweck der Übung war die Simulation einer koordinierten Freigabe von Atomwaffen und deren Einsatz. Das war Routine. Alarmierend waren jedoch die neuen Elemente der Übung. So wurden nukleare Mittelstreckenraketen ins Feld geführt und zugleich wurde absolute Funkstille befohlen. Außerdem wurde zum ersten Mal ein neues Kodierungs-Format für die Nachrichtenübermittlung eingesetzt. Zudem waren die Staatsoberhäupter der NATO-Mitgliedsländer zum ersten Mal in die Übung eingebunden, woraus man in Moskau auf die ungewöhnlich hohe politische Bedeutung der Übung schloss. Last but not least gingen die Sowjets – fälschlicherweise – davon aus, dass die USA ihre höchste Alarmstufe DEFCON 1 ausgerufen hatten, was für einen unmittelbar bevorstehenden Angriff steht. Tatsächlich aber wurde DEFCON 1 während ABLE ARCHER nur simuliert.

Die sowjetische Führung war offensichtlich vom unmittelbar bevorstehenden US-Angriff überzeugt, und sie hatte ihre eigenen strategischen Atomstreitkräfte in den Alarmzustand versetzt und zudem ihre Luftstreitkräfte in der DDR und in Polen alarmiert. Das kleinste Versehen, und die Katastrophe wäre nicht mehr aufzuhalten gewesen.

Es sei sicher ›keine Übertreibung‹, dass die HV A während des Kalten Krieges ›die NATO recht gut abgedeckt hatte‹. Das hatte Ex-CIA-Abteilungsleiter Milton Bearden in einer Rede in Berlin festgestellt. Auch der bereits erwähnte Professor Mastny (*Vojtech Madtny, Historiker an US-Universitäten und am ›Parallel History Project‹ der ETH Zürich beteiligt – d. Hrsg.*) schreibt, dass ›ostdeutsche Spione sogar an die am besten gehüteten Geheimnisse der NATO heran kamen‹, um sie dann an die Sowjetunion weiterzugeben. In diesem Zusammenhang stellt er dann die ›spannende Frage‹, ob DDR-Kundschafter mit Hilfe der von ihnen besorgten Informationen womöglich ›die Empfänger in Moskau beruhigt‹ und auf diese Weise ›einen Atomkrieg verhindert‹ haben.

Unter dem Decknamen TOPAS saß der Autor dieser Zeilen von 1977 bis 1993, in der Politischen Abteilung im NATO-Hauptquartier in Brüssel. Zu seinen Aufgaben gehörte u. a. der Vorsitz der CIG (*Current Intelligence Group*) im NATO-Lagezentrum. Das Lagezentrum war das ›innerste Sanktum‹, das ›Allerheiligste‹, in dem alle Nervenstränge der NATO zusammenliefen. Zu normalen Zeiten sichteten die Mitglieder der CIG bei Arbeitsbeginn am frühen Morgen die Meldungen, die während der letzten 24 Stunden von den Nachrichtendiensten der NATO-Mitgliedsländer eingegangen waren. Unter meinem Vorsitz, den ich auf wöchentlicher Rotationsbasis ausübte, wurde dann eine Zusammenfassung der wichtigsten Entwicklungen und nachrichtendienstlichen Erkenntnisse angefertigt, die anschließend an die entsprechenden NATO-Dienststellen und an alle Mitgliedsländer geschickt wurde.

Bei NATO-Stabsübungen wie WINTEX/CIMEX oder in Krisensituationen war die CIG ständig besetzt, denn die Gruppe stellte das Nervenzentrum der NATO dar. Ihr Vorsitzender hatte in solchen Fällen die Aufgabe, den NATO-DPC (Verteidigungsplanungsrat), der normalerweise auf oberster Ebene tagte, regelmäßig über die eigene und die Feindlage zu unterrichten. So war ich in der hervorragenden Position, alle aktuellen Entwicklungen und Indikatoren, die eventuell auf einen nuklearen Überraschungsschlag der NATO hingewiesen hätten, rechtzeitig zu erkennen, dokumentarisch zu sichern und nach Ostberlin zu übermitteln. (Ein Alleingang der USA, an der NATO vorbei, wäre für mich jedoch nicht erkennbar gewesen.) Zugleich war ich vollkommen in den alljährlichen, integrierten Verteidigungsplanungszyklus der NATO einbezogen. Damit standen mir stets sämtliche diesbezüglichen Dokumente zur Verfügung, die ich auch in ihrer Gesamtheit für die HV A sichern konnte.

Bei den Jahrestreffen mit meinen Führungsoffizieren der HV A hatten diese mir bereits die großen Sorgen der sowjetischen Genossen in Verbindung mit RYAN ans Herz gelegt. Aber nichts in meinem Umfeld deutete auf die unmittelbare Vorbereitung eines NATO-Erstschlages hin, was ich anhand der gesicherten Dokumente dokumentarisch zu untermauern suchte. Dann kam der Herbst 1983 und ABLE ARCHER rückte näher. Über meinen Kurier wurde mir die Dringlichkeit der sowjetischen Befürchtungen nochmals nachdrücklich verdeutlicht.

Da es so gut wie unmöglich war, die Abwesenheit der Gefahr eines Erstschlages durch Beteuerungen zu beweisen, ging ich dazu über, systematisch alle CIG-Dokumente und Intelligence Memoranda aus dem Lagezentrum samt aller anderen NATO-Dokumente über die aktuellen politischen Entwicklungen zu sichern und an die HV A zu schicken. Da ich kein Dokument ausließ, egal, wie wichtig oder unwichtig, und dazu auch noch meine persönlichen Einschätzungen mitlieferte, waren die Genossen in der HV A auf dem gleichen Wissensstand wie ich und sie konnten daher gegenüber unseren sowjetischen Freunden entsprechend deutlich Stellung beziehen.

Wie Werner Großmann, der Nachfolger von Markus Wolf an der Spitze der HV A, in seinem Buch ›Bonn im Blick‹ deutlich macht, kamen auch von anderen HV A-Aufklärern entwarnende Meldungen. Dennoch waren die Sowjets nur zögerlich bereit, selbst nach Beendigung von ABLE ARCHER, sich zu ›entspannen‹ und zum ›normalen‹ Rhythmus des Kalten Kriegs zurückzufinden. Jahrzehnte später wird der bereits erwähnte, ehemalige Chef der KGB-Auslandsaufklärung, Wladimir Krjutschkow, in dem ebenfalls bereits genannten ARD-Dokumentarfilm die besondere Rolle der HV A bei der Meisterung dieser schweren Krise öffentlich würdigen.

In seiner auf der offiziellen CIA-Webseite veröffentlichten Studie über die RYAN/ABLE ARCHER-Krise mit dem Titel ›A Cold War Conundrum‹ bestätigt der CIA-Historiker Ben Fisher, dass die amerikanische Führung überhaupt nichts von der sowjetischen Alarmstimmung gewusst hatte und erst viel später von den Briten davon erfuhr, wie nahe wir vor dem dritten Weltkrieg gestanden haben.

Von Selbstbesinnung oder Selbstkritik lässt sich in der ersten offiziellen Auswertung der Krise durch die CIA jedoch keine Spur finden. In der Studie ›Implications of Recent Soviet Military-Political Activities‹ (›Implikationen jüngster politisch-militärischer Aktivitäten der Sowjetunion‹), die im Mai 1984 vom CIA-Sowjetologen Fritz W. Ermarth verfasst worden ist, heißt es: ›Wir kommen zu dem Schluss, dass weder die sowjetischen Aktionen von einer ernsten Gefahr eines unmittelbar bevorstehenden Konfliktes mit den USA inspiriert sind noch die sowjetische Führung von einer solchen Bedrohung ausgeht.‹ Stattdessen tut die CIA-Studie alle Berichte über angebliche sowjetische ›Kriegsängste‹ als anti-amerikanische ›Propaganda‹ ab.

Robert Gates, stellvertretender CIA-Chef während der ABLE ARCHER-Episode und derzeit Präsident George W. Bushs Verteidigungsminister, kam zu einem anderen Schluss, allerdings erst viele Jahre später. Nach dem Ende des Kalten Krieges und nachdem er Einsicht in eine Reihe von Dokumenten aus jener

Werner Großmann und Rainer Rupp, September 2011

Zeit genommen hatte, die Moskau zugänglich gemacht hatte, räumte Gates ein, dass die Situation damals ›sehr gefährlich‹ war und die sowjetische Führung 1983 ›geglaubt hat, dass ein Angriff der NATO zumindest möglich war‹. Der Fehler der US-Nachrichtendienste war laut Gates, ›das wahre Ausmaß ihrer (der sowjetischen) Ängste nicht erfasst zu haben‹.

Eine weitere Untersuchung dieser Krise wurde von Nina Stewart für den ›Außenpolitischen Rat des Präsidenten‹ angefertigt. Das Dokument ist jedoch immer noch geheim. Nur so viel ist durchgesickert, dass Frau Stewart mit Gates darin übereinstimmt, dass die Sowjets damals ernsthaft einen Angriff der USA befürchtet haben.

Mit typisch amerikanischer Arroganz und Selbstgerechtigkeit sucht Robert Gates jedoch die Schuld für diese schwere Krise nicht bei sich. Stattdessen macht er in seinem Buch ›die sonderbare und bemerkenswert verdrehte geistige Verfassung der sowjetischen Führer‹ für die Ängste in Moskau verantwortlich.

Auch andere Autoren aus dem NATO-Bereich schieben die Schuld für die beinahe Katastrophe auf die sowjetische ›Hysterie‹ und ›übertriebene Reaktion‹ Moskaus auf das angeblich ganz normale Verhalten der USA.

Aber gehört die Drohung mit begrenzten Atomkriegen zum normale Verhalten von Staaten? Eine Frage, die sich derzeit die Regierung in Teheran ganz intensiv stellen dürfte. Oder waren die amerikanischen Drohungen gar nicht ernst gemeint? Nur ein Scherz unter Freunden?

Die sowjetische Regierung hatte die aggressive Militärpolitik der neokonservativen Kriegstreiber wie Paul Wolfowitz, Richard Perle, Dick Cheney, Caspar Weinberger und George Herbert Walker Bush usw., die mit Ronald Reagan in die führenden Positionen der US-Regierung eingezogen waren, durchaus richtig verstanden.

Inzwischen haben diese Leute selbst ihre Skrupellosigkeit unter Beweis gestellt und den angedrohten, aber unprovozierten Angriffskrieg gegen Irak auch durchgeführt. Als die Architekten des Irak-Krieges haben die Neokonservativen in den letz-

Karl Rehbaum, Klaus Eichner, Karlen Vesper, Rainer Rupp (v.r.n.l.)

ten Jahren die Welt in Atem gehalten und zugleich Tod und Chaos über viele weitere Länder gebracht. Die Eroberung des Irak sollte nur der erste Teil des von ihnen propagierten ›globalen Krieges gegen den Terror‹ zwecks Festigung der weltweiten US-Hegemonie sein. Bei diesen US-Kriegsverbrechern handelt es sich um die selben Leute, die Anfang der 80er Jahre die Zerschlagung der Sowjetunion und des Warschauer Pakts zu ihrem erklärten Ziel gemacht hatten. Und dafür waren ihnen alle Mittel recht. Es gibt keinen Grund für die Annahme, dass sie dies nicht ernst gemeint hatten.

Vor diesem Hintergrund können auch keine Abstriche an der Gefährlichkeit des Anfang der 80er Jahre von den Neokonservativen präsentierten Konzepts gemacht werden, mit dem sie sich für die Führbarkeit und Gewinnbarkeit einen begrenzten Atomkrieges mit taktischen Nuklearwaffen eingesetzt haben. Dieses Konzept wollten sie den entsetzten NATO-Europäern aufzwingen. Dazu sollte die NATO-Doktrin vom Ersteinsatz von Nuklearwaffen infolge von größeren konventionellen Kampfhandlungen zu einer präventiven nuklearen Erstschlagdoktrin umgewandelt werden. (Das NATO-Konzept vom Ersteinsatz von Nuklearwaffen ist übrigens heute noch fester Bestandteil des 1999 abgesegneten Neuen Strategischen Konzeptes der NATO.)

In Diskussionen schwärmten damals die *Neokons*, wie mit einem Überraschungsschlag mit taktischen Nuklearwaffen die sowjetischen Kommando-, Kontroll- und Kommunikationszentren ausgelöscht würden und dass die Rote Armee ›wie ein Huhn mit abgeschlagenem Kopf über den Bauernhof‹ laufen würde, ohne auch nur eine einzige Rakete auf die USA abzufeuern. Die durch die taktischen Atomwaffen verursachten Zerstörungen in der Sowjetunion wären verhältnismäßig gering, zumindest im Vergleich zu einem Angriff mit strategischen Atombomben. Wer auch immer im Chaos nach dem Angriff die sowjetische Befehlsgewalt bekommen würde, der würde vor der Frage stehen, ob er mit den ihm verbliebenen, nur noch sehr beschränkt einsatzbereiten Mitteln einen Gegenschlag gegen die USA führen sollte (nur um dann die ganze Wucht der strategischen US-Waffen abzubekommen), oder ob er kapitulieren und mit Washington verhandeln sollte.

Niemand in Moskau, so war die Überlegung der Neokonservativen, würde sich in dieser Situation für einen Vergeltungsschlag gegen die USA entscheiden. Viel wahrscheinlicher sei es ohnehin, dass die sowjetischen Völker das allgemeine Chaos und die weitgehende Eliminierung der politischen und militärischen Elite durch den Angriff nutzen würden, um das ungeliebte Sowjetregime hinwegzufegen. Die ›kommunistische Bedrohung‹ wäre damit für Washington ein für allemal erledigt. (Wichtige Elemente dieser neokonservativen Pläne gegen die Sowjetunion lassen sich heute im Rahmen des von den Neokonservativen geplanten Krieges gegen Iran und dem dort angestrebten Regimewechsel wieder finden.)

Wichtig zum Verständnis der Reaktion der sowjetischen Führung im Rahmen der RYAN/ABLE ARCHER-Krise ist auch die Tatsache, dass die Neokonservativen sich nicht damit begnügten, über den begrenzten Atomkrieg zu reden, sondern sie bereiteten ihn offensichtlich auch systematisch vor. Ab Mitte Februar 1981 begannen sie eine Politik ständiger militärischer Provokationen entlang der sowjetischen Grenzen. Dabei drangen US-Einheiten immer wieder im Rahmen streng geheimer Operationen tief in sowjetische Territorialgewässer und in den sowjetischen Luftraum ein, wie das beim bereits genannten CIA-Historiker Ben Fisher nachzulesen ist.«

Der Prozess

Rainer Rupp und seine Ehefrau Christine Ann wurden nach ihrer Verhaftung 1993 in die JVA Koblenz eingeliefert. Nach dreieinhalb Monaten Untersuchungshaft wurde Christine Ann Rupp auf Kaution entlassen, die der Vater von Rainer Rupp mittels einer Bankbürgschaft, für die als Sicherheit das Elternhaus von Rainer Rupp eingebracht wurde, aufgebracht hatte. Nach rund zwölf Monaten U-Haft begann am 23. September 1994 der Prozess gegen Rupp u. a. vor dem 4. Strafsenat des Oberlandesgerichts Düsseldorf unter Vorsitz von Richter Dr. Klaus Wagner.

Angeklagt wurden Rainer und Christine-Ann, Oberst a. D. Klaus Rösler, Leiter der Abteilung XII (NATO) der HV A, und sein Stellvertreter, Oberst a. D. Karl Rehbaum, der zugleich Führungsoffizier der Quelle »Topas« war.

Die Anklage wurde von den Bundesanwälten Ekkehard Schulz und Jochen von Langsdorff vertreten.

Hauptbelastungszeuge war – wie in anderen Prozessen gegen Offiziere und Kundschafter der HV A – der Überläufer und Verräter Oberst a. D. Heinz Busch.

Zeugen und Sachverständige aus Militärkreisen beschworen die Gefahren, die für die NATO und das ganze westliche Bündnis durch die Informationen der Quelle »Topas« entstanden waren. Die Vision eines militärischen GAU wurde im Saal AI des OLG Düsseldorf mehrfach heraufbeschworen.

Erstmalig gelangten mehr oder weniger wahrheitsgetreue Meldungen über Rainer Rupp, seine Entwicklung und die Verbindung zur HV A in die Öffentlichkeit. Dabei kamen die Medien nicht umhin, Rupps klare Haltung und die plausible Begründung seiner Entscheidung, für die HV A tätig zu werden, auch anzuerkennen.

Fast nebenbei erwähnte die Presse, dass Nachlässigkeit und Schlamperei im Brüsseler NATO-Hauptquartier eine frühzeitige Enttarnung von Rupp verhindert habe. Der *Spiegel* berichtete am 24. Oktober 1994 über die Zeugenaussage des »hohen NATO-Sicherheitsbeamten Jens Olsen. Nach dessen Angaben soll Rupp schon im Jahre 1979 aufgefallen sein. Bei einer routinemäßigen Taschenkontrolle habe man bei ihm in Zeitungen eingewickelte Geheimpapiere gefunden. Der Vorgang sei an Rupps Abteilung gemeldet und in seine Sicherheitsakte eingetragen worden. In einer schriftlichen Stellungnahme habe sich Rupp entschuldigt. Es sei spät gewesen, und er habe in Eile seinen Schreibtisch aufgeräumt. Dabei seien versehentlich die Geheimpapiere mit in die Aktentasche geraten. Der Vorgang wurde laut Olsen abgeheftet und geriet in Vergessenheit.«

Am 29. September 1997 schrieb Rainer Rupp in einem Brief über Probleme, die ihn während des Prozesses bewegten, und deutet einige Vereinbarungen an, die für den Ausgang des Prozesses getroffen wurden:

»Und danach kamen noch weitere lähmende zwölf Monate bis zum Prozess und die Angst, dass Ann wieder hinter Gitter musste, womöglich für viele Jahre, und die Kinder – sie waren damals gerade 6, 11 und 13 Jahre alt – vielleicht mit den Problemen nicht zurecht kämen, wenn sie ohne die Mutter aufwachsen müssten.

Die Besuche von Ann und den Kindern bei mir in Untersuchungshaft unter den strengen Augen und Ohren von BKA-Beamten waren in jenem bleiernen Jahr immer eine emotionale Berg- und Talfahrt. Die Kinder wollten sich z. B. ängstlich an mich klammern, aber je nachdem, welcher Beamte zur Überwachung anwesend war, war Kontakt strikt verboten. Sie hätten mir ja was zustecken können oder umgekehrt. Kein Besuch verging, ohne dass reichlich Tränen flossen.

Der Prozess und die Verurteilung meiner Frau zu 22 Monaten auf Bewährung waren da geradezu eine Erlösung. Mein wichtigstes Ziel war erreicht: Meine geliebte Ann blieb frei und bei den Kindern. In der Hauptsache verdanken wir diese Tatsache dem Bundesanwalt von Langsdorff, der die Untersuchungen gegen mich und meine Frau leitete. Da man anfangs als Beweismittel gegen uns nur die elektronischen Listen aus dem MfS hatte, die die CIA auf noch unbekannten Wegen an Land gezogen hatte, hätte sich die Untersuchung gegen mich ohne mein Geständnis, dass ich der ›Topas‹ war, noch weit länger hinausgezögert. Geholfen hätte das jedoch nichts, wie mir mein Karlsruher Anwalt klar machte; verurteilt würde ich so oder so, früher oder später. Allerdings hatte von Langsdorff ein Angebot gemacht: ich gestehe ein, dass ich ›Topas‹ bin, und meine Frau geht auf Kaution aus der Untersuchungshaft mit der Zusicherung, dass sie, falls keine weiteren schwerwiegenden Beweise gegen sie auftauchten, auch nach dem Urteil nach Hause gehen könnte. Und für mich würde die Bundesanwaltschaft statt lebenslang nur 15 Jahre Haft beantragen.

Nach Abwägung aller Umstände ging ich schließlich auf diesen Vorschlag ein und bestätigte im Anschluss nur noch das, was die Generalbundesanwaltschaft (GBA) bereits ohnehin durch den Verrat von Oberst Dr. Busch wusste. […]

Obwohl Busch nur Einblick in einen Teilkomplex hatte, genügte dessen Aufarbeitung zu meiner Verurteilung, und die anderen Aspekte kamen gar nicht erst zur Sprache oder blieben im Unklaren. Vor diesem Hintergrund entwickelten sich während des Prozesses in Bezug auf meine Frau zweideutige Situationen, die je nach Interpretation der Richter zu einer langjährigen Freiheitsstrafe für meine Ann hätten führen können. Insgesamt drei Mal steckten wir in einer solchen Situation, und jedes Mal stand Herr von Langsdorff auf und erklärte, dass er zwar nicht der Verteidiger von Frau Rupp sei, aber dass die GBA das, was gerade behandelt würde, der Frau Rupp nicht vorwerfen würde.

Fair und konsequent hielt sich von Langsdorff an unser Abkommen, sehr zum Leidwesen des mitanklagenden Bundesanwalt Schulz, der in seinem ganzen Stil sehr dem Kalten Krieg verfallen schien. Auch wich er von dem vereinbarten Strafmaß nicht ab und forderte 12 Monate Bewährung für Ann und 15 Jahre für mich, woraus im Urteil dann 12 wurden. Der Revisionsweg war mir verschlossen, da die GBA meinem Anwalt deutlich machte, dass sie dann ebenfalls in Revision ginge und bei einer Neuverhandlung meine Frau womöglich weniger gut abschneiden würde. Außerdem war ich mit dem Urteil sehr zufrieden; denn – wie bereits gesagt – mein Hauptziel war erreicht, unsere Kinder konnten ihre Mutter behalten, Ann war frei.

Vor anderthalb Jahren fühlte mein Karlsruher Anwalt informell bei Herrn von Langsdorff vor, wie es mit einer Entlassung nach Verbüßung der Hälfte der Strafe stände. Mündlich erhielt er eine positive Reaktion und meldete dies an die Anstaltsleitung des Gefängnisses in Saarbrücken, damit mein Vollzug entsprechend geplant würde. Diese wollte jedoch von der GBA eine schriftliche Bestätigung.

In der Zwischenzeit war jedoch von Langsdorff in die Terroristenabteilung befördert worden, und Herr Bundesanwalt Schulz war nun alleine zuständig für mich. Postwendend antwortete er der JVA, dass Halbstrafe für mich nicht in Frage käme, sondern von zwei Dritteln – also acht Jahre Haft – ausgegangen werden müsste.

Nun liegt wiederum eine Anfrage zur Halbstrafe bei der Bundesanwaltschaft, diesmal aber schriftlich, mit neuen Aspekten, die vorher nicht bewertet worden waren, wie z. B. der Umstand, dass mir die NATO nach dem Urteil meine gesamten Pensionsrücklagen eingezogen hat, was ja im gewissen Sinne eine Doppelbestrafung darstellt und mir für diese Jahre auch in Deutschland keine Rente angerechnet wird.«

In der Urteilsbegründung spielten folgende Argumente eine entscheidende Rolle, wie die *Frankfurter Allgemeine Zeitung* am 18. November 1994 schrieb:

»Der Vorsitzende des 4. Strafsenats hob hervor, dass Rupp sich bemüht habe, seinen DDR-Instrukteuren und Führungsoffizieren zu verdeutlichen, dass von der NATO keine Gefahr ausgehe. Dennoch stelle sein Verrat einen der ›denkbar schwersten Fälle‹ von Spionage dar, für den vor dem Ende der Ost-West-Konfrontation eine lebenslange Freiheitsstrafe in Betracht zu ziehen gewesen wäre. Angesichts der politischen Entwicklung sei aber eine Strafe von zwölf Jahren angemessen; die Bundesanwaltschaft hatte fünfzehn Jahre beantragt. Das Gericht hat außer dem umfassenden Geständnis, das Rupp nach seiner Festnahme im Juli 1993 abgelegt hat, auch berücksichtigt, dass dem Angeklagten sein Verrat von der NATO ›erleichtert‹ worden sei. Rupp, der die Dokumente nach Hause mitnahm, um sie zu fotografieren, sei in all den Jahren nur einmal kontrolliert worden.«

Gegen Haftschikanen – für ein baldiges Haftende

Über den Alltag in der Untersuchungshaft in Koblenz schrieb Rainer Rupp im Januar 1994 in einem Brief:

»Ich bin auf meiner Abteilung so was wie Sozialarbeiter für die anderen Gefangenen geworden. Viele können sich nicht einmal richtig mündlich ausdrücken, geschweige denn Briefe schreiben. Erstaunlich ist, wie viele funktionale Analphabeten (Legastheniker) letztlich im Gefängnis landen. Für solche Leute ist es einfach unmöglich, mit ihrer Außenwelt zu kommunizieren, denn Briefe können sie ja nicht schreiben.

So bin ich zum ›offiziellen‹ Schreiber unserer Gefangenen-abteilung geworden. Zuerst werden Notizen gemacht, und ich versuche im Gespräch von dem jeweiligen Kandidaten herauszubekommen, was er nun eigentlich sagen will. Das alleine ist schon manchmal ein Kunststück. Das Schriftstück selbst aufzusetzen, braucht die wenigste Zeit. Allerdings muss ich mich mit einer vorsintflutlichen, mechanischen Schreibmaschine begnügen, denn die Anstaltsleitung hier erlaubt weder eine elektrische Schreibmaschine, geschweige denn einen Laptop-Computer, den ich beantragt habe. Weder das BKA noch die Bundesanwaltschaft hatten diesem Wunsch etwas entgegengesetzt. Auch der Untersuchungsrichter wollte mitmachen, und er erkundigte sich hier bei der Anstaltsleitung, die dann jedoch strikt ablehnte; Begründung Sicherheitsbedenken – welche Ironie!

So versuche ich es halt so gut wie möglich – und mit vielen Fehlern auf dieser Maschine. Das macht trotz allem Spaß, wenn man sieht, dass hin und wieder die Bemühungen von Erfolg gekrönt sind. Ein solches Erfolgserlebnis hatte ich zum Beispiel kurz vor Weihnachten.

Wie Du Dir ja vorstellen kannst, haben wir hier auch viele ausländische Mitgefangene; und auch dabei gibt es solche und solche. So hatte sich auch ein sehr netter, gebildeter Mann vom indischen Subkontinent hierher zu uns ›verirrt‹, und da er auch kein Deutsch sprach, wusste er nicht, wie ihm geschah. Da auch das notwendige Geld fehlt, um sich einen guten, d. h. teuren Anwalt zu nehmen, ›kümmerte‹ sich nur ein Pflichtanwalt um ihn. Das ›Kümmern‹ bestand darin, ihm den Tatbestand schriftlich mitzuteilen. Da der Anwalt ebenfalls kein Englisch sprach, kannst Du Dir ja vorstellen, wie die Lage für den armen Kerl aussah.

Mit meiner Hilfe gelang es ihm, alles in klarem Deutsch und übersichtlich und methodisch geordnet dem zuständigen Staatsanwalt darzulegen, und als Resultat wurde das Verfahren umgehend eingestellt, und der nun glückliche Kerl konnte noch vor Weihnachten zu seiner Familie im fernen Orient zurück. Das ist ein Beispiel.

In einem anderen habe ich einem Legastheniker und erfolgreichen Geschäftsmann (Schrotthändler mit Großanlagen im Westen und im Osten und in Polen, der aber nicht schreiben kann), geholfen, die Verbindung mit seinem Geschäft aufrechtzuhalten, damit es in seiner Abwesenheit nicht zugrunde ging.

Seit einiger Zeit habe ich eine kleine Gruppe gebildet, der ich die Basiskenntnisse der englischen Sprache beibringe. Es ist mit ein Instrument, um der Einsamkeit der Zelle zu entgehen, in der man sonst eingesperrt ist; aber nicht nur, es macht auch richtig Spaß.«

Am 17. März 1995 schrieb Rupp dem ehemaligen Bundestagsabgeordneten Uwe-Jens Heuer, der sich wie andere auch um Rupps Entlassung bemühte:
»Mit großem Interesse habe ich Ihren Bericht im *ND* vom 6. März 1995 zum Thema ›Amnestie und Schlussgesetz‹ gelesen, das Gegenstand einer Tagung in der Evangelischen Akademie Loccum war. Zu meinem großen Bedauern wurde auch hier wieder nur der Amnestiegedanke für ehemalige DDR-Bürger angesprochen. Wie steht's aber um die Westbürger, die für die Friedenssicherung und den Aufbau des Sozialismus gearbeitet haben und nun wegen Spionage zu langjährigen Haftstrafen verurteilt wurden?
Eingestanden, nach bundesdeutschem Recht erfolgten die Verurteilungen rechtmäßig. Aber ist das ein Grund, warum die

Westbürger scheinbar systematisch bei jeder Amnestiediskussion ausgegrenzt werden. Ohne den ideologischen Ost-West-Konflikt wäre diese Spionage gar nicht erst zustande gekommen. Sie ist ebenso Teil der Geschichte der DDR wie alles andere.«

1996 wurde Rupp zum Vorsitzenden der Gefangenenmitverantwortung (GMV) gewählt, die eine Zeitung herausgab. In der Nr. 1-2/1996 war dort zu lesen:

»Die GVM existiert nicht im luftleeren Raum. Sie kann nur so gut sein, wie die Gemeinschaft der Mitgefangenen, die sie unterstützt, motiviert, mitdenkt, Hinweise gibt, mit ihrer GVM zusammenarbeitet. Die GVM hat zwar keinerlei Entscheidungsbefugnisse, aber in fast allen Bereichen ›Mitwirkungsrechte‹, wenn die auch in der Praxis schwer einzubringen sind.

So werden bei Gesprächen mit der Anstaltsleitung u. a. solche Themen eingebracht:

– die hohe Arbeitslosigkeit (60 Prozent) in der JVA – dadurch auch lange Verschlusszeiten,

– Hofverschmutzung durch aus den Fenstern geworfene Abfälle,

– rassistisch geprägte Spannungen innerhalb der JVA. Aufforderung an die Gefangenen, sich nicht rassistisch zu betätigen,

– Hygiene im Bad der U-Haft,

– Probleme mit der Wäsche – Juckreiz nach dem Wäschetausch, kaputte oder versaute Wäsche,

– Speiseplan – z. B. nur einmal alle zwei Wochen ein halber Liter Milch,

– Duschen zweimal die Woche für fünf Minuten.

– Beim Einkauf wird von der Firma Karstadt ›abgezockt‹: hohe Preise, mangelhafte Qualität. Im Vergleich mit anderen JVA lag Saarbrücken bei den Preisen an der Spitze, bei Angebot und Service am Ende (z. B. vier Tomaten für 4.39 DM).«

Am 9. Mai 1996 erwähnt Rupp in einem Brief seine Mitwirkung in dieser Gefangenenvertretung und deren Wirkung:

»Die GMV-Tätigkeit beinhaltet viel Arbeit, wenn man es richtig machen will. Und trotzdem habe ich den Eindruck, gegen Windmühlen zu kämpfen. Manchmal fühle ich mich aber auch in den ›Prozess‹ von Kafka versetzt.«

Am 9. Januar 1996 richtete er an die Arbeitsverwaltung der JVA folgenden Antrag:

»Hiermit beantrage ich umgehend die Beendigung meines Arbeitseinsatzes in der Küche. Begründung:

Zu einer Hilfstätigkeit kann der Gefangene gemäß § 41 (1) gegen seinen Willen nur zu höchstens drei Monaten im Jahr verpflichtet werden.

Außerdem läuft mein Einsatz in der Küche der Zielsetzung von § 37 (1) StVG entgegen. Und letztlich wird die Soll-Bestimmung des § 37 (2) missachtet, wonach die körperlichen und geistigen Fähigkeiten und Neigungen des Gefangenen beim Arbeitseinsatz berücksichtigt werden sollen.

Ich bitte daher um eine ermessens-fehlerfreie Entscheidung und im Falle einer Ablehnung eine rechtsmittelfähige Begründung. […] Von Beruf bin ich Dipl. Volkswirt und habe vor meiner Verhaftung sehr lange Zeit in hoher Funktion in einer internationalen Organisation in Brüssel gearbeitet. Ich habe viele Vorlesungen an renommierten Universitäten in über einem Dutzend Länder in englischer oder französischer Sprache gehalten. Ebenso gehörten Vorträge vor internationalen Parlamentariergruppen oder Führungspersönlichkeiten aus Wirtschaft und Politik zu meinem Tagesgeschäft. Dies kann alles dokumentarisch belegt werden. Vor diesem Hintergrund dürfte es unschwer zu erkennen sein, dass meine geistigen Fähigkeiten bei der Arbeitszuweisung nicht berücksichtigt wurden, obwohl dies vom Gesetz verlangt wird. […]

Vor meiner Inhaftierung habe ich weit über 200 Artikel in internationalen Fachzeitschriften publiziert und bin auch als Koautor verschiedener Bücher in Erscheinung getreten. Deshalb interessiere ich mich für die seit Mitte September 1996 freie JVA-Stelle des Chefredakteurs der Gefangenenzeitung der JVA Saarbrücken. Bereits am 31. Juli 1996 habe ich mich daher per Antrag an die stellv. Anstaltsleiterin, Frau Junker, gewandt und mich um diese Stelle beworben. Bisher leider ohne Antwort. Stattdessen wurde mir am 5. September 1996 die Stelle als Kartoffelschäler zugewiesen. […]

Wegen der Arbeitszuweisung als Verteiler in der Küche habe ich kaum noch Zeit, in meinem Fachbereich auf dem Laufenden zu bleiben und dies durch Veröffentlichung von Artikeln unter Beweis zu stellen, was mir vor der Arbeitszuweisung regelmäßig gelang.«

16. Januar 1996:
»Nun hat die Anstalt ebenfalls nach Karlsruhe geschrieben, aber dort ist mittlerweile ein anderer Bundesanwalt für mich zuständig. Als sich mein Anwalt Schroth bei diesem rückversichern wollte, musste er die Erfahrung machen, dass dieser noch ein eiskalter Krieger ist und dass Halbstrafe für mich seitens der Generalbundesanwaltschaft nicht in Frage käme.«

Am 27. Februar 1996 schrieb Rupp an Hans Modrow, den einstigen Ministerpräsidenten der DDR und nachmaligen Bundestagsabgeordneten. Darin erwähnte er, dass er keine Gesprächspartner in der JVA habe, mit denen er in der sogenannten Aufschlussgruppe reden könne:
»Dafür habe ich bisher keine echten Gesprächspartner hier gefunden, obwohl man mir stets nachsagte, dass ich sehr kontaktfreudig bin und ganz bestimmt keinen Standesdünkel habe. Das Problem liegt jedoch darin, dass es sich bei meinen Mitgefangenen auf der Aufschlussgruppe fast ausschließlich um zu lebenslänglich verurteilte Leute handelt, die in eine Art Apathie versunken sind. Natürlich gibt es Gespräche, aber eben nur oberflächliche, und an gesellschaftlichen oder politischen Problemen ist schon erst recht niemand interessiert. Diese Menschen haben keine Perspektive mehr im Leben, und das macht sich entsprechend bemerkbar.«

Am 25. März 1996 berichtete er:
»Seit ich in die Gefangenenmitverantwortung (GMV) gewählt wurde, kann ich mich vor Arbeit nicht mehr retten; zumal schon vorher die Zeit mit vieler Lektüre und Briefeschreiben knapp war. Natürlich würde es helfen, wenn ich wenigstens eine elektronische Schreibmaschine mit Memory hätte; aber selbst eine einfache elektrische Maschine ist hier verboten; Begründung: die Bediensteten können sie bei einer Zellendurchsu-

chung nicht schütteln – aus Angst sie kaputtzumachen –, und deshalb könnten auch die darin versteckten Kassiber und Drogen nicht herausfallen.

Und da in dem kleinen Saarland der juristische Apparat durch vielfältige persönliche, familiäre und politische Beziehungsgeflechte eng verfilzt ist, kommen auch entsprechende Beschwerden der Gefangenen vor Gericht nicht durch, obwohl in sehr vielen anderen JVA sogar schon Computer erlaubt sind. In dieser extrem westlichen, stark ländlichen Grenzprovinz hinkt man in allem der Entwicklung in der Republik um etliche Jahre, wenn nicht sogar mehr, hinterher. [...]

Auf Beschwerdebriefe an Oskar Lafontaine über meine erschwerten Haftbedingungen hat ein Herr Dr. Greiner (*ein Beamter aus dem saarländischen Justizministerium – d. Hrsg.*) geantwortet, dass ich solchen nicht unterliege und mich auch bisher noch kein einziges Mal ›beschwerdeführend‹ an die Anstaltsleitung gewandt‹ hätte.

Dies kann jedoch nur an einer Falsch- oder Fehlinformation seitens der Anstaltsleitung liegen, worauf ich Herrn Dr. Greiner in meinem Brief hingewiesen habe, denn die Musterzelle, auf die ich per Verfügung des Anstaltsleiters mit dem Tage meiner Ankunft verbracht wurde, wird sonst hier nur als Disziplinarmaßnahme verhängt.

Desgleichen gilt für die anderen Restriktionen, wovon allerdings die meisten in jüngster Zeit aufgehoben wurden.

Zum Glück konnte ich dies alles in meinem Brief an Dr. Greiner entsprechend dokumentieren, da u. a. auch ein Brief meines Anwaltes an den Anstaltsleiter vorliegt, in dem er sich in meinem Namen über ›meine Schlechterstellung gegenüber anderen Gefangenen‹ beklagt.

Außerdem liegt auch der Brief des Anstaltsleiters vor, in dem er ›die etwas einschränkenden Maßnahmen‹ mir gegenüber mit meinem Potential begründet, die Sicherheit der Anstalt zu gefährden. Auch hat er gegenüber dem Ehepaar Schuder-Hirsch die gegen mich ergriffenen Maßnahmen damit begründet, dass ich einer ›seiner zwei Dutzend Problemgefangener‹ sei. etc. etc.«

Im März 1996 telefonierte der Berliner Publizist Rudolf Hirsch mit dem Bundespräsidialamt. Zuvor hatte er an Bundespräsident Roman Herzog geschrieben:

»Das Urteil von zwölf Jahren Haft für Herrn Rainer Rupp ist nach meinem Rechtsempfinden und meiner jahrzehntelangen Erfahrung als Gerichtsreporter weit überzogen. Ich habe in dieser Eigenschaft den 1. Auschwitzprozess in Frankfurt am Main in den Jahren 1963 bis 1965 für die *Wochenpost* und für die *Berliner Zeitung* wahrgenommen. Dort wurde, um Ihnen nur ein Beispiel zu nennen, ein Dr. Franz Lucas wegen Beihilfe zu Mord in mindestens viertausend Fällen zu drei Jahren und drei Monaten Zuchthaus verurteilt. Ich bemerkte dazu: ›Dr. Lucas ist kein gewöhnlicher Mörder, er ist gebildet, er hat Manieren, hat ja auch nicht selber das Zyklon B in die Gaskammer geworfen, hat sich selbst nicht die Hände schmutzig gemacht. Nur den Daumen hat er bewegt, mit dem er die Frauen und die Männer und die Kinder entweder in die Zwangsarbeit oder in die Gaskammer schickte, in den schlimmsten Tod, wie ihn die Geschichte der Menschheit bis Auschwitz noch nicht kannte.‹

Den Bundespräsidenten habe ich nicht aufgefordert, die Grenzen seines Amtes zu überschreiten. Meine Absicht war, ihn, den Juristen, an die Möglichkeiten und die Pflichten seines Amtes zu erinnern.«

Am 29. März 1996 reagierte das Bundespräsidialamt auf die Intervention von Rudolf Hirsch:

»Wie Sie Herrn Dr. Wolff fernmündlich erläutert haben, wollen Sie sich für eine Amnestie zugunsten von ›Kundschaftern‹ der DDR im kapitalistischen Ausland einsetzen.

Der Bundespräsident kann jedoch nach unserer verfassungsmäßigen Ordnung nicht in Ihrem Sinne tätig werden. Straffreiheit oder Strafmilderung in Form einer Amnestie könnte nur durch ein Gesetz gewährt werden, das der Deutsche Bundestag unter Mitwirkung des Bundesrates beschließen müsste. Nach Auffassung der Bundesregierung kommt im jetzigen Zeitpunkt eine Amnestie nicht in Betracht. Das gilt nicht nur für einzelne, bestimmte Straftaten, sondern ganz allgemein.

Auf die Haftbedingungen des Herrn Rupp vermag der Bundespräsident auch keinen Einfluss zu nehmen. Nach der föderativen Ordnung des Grundgesetzes stehen Bund und Länder grundsätzlich selbstständig nebeneinander und nehmen die ihnen übertragenen Aufgaben in eigener Verantwortung wahr. So verhält es sich auch mit dem Strafvollzug, der grundsätzlich in die Kompetenz der Länder fällt. [...]

Auch Ihr Gesprächswunsch wird sich nicht erfüllen lassen. Die Terminlage des Bundespräsidenten ist so angespannt, dass sich ein persönliches Gespräch bei bestem Willen nicht ermöglichen lässt. Hierfür bittet er Sie ebenso um Verständnis wie für die verfassungsrechtlichen Grenzen seines Amtes.«

Am 29. April 1996 berichtete Rupp dem *stern* in Hamburg über seine geistige Beschäftigung in der JVA:

»Desweiteren habe ich viel zu lesen und zu schreiben. Im Abonnement (meist Geschenke) habe ich die *International Herald Tribune, Newsweek, The Economist, Foreign Affairs, Blätter für deutsche und internationale Politik, Neues Deutschland.* Außerdem stehe ich in Kontakt (wieder) mit einigen wissenschaftlichen Instituten und Professoren, die mir ihre Papiere schicken zur Stellungnahme. Desweiteren habe ich Korrespondenz mit einigen alten und vielen neuen Freunden.

Die Verbindungen zu meinem ehemaligen Verbindungsoffizier, Karl Rehbaum, und meinem ehemaligen Instrukteur, Prof. Heinz Sacher, sind nie abgebrochen, denn sie beruhen – abgesehen von unserem gemeinsamen Nachrichtendienst-Engagement – auf einer bewährten und tiefen Freundschaft. Meine Kritik an den Fehlern des Realsozialismus, die ich im Laufe unserer vielen Treffs immer wieder äußerte, konnte ich mit ihnen stets ernsthaft diskutieren, und sie stieß zumeist auf ehrliche Zustimmung. Wir blieben aber bei der ›Stange‹, weil wir an die Sache des Sozialismus trotz aller Widrigkeiten weiter glaubten; und weil wir überzeugt waren, dass – wenn erst einmal die Bedrohung aus dem Westen, besonders von der NATO, gebannt war – sich die DDR von selbst und zwar von innen her reformieren würde. Dann könnten sich auch die Betonköpfe oben nicht mehr länger halten und müssten Platz machen für einen Sozialismus, der Spaß macht, so wie ich das immer ausgedrückt habe. Gemeinsam gibt es nun viel aufzuarbeiten; wie es dazu kam, dass die DRR nicht mehr reformfähig war; wo unsere persönlichen Fehler lagen etc. etc.

Mit ebenso großer Sorge schauen wir aber auch auf die Entwicklung des Real-Kapitalismus und seine Perspektiven. Mehr und mehr kommt es mir vor, dass er nicht gesiegt hat sondern nur übrig geblieben ist. Auch seine Probleme spitzen sich zu, und echte Alternativen sind zur Zeit nicht in Sicht. Zu all diesen Gedanken und Überlegungen mache ich mir Notizen und korrespondiere.«

25. Mai 1996

»Von der NATO habe ich nun endgültig Bescheid bekommen, dass sie alle, auch meine eigenen Beiträge zur Pensionskasse beschlagnahmt hat, ein für alle mal. Es folgt die Aufforderung an den RA, dies bei der BA und dem OLG Düsseldorf anzusprechen (Doppelbestrafung).«

Reaktion der JVA am 1. August 1996 auf die Beschwerde von Rainer Rupp beim Landgericht gegen besondere Sicherungsmaßnahmen:

»Der Leiter der JVA Hirschmann nimmt zu einzelnen Punkten wie folgt Stellung:

Zu Ziffer 1 – Ausführung zu Fachärzten durch zwei Beamte mit Fesselung ist wegen erhöhter Fluchtgefahr notwendig. Weiter Begründung wie oben.

Zu Ziffer 2 – Mitgliedschaft in der LSG und bei ›Pro Reo‹ unter Beteiligung der Abteilung Sicherheit der JVA. Angeblich fehlt es am erforderlichen Regelungscharakter. Hier werden verwaltungsinterne Regelungen wirksam und deshalb sei der Antrag unzulässig.

Zu Ziffer 3 – Verbot für Teilnahme an LSG-Großveranstaltungen mit Außenkontakten (Sportfest, Neujahrsempfang u. ä.). Nur Strafgefangene, die lediglich einer optischen Besuchsüberwachung unterliegen, dürfen daran teilnehmen. R. R. zählt nicht dazu, er hat Sicherheitsvorkehrungen im Rahmen der NATO zu umgehen gewusst.

Zu Ziffer 4 – Überwachung der Besuche von Familienangehörigen optisch, andere akustisch. Diese akustische Überwachung der Besucher sei aus Gründen der Sicherheit und Ordnung der Anstalt geboten. Alte Begründung mit den geheimdienstlichen Erfahrungen von Rainer. Außerdem sollen durch diese Überwachung Informationen gesammelt werden, über die Persönlichkeit des Gefangenen, seine Verhältnisse, Kontakte und Einstellungen. Es wird die Befürchtung geäußert, dass die nichtfamiliären Besucher R. R. negativ beeinflussen können bzw. ihn in seinen Auffassungen bestärken.

Zu Ziffer 5 – Kontrolle des Schriftverkehrs. Vom 9. Mai 1995 bis 31. Juli 1996 gingen 1.721 Schreiben an Rainer Rupp in der JVA ein, Rupp schrieb 761. Begründung der Kontrolle durch die Abteilung Sicherheit und Ordnung wie oben.

Zu Ziffer 6 – Überwachung der Telefonate. Begründung der strengen Überwachung u. a. auch damit, dass die Ehefrau eine Mittäterin war und nach wie vor über entsprechende Kontakte verfügt, was aus der Überwachung des Schriftverkehrs hervorgeht.«

Die Gesellschaft zur rechtlichen und humanitären Unterstützung e. V. (GRH) und das Solidaritätskomitee richteten im September 1996 einen Offenen Brief an verschiedene Bundespolitiker, u. a. an SPD-Chef Oskar Lafontaine, in welchem sie um Unterstützung bei den Bemühungen um die Freilassung von Rainer Rupp baten:

»Ob man nun mit der herrschenden Lehre und Praxis davon ausgeht, dass DDR-Spionage weiterhin strafbar ist und bei ehemaligen Bundesbürgern, anders als bei ehemaligen DDR-Bürgern, keinerlei Nachlass zu gewähren ist, oder ob man mit dem namhaften Rechtswissenschaftler Helmut Ridder der Auffassung ist, dass mit der Einheit die Strafbarkeit dieses spezifisch politischen Delikts endete – in einem Punkt sollte unter rechtlich denkenden Menschen Einvernehmen herrschen: Irgendein vernünftiger Strafzweck ist in der andauernden Inhaftierung ehem. DDR-Kundschafter nicht mehr zu erkennen. Diese Strafpraxis wirkt in der gegenwärtigen politischen Landschaft wie ein anachronistisches Überbleibsel des Kalten Krieges.

Zwar mögen der Generalbundesanwalt und die beteiligten Oberlandesgerichte den Vorwurf der Siegerjustiz entschieden

von sich weisen, aber es bleibt der für die politisch Verantwortlichen beschämende Eindruck, dass es um eine einseitige
Abrechnung geht, wenn vor dem Hintergrund einer lückenlo-
sen Strafverfolgung der ehem. DDR-Spionage inzwischen in
der DDR verurteilte ehemaligen BND-Agenten durch Gesetz
strafrechtlich rehabilitiert und sozial entschädigt werden.«

An 13. Oktober 1996 schrieb Karl Rehbaum an Oskar Lafontaine, zu jener Zeit Vorsitzender der SPD und Ministerpräsi-
dent im Saarland:
    »Seit seiner Verlegung von Düsseldorf nach Saarbrücken
wird Rainer Rupp besonderen Sicherheitsvorkehrungen unterworfen, die m. E. keinesfalls gerechtfertigt sind. Dem Strafvollzug des Saarlandes verhilft dies zu keinem guten Ruf und
ist schon gar nicht ein Weg zur allgemeinen Humanisierung
des Strafvollzuges. Deshalb bitte ich Sie, […] Ihren Einfluss
geltend zu machen, damit Herr Rupp wie nahezu jeder andere
Häftling behandelt wird.
    Darüber hinaus möchte ich Sie bitten, Ihren nicht unbe-
deutenden Einfluss als Vorsitzender der SPD und Minister-
präsident des Saarlandes dazu zu nutzen, um der Ungleichbehandlung der Spionage in der Bundesrepublik Deutschland
ein Ende zu bereiten. […] Damit entsteht zwangsläufig der
Eindruck der Siegerjustiz. […] Es wäre sicherlich förderlich,
die juristischen Nachwirkungen des Kalten Krieges zu beseiti-
gen. Es ist sicher nicht zu spät, Versäumnisse des Einigungs-
prozesses zu korrigieren.«

Am 13. Januar 1997 berichtete Rainer Rupp über die Haftbedingungen in einem Brief:
    »Nun wollte ich ja etwas über die Arbeit erzählen, zu der
ich von der JVA gegen meinen Willen verpflichtet wurde.
Gewiss, es ist nicht die schlechteste Arbeit, die die JVA zu bieten hat, und viele Mitgefangene, die hier auf der langen Liste
der Arbeitssuchenden stehen […], würden sich die Finger
danach lecken. Allerdings habe ich auf Grund meiner körperlichen Konstitution mit der Ausübung der mir zugewiesenen
Arbeit Probleme. Außerdem trägt die JVA dabei den Vorschriften des Strafvollzugsgesetzes nicht genügend Rechnung.

Demnach kann der Gefangene zwar gegen seinen Willen höchstens drei Monate im Jahr zu einer Hilfstätigkeit, wie sie z. B. in der Küche anfällt, verpflichtet werden. Bei einer Arbeitszuweisung sollen aber die körperlichen und geistigen Fähigkeiten und Neigungen des Gefangenen berücksichtigt werden. Außerdem soll bei einer Arbeitszuweisung primär die freiwillige Mitwirkung des Gefangenen angestrebt werden.

Als ich am 5. September 1996 als Kartoffelschäler anfangen musste, hatte vorher niemand mit mir darüber gesprochen. Auf meinen Protest hin wurde ich nach drei Monaten von dieser Tätigkeit abgelöst, und mir wurde übergangslos die etwas besser bezahlte – etwa 1 DM mehr am Tag – Arbeit eines Essenverteilers in der Küche zugewiesen, und zwar mit dem Argument, dass es sich hierbei nicht mehr um eine Hilfstätigkeit, sondern um eine verantwortliche Position mit Koordinierungsaufgaben handele. Tatsache aber ist, dass sich der Verteilerjob nicht wesentlich von dem intellektuellen Niveau der vorhergehenden Arbeit unterscheidet, ich durch dessen Ausübung jedoch wegen meiner alten Rückenprobleme körperliche Schmerzen bekomme. [...]

Seitdem ich als Verteiler arbeite, hatte ich wegen der Haltungsprobleme öfters schmerzhafte Verkrampfungen in Rücken und Oberkörper, die vom Anstaltsarzt medikamentös behandelt wurden. Der Arzt hat deshalb meinen Arbeitsplatz inspiziert und festgestellt, dass die Arbeitsplatte, an der ich arbeite, zu niedrig ist, weshalb er anordnete, dass für mich ein hoher Stuhl in die Verteilerküche gestellt werden sollte. Da ein solcher Stuhl den Arbeitsablauf stark behindern würde, wurde er mir auch nach drei Wochen noch nicht zur Verfügung gestellt. [...]

Nun kam es am vergangenen Freitag zu einem Eklat. Wegen Krankheit sollte ich die Arbeit eines anderen Verteilers übernehmen, bei der ich in vornüber gebeugter Haltung für 30 bis 45 Minuten eine Drehbewegung mit dem Rücken hätte machen müssen, um die abgefüllten Essenmenagen in den Heizwagen zu stellen. Das ist genau die Bewegung, bei der sich bei mir erfahrungsgemäß das Risiko eines Hexenschusses erhöht. Ich machte die Verantwortlichen darauf aufmerksam, dass ich aus diesem Grunde diese Verrichtung nicht machen wollte. Von einem Küchenbeamten, aber auch vom Anstaltsarzt bekam ich zur Antwort, ich solle das solange tun, bis ich mir einen Hexenschuss zugezogen hätte, und dann würde man weiter sehen.

Als es schließlich soweit war, verweigerte ich diese Verrichtung. Daraufhin wurde eine Meldung geschrieben, was normalerweise eine Disziplinierung zur Folge hat, und ich musste nicht mehr zur Arbeit erscheinen. [...] Das sind die üblichen Spielchen, um Gefangene gefügig zu machen.«

8. März 1997:

»Was meine Haftsituation betrifft, so gibt es eine positive Nachricht. Endlich hat das Landgericht Saarbrücken in meiner Beschwerde gegen die Gefängnisleitung entschieden und mir in allen Punkten Recht gegeben. Alle Restriktionen sind aufgehoben! Dazu ein Zitat aus dem Beschluss des Richters: ›Auch der Umstand, dass der Antragsteller, der überzeugter Marxist ist, in Briefkontakt mit vielen Politikern, insbesondere Mitgliedern der PDS, steht, rechtfertigt für sich allein noch lange nicht die Annahme einer Gefährdung für Sicherheit und Ordnung der Anstalt.‹«

29. Mai 1997:

»Es handelt sich hier um einige Lappalien, aus denen mir die Anstaltsleitung einen Strick drehen will. Bei einer groß angelegten Zellendurchsuchung wurden auf meiner Zelle folgende Gegenstände beschlagnahmt, wegen denen ich bereits zweimal zwecks einer Disziplinierung vernommen wurde: ein Fingernagelclip, zehn Schrauben und Nägel zwischen einem und fünf Zentimeter, Päckchen mit vier Nähnadeln, die Gewürze Muskat und Cardamom und ein unausgefüllter Fußballtippschein für eine weit zurückliegende Elferwette der Bundesliga. Mit Ausnahme des Tippscheins hatte ich die beanstandeten Objekte aus der JVA Düsseldorf über die hiesige Kammer eingeführt, die Gewürze ordnungsgemäß beim Einkauf erworben. Die Nägel und Schrauben hatte ich nach und nach im Hof und im Haus gefunden, das seit über einem Jahr umgebaut wird und eine einzige Baustelle ist. Den Schälteil eines kaputten Kartoffelschälers (habe ich vergessen oben zu erwähnen) hatte ich mir vorübergehend aus unserer Wohngruppenküche (ich bin mit 13 ande-

Rainer Rupp und Karl Rehbaum, September 2011

ren Gefangenen jetzt auf einer solchen Wohngruppe) ausgelie-
hen, um aus Karton eine Geburtstagskarte für meinen Bruder
zu basteln.

Für die stellvertretende Anstaltsleiterin, die mich disziplinieren will, wurde daraus eine gefährliche Klinge.

Allerdings liegt ein intakter Kartoffelschäler auch weiterhin
in der Wohngruppenküche.

Auch all die anderen Dinge wurden bei bisherigen Durch-
suchungen meiner Zelle nie beanstandet, obwohl sie offen auf
meinem Tisch lagen. Außerdem steht nirgendwo in der Hausordnung oder sonstwo, dass diese Objekte verboten sind.

Trotzdem wurde versucht, mir daraus einen Strick zu drehen, was bisher jedoch nicht gelungen ist. Also griff die stellvertretende Anstaltsleiterin mit Hilfe des Tippzettels zu einem
schwereren Geschütz. Es handelt sich hierbei um anstaltsinterne
Fußballtipps, die seit Jahren von Gefangenen während der Bun-
desligasaison nach dem Prinzip der Elferwette angefertigt werden. Einsatz ist ein Päckchen Tabak, und der gesamte Einsatz
wird wieder verteilt, und zwar an die, die von den elf die meisten
richtig haben. In meine Funktion als Vorsitzender der Gefangenenmitverantwortung hatte ich mich mal erkundigt, und zwar
bei einem Unterbringungsbereichsleiter (UBBL), wie die JVA-

Bediensteten dazu stehen. Der erklärte mir, dass die Tipps seit Jahren im Haus bekannt wären und stillschweigend geduldet würden. Kein Wunder, denn es gab deshalb unter den Gefangenen nie Probleme, und die sind an Wochenenden beschäftigt, weil sie am Radio eifrig die Fußballspiele verfolgen.

Nun hatte ich zwei Mal an diesen Tipps teilgenommen, was ich auch bei meiner ersten Vernehmung zu Protokoll gab. Nun, ich möchte Dir die vielen dummen Einzelheiten und das Hin und Her ersparen. Obwohl weder in der Hausordnung noch sonstwo irgendwas steht, was auf ein Verbot der Tipps hinweisen würde, drohte mir die stellvertretende Anstaltsleiterin, Frau Junker, mit einer Anzeige und hielt mir den § 284 a des Strafgesetzbuches vor: ›Wer sich an einem öffentlichen Glücksspiel beteiligt, wird mit Freiheitsstrafe von bis zu sechs Monaten oder mit Geldstrafen bis zu 180 Tagessätzen bestraft.‹

Obwohl Frau Junker als Volljuristin hätte wissen müssen, dass das Tatbestandsmerkmal eines unerlaubten Glücksspiels keineswegs erfüllt war, blieb sie bei ihrer Position, die ihr erlaubt hätte, mich zu disziplinieren. So musste ich meinen Rechtsanwalt einschalten. Dessen Kommentar: Wenn sich die Frau Junker unbedingt zum Gespött der Jurisprudenz machen will, soll sie doch Anzeige erstatten.

Trotzdem hat er mit ihr gesprochen. Auch der UBBL hat meine Angaben bezüglich der stillschweigenden jahrelangen Duldung bestätigt. Auch habe ich mittlerweile erfahren, dass die Anstaltsleitung schon seit Jahren von den hausinternen Tipps weiß. Warum also jetzt der Aufstand?

Als ich Frau Junker zur Disziplinierung vorgeführt wurde, empfing sie mich mit den Worten, die ich mir notiert habe: ›Was lange währt, wird endlich gut.‹ Sie habe hier ein Verfahren zur Einleitung einer Disziplinierung gegen mich. Eine Disziplinierung hätte jedoch keine positiven Auswirkungen auf eine vorzeitige Entlassung, und deshalb habe ich mich bisher peinlich bemüht, nicht ›schuldhaft‹ gegen meine Pflichten als Gefangener zu verstoßen, die Vorbedingung zu einer Disziplinierung. Bisher ist es dazu noch nicht gekommen und auch das jetzige Verfahren hängt weiter in der Schwebe. […]

Ob die jüngste Initiative der Anstaltsleitung im Zusammenhang damit steht, dass das Landgericht ihre Restriktionen gegen mich als rechtswidrig aufgehoben hat, darüber lässt sich nur spekulieren. Auf jeden Fall hatte sie gegen den Beschluss des Landgerichts Rechtsbeschwerde beim OLG eingelegt. [...]

Seit einer Woche muss ich in der anstaltseigenen Druckerei den ganzen Tag immer gleiche Papierbögen falten, falzen oder perforieren, meist im Stehen. Dabei hat mir der Anstaltsarzt bestätigt, dass ich nur bedingt zum Arbeitseinsatz fähig bin; zwar vollschichtig, wegen meiner Rückenprobleme nur eine Arbeit, die ich abwechselnd im Stehen, Gehen und Sitzen verrichten kann, und bei der ich nicht mehr als zehn Kilogramm heben darf.

Hinzu kommt, dass ich seit Jahren, auch hier, in Behandlung wegen meiner Gicht und meines hohen Blutdrucks bin. Außerdem gehöre ich mit zu den wenigen alten Gefangenen hier. Dabei gibt es hier jede Menge kräftige, gesunde junge Leute, die sich die Finger nach einer Arbeit lecken, weil sie Schwierigkeiten haben, sich – im Unterschied zu mir – den ganzen Tag auf der Zelle zu beschäftigen. Aber nach meiner Episode als Kartoffelschäler, von der mich der Anstaltsarzt wegen meiner Rückenprobleme ablöste, scheint die Anstaltsleitung nach wie vor mir gegenüber eine besondere Fürsorgepflicht zu zeigen, wenn es darum geht, mir eine hirntötende Arbeit zuzuweisen.

Mein Antrag, mir die Position des Redakteurs der Anstaltszeitung zu geben – die ist seit September 1996 immer noch frei – wurde dagegen abgelehnt. Daraus Rückschlüsse über die Motivation der Anstaltsleitung zu ziehen, überlasse ich Dir.«

Am 3. Juni 1997 appellierte der Jurist Raul Gefroi an den PDS-Bundestagsabgeordneten und einstigen Kollegen Gregor Gysi:

»Ich bitte Dich, die Freilassung aller 14 im Strafvollzug befindlichen ehemaligen Kundschafter der Deutschen Demokratischen Republik energisch anzugehen. [...]

Durch meinen Briefverkehr (*mit Rupp – d. Hrsg.*) entstand bei mir die Überzeugung, dass Solidarität mit den Kriegsgefangenen des Kalten Krieges (ein Wort von Rainer Rupp) sich nicht darauf beschränken kann, diesen Menschen das Gefühl, nicht vergessen zu sein, zu geben. Solidarität erfordert auch hier den ununterbrochenen Einsatz für die Freiheit der Gefangenen.

Zur dargelegten Bitte unterbreite ich Dir den Vorschlag, dass du mit Deinem ehemaligen Kollegiumsmitglied, Lothar de Maizière, Verbindung aufnimmst, damit er und Wolfgang Schäuble das fortsetzen, was sie schon einmal fast in Tüten hatten. [...]

Bei meinem Vorschlag gehe ich davon aus, dass Lothar de Maizière sich auch noch heute zu diesem Plan bekennt und sich deshalb auch für seine Realisierung einsetzen wird. Und dazu bedarf es eines Impulses, den Du auslösen solltest. [...]

Deshalb werden weiter Steine rollen.

Wir diskutieren einen Brief an den Botschafter der Volksrepublik China. Wir bitten ihn dort, der Führung der Volksrepublik China unsere Erwartung zu übermitteln, die Interventionen deutscher Persönlichkeiten und Institutionen zur Einhaltung der Menschenrechte in China nicht wie bisher mit einem Verweis auf innerchinesische Angelegenheiten zurückzuweisen. Die chinesische Antwort sollte ein energisches Verlangen auf Einhaltung der Menschenrechte durch die Regierung der Bundesrepublik Deutschland enthalten. Dazu schlagen wir die Überreichung einer Namensliste vor, in der die inhaftierten ehemaligen Kundschafter der DDR aufgeführt sind. Wir werden diesem Botschafter außerdem darlegen, dass weitere Menschenrechtsverletzungen der deutschen Regierung und deren arrogante Haltung zu Forderungen des Europäischen Gerichtshofes mitgeteilt werden. [...]

Den Vereinten Nationen werden die Völkerrechtsbrüche der deutschen Regierung übermittelt. [...] Als Folge solcher Missachtung des Völkerrechts wird die politische Strafverfolgung in der BRD angemahnt und eine Vielzahl weiterer Rechtsbrüche. [...]

In den Jahren 1994 und 1996 hat sich der Vorstand der GRH an Rudolf Scharping gewandt. (*Scharping war von 1993 bis 1995 Vorsitzender der SPD, von 1995 bis 2001 Vorsitzender der Sozialdemokratischen Partei Europas – d. Hrsg.*) Er wurde um eine Initiative zur Beendigung der politischen Strafverfolgung gebeten. Das hat er brüsk abgelehnt. [...]

Die Unredlichkeit oder der Unwille oder die Unfähigkeit des saarländischen Justizministers, die Haftbedingungen von Rainer Rupp wahrheitsgetreu einzuschätzen, belegen Entscheidungen der Gerichte des Saarlandes. Wir erwarten deshalb eine Position des Führers der deutschen Sozialdemokratie zur politischen Strafverfolgung im allgemeinen und zur anhaltenden Inhaftierung der ehemaligen Kundschafter der DDR im besonderen.«

Am 17. Juni 1997 richtete Rainer Rupp an einen Briefschreiber diese Antwort:

»Natürlich haben die Konservativen die Chance genutzt, die ihnen die SPD durch ihre Verweigerungshaltung geboten hat. So konnte man das Süppchen zur Delegitimierung der DDR und der Mär vom Unrechtsstaat weiterhin am Kochen halten. Es gab keinen Tag, an dem nicht irgendein DDR-›Verbrechen‹ durch die Medien ging. Ziel und Zweck dieser Strategie war es, die noch verbliebene sozialistische Linke ins moralische Abseits zu drängen und zugleich von den wachsenden inneren Widersprüchen der eigenen kapitalistischen Gesellschaft abzulenken. Die Herrschenden sind ja nicht dumm. Sie sind sich der krisenhaften Entwicklung bewusst. Deshalb sollten die Ansätze für eine alternative sozialistische Politik noch mit den letzten Wurzeln ausgerissen werden, solange dafür das Umfeld opportun war. Würde dieses Ziel erreicht, dann könnten die Herrschenden getrost der kommenden Krise ins Auge sehen.

Ohne sozialistische Alternative und deren organisatorische und aufklärerische Arbeit würde sich der zu erwartende gesellschaftliche Protest niemals zu einer Infragestellung des Systems und seiner Herrschaftsverhältnisse entwickeln. Der Protest würde sich höchstens in unpolitischen, auf Partikularinteressen gerichteten Demonstrationen oder in wachsender Kriminalität erschöpfen. Das würde jedoch keine wirkliche Herausforderung für das System darstellen, mit diesen Problemen kann es allemal fertigwerden.

Die anhaltende Strafverfolgung, die Strafrenten, die berufliche Diskriminierung der sogenannten Staatsnahen etc. etc., all das muss vor diesem Hintergrund gesehen werden. Und die SPD, die sich in ihrer Mehrheit mit dem Neoliberalismus längst versöhnt hat, glaubt ebenfalls von dieser Entwicklung zu profitieren, denn ihre größte Sorge ist die Entstehung einer bundesweiten sozialistischen Partei, die die wachsenden Widerstände in der Bevölkerung systemkritisch kanalisieren könnte. Dies wäre für die SPD langfristig eine geradezu existenzielle Bedrohung. Und deshalb machte sie von vornherein bei diesem bösen Spiel mit, ja sie war sogar anfangs die treibende Kraft.

Die Rechnung von beiden, SPD und Regierungsparteien, ist zum Glück nicht aufgegangen, wenn auch erste Teilerfolge nicht zu übersehen waren. Im Osten waren die letzten sieben Jahre praktischer Einführung in den Kapitalismus besser als alle Parteilehrgänge zusammengenommen. Folglich formiert sich der systemkritische Widerstand im Osten besonders deutlich, auch jenseits der PDS-Wähler.

Die kollektive Erfahrung, dass man ein erfülltes und vielleicht sogar besseres Leben in einem nichtkapitalitischen System führen kann, ist nicht verloren gegangen, wenn man auch zu den speziellen Ausformungen des realexistierenden Sozialismus nicht mehr zurückwill. – Im Westen ist die Lage jedoch ungleich schwieriger. Hier haben wir nicht nur mit einer seit 1933 ungebrochenen antikommunistischen/antisozialistischen Tradition zu tun, die nur in der unmittelbaren Nachkriegszeit kurz unterbrochen wurde, sondern auch mit einer ziemlich erfolgreichen Delegitimationskampagne der ehemaligen DDR, die zu einer nachhaltigen Diskreditierung von allem, was irgendwie nach Sozialismus ›riecht‹, führte.

Nicht umsonst tut sich die PDS bei ihrem Westaufbau so schwer. Da bundesdeutsche Wahlen jedoch im Westen entschieden werden, kann man daher den Regierungsparteien und der SPD den Erfolg ihrer Diskreditierungskampagne nicht abstreiten. Implizit führte jedoch diese Politik zu einer wachsenden Mauer in den Köpfen zwischen Ost und West, die sich – soweit ich das beurteilen kann – mehr oder weniger explizit auch quer durch alle Parteien zieht. Die negativen Einflüsse dieser Politik werden in West und Ost in der breiten Masse der Bevölkerung immer deutlicher. Im Osten wachsen Trotz und Verweigerungshaltung, im Westen geben die Stammtische den ›undankbaren Ossis‹, denen es ›ohne Arbeit, aber mit Arbeitslosenunterstützung immer noch besser geht als in der DDR‹, die Schuld an der wirtschaftlichen und gesellschaftlichen Krise. Unverantwortliche Politiker und Medien schüren dies noch mit den andauernden Verweisen auf die ›Transferzahlungen‹, die dann auch noch maßlos übertrieben werden.

Fazit: Ost und West driften auseinander; die Vereinigungs-
politik hat versagt, wobei natürlich auch die total falsche Wirtschaftspolitik der raschen Privatisierung im Osten und der darauf folgenden Zerschlagung der Industrie eine große Rolle
spielt. Wobei das, was die Treuhand im Auftrag der Bundesregierung getan hat, wohl den größten Betrug an der Geschichte
der Menschheit darstellt. Sie übernahm Werte von etwa 650
Milliarden DM. Und um diese ›an den Mann‹ zu bringen,
schloss sie mit insgesamt 350 Milliarden DM Schulden ab.
Zusammen sind also 1.000 Milliarden DM verschwunden.

Und was kann man dafür vorweisen? Deindustrialisierte
Regionen mit erschreckend großer Arbeitslosigkeit, wofür natürlich nach offizieller Lesart der marode DDR-Staat und –
aus der Sicht der Stammtische – die faulen Ossis verantwortlich gemacht werden.

Aber die ›Ostpolitik‹ der Regierungsparteien und der SPD
hat auch deshalb versagt, weil zwischen den auf die ›Einheit‹
gerichteten Maßnahmen einerseits und dem Versuch der Delegitimierung der Lebenserfahrung der Menschen im Osten
andererseits ein Zielkonflikt herrscht, der ein positives Ergebnis gegenseitig ausschließt. Kluge Köpfe in der CDU/CSU
haben dieses Problem schon früh erkannt: besonders jene, die
national denken. Ihr führender Kopf ist Wolfgang Schäuble,
der zum Zweck der nationalen Einheit die ideellen Gräben
zwischen Ost und West lieber zugeschüttet als vertieft hätte.
Deshalb stand er auch zu keiner Zeit, zumindest soweit mir
bekannt ist, auf Seiten der kleinlichen, von dümmlichen
Rachegedanken getriebenen Abrechnung mit der DDR. Mir
scheint, dass er, um des ›nationalen Aufbruchs‹ willen, viel lieber eine Regelung in Kauf genommen hätte, in der man die
ehemaligen ›Staatsnahen‹ zwar politisch bekämpft, aber auf
anderen Gebieten mit ihnen pragmatisch zusammengearbeitet hätte, wie das ja in der Praxis – trotz aller politischer
Anfeindungen aus Bonn – im Osten zwischen CDU und PDS
auf regionaler Ebene vielmals geschieht.

Außerdem sah Schäuble im Fortbestand einer sozialistischen Partei im Osten – im Unterschied zu den SPD-Führern
– keine ideelle oder gar eine langfristig existentielle Bedrohung
seiner Partei. Deshalb war Schäuble vor und nach der ›Wende‹

vielmehr auf Ausgleich denn auf Konfrontation ausgerichtet, was sich auch in seinem Einsatz für das Amnestiegesetz ausdrückte.

In den Jahren unmittelbar nach der Einheit war die später folgende krisenhafte Zuspitzung in Wirtschaft und Gesellschaft auch noch nicht erkennbar, die aus konservativer Sicht die Entwurzelung einer organisierten, sozialistischen Alternative zu einer strategischen Notwendigkeit macht.

Nun war und ist die CDU kein monolithischer Block. Gegen seine ›Ostpolitik‹ gab es innerhalb der Partei starke Widerstände, die sich – nachdem sich die SPD total gegen eine ausgleichende Politik quer gestellt hatte – durchsetzten. Hätte die SPD damals anders reagiert, hätte sich die Schäuble-Richtung durchsetzen können. Deshalb komme ich wieder auf die Hauptverantwortung der SPD für alle nachfolgenden Auswüchse zurück.«

Am 25. Juli 1997 hatte Rainer Rupp im *Neuen Deutschland* Stellung zu seiner Strafverfolgung bezogen (»Die SPD als Partei der Rachsucht«) und deutlich gemacht, dass die öffentliche Diskussion um seine Person ein grundsätzliches Problem sichtbar macht – den unterschiedlichen Umgang von Sozialdemokraten und Konservativen mit der DDR und mit Spionen und warum das so ist:

»Allgemein werden die Bundesregierung und die Parteien, aus der sie sich zusammensetzt, als Hauptverantwortliche für die anhaltende Strafverfolgung in der ehemaligen DDR und die Ungleichbehandlung auf dem Gebiet der deutsch-deutschen Spionage gesehen.

Ich teile diese Auffassung nicht.

Begründung:

Die Bundesregierung hat sich sowohl vor als auch unmittelbar nach der Einheit ernsthaft darum bemüht, dass es auf dem Gebiet der ›teilungsbedingten Delikte‹ gar nicht erst zu einer Strafverfolgung kommt. Dies scheiterte am Widerstand der SPD, die sich von ihrer starren Haltung Wählerstimmen im Osten versprach.

In seinem im letzten Jahr erschienen Buch hat CDS/CSU-Fraktionschef Schäuble darauf verwiesen, dass er vor der Vereinigung im Bundestag folgende Erklärung abgegeben hat: ›Ich kann mir nicht vorstellen, dass wir im vereinten Deutschland die jeweiligen Agenten gegenseitig ins Gefängnis stecken. Was ich mir auch nicht vorstellen kann, ist, dass wir die Mitarbeiter der DDR ins Gefängnis stecken und das umgekehrt nicht tun.‹

Selbst für Westbürger, die für die DDR arbeiteten, meinte Schäuble, sollte – bestimmte Bedingungen vorausgesetzt – Amnestie gewährt werden.

Schäuble und de Maizière einigten sich denn auch darauf, einen entsprechenden Passus in den Einigungsvertrag einzufügen. Die SPD-Führung legte sich jedoch quer. Da Schäuble im Einigungsvertrag keine Passagen haben wollte, die nicht auch von der SPD mitgetragen wurden, zog er die Amnestiepassage zurück. Stattdessen sollte nun der Bundestag ein solches Gesetz beschließen. Die Regierung legte auch einen Gesetzesentwurf vor – leider vor der ersten gesamtdeutschen Wahl 1990. Nach Ostwählerstimmen schielend, begann die SPD unter Führung von Vogel gegen den Entwurf zu schießen. Sie prägte – wider besseres Wissen – den Kampfbegriff der ›Stasi-Amnestie‹ und suggerierte, dass damit auch alle ›Stasi-Schweinereien‹ amnestiert würden. Dementsprechend wies der Bundesrat, in dem die SPD die Mehrheit hatte, am 6. September 1990 den Regierungsentwurf als ›unausgereift‹ ab und beschied, das gesamtdeutsche Parlament solle nach der Bundestagswahl über eine ›ausgewogene Schlussstrichamnestie‹ entscheiden. Dies ist jedoch bis heute nicht geschehen.

Die Strafverfolgung nahm ihren Lauf.

Allerdings muss auch hier differenziert werden. Nicht jede Justizbehörde und auch nicht jeder Anklagevertreter zeigte bei der Strafverfolgung die gleiche Verbissenheit und Wut. Die überwiegende Zahl der Gerichte wollte jedoch schleunigst Fakten schaffen. Zugleich wurde die Ungleichbehandlung deutscher Bürger auf dem Gebiet der deutsch-deutschen Spionage zementiert. Während Westbürger, die auf dem Gebiet der BRD für die DDR nachrichtendienstlich tätig gewesen waren, ›rechtmäßig‹ ins Gefängnis wanderten, wurden Ostbürger, die auf dem Gebiet der DDR für den Westen gearbeitet hatten, per ›DDR-Unrechtsbereinigungsgesetz‹ rehabilitiert.

Ende letzten Jahres wurde Schäuble in einem Interview

wieder auf das ausgebliebene Amnestiegesetz angesprochen. Dafür sehe er nun keinen Handlungsbedarf mehr, gab er zur Antwort. Und in der Tat scheint dieser heute weniger denn je gegeben zu sein. Da eine politische Lösung nicht im Bundestag zustande gekommen war, waren die Gerichte, besonders das Bundesverfassungsgericht gezwungen worden, die gröbsten Ungereimtheiten wenigstens halbwegs mit juristischen Beschlüssen zu füllen. Wenn auch viele davon, besonders deren Begründungen, nicht befriedigen, so wurde zumindest erreicht, dass die Mitarbeiter der Hauptverwaltung Aufklärung, die in der DDR vom Schreibtisch aus Spionage gegen die BRD betrieben hatten, straffrei ausgehen.

Es bleiben nur noch 15 ehemalige DDR-Kundschafter in westdeutschen Gefängnissen, die unter eine mögliche Amnestie für teilungsbedingte Delikte fallen würden, wobei man die bisher noch nicht verhandelten kleineren Fälle hinzurechnen muss. Wegen dieser paar Leute besteht nun wirklich kein politischer Handlungsbedarf mehr, zumal sich die Unterstützung für sie auf einige zahlenmäßig begrenzte Gruppen beschränkt. Und ich habe, ehrlich gesagt, für die Regierung sogar ein gewisses Verständnis. Warum soll sie sich für einige ehemalige Kundschafter stark machen und damit der SPD Stoff für eine Schmierkampagne geben?

Im Übrigen hat es auch bei der PDS große Mühe gekostet, bevor sich deren Führungsspitze dazu durchringen konnte, von unserem Anliegen Notiz zu nehmen.

Vor diesem Hintergrund wird man verstehen, dass ich keinen besonderen Groll gegen die Bundesregierung hege. Die eigentlich Verantwortliche ist die SPD. So wird auch verständlich, warum zum Beispiel zwei ebenfalls zu langjährigen Haftstrafen verurteilte ›Kundschafterkollegen‹ im CSU-regierten Bayern geradezu zuvorkommend behandelt wurden. Fred Spuhler und Dieter Feuerstein, zu zehn beziehungsweise zu acht Jahren Haft verurteilt, schrieben mir aus München, dass sie in der bayerischen Haft ›durch die Anstaltsleitung in Fragen der Haftgestaltung uneingeschränkt unterstützt worden‹ seien. ›Man war geradezu bemüht‹, stellten sie fest, ›uns so schnell wie möglich aus den Mauern des Zuchthauses hinauszubekommen‹.

Bei mir hingegen, im SPD-regierten Saarbrücken, lief bisher alles genau umgekehrt. Man war geradezu bemüht, mir von Anfang an die Haft so schwer wie möglich zu machen. Das betrifft die ›Musterzelle‹, in der ich die ersten neun Monate verbringen musste, ebenso wie die lange Liste der Restriktionen, die erst vor kurzem vom Landgericht wegen Rechtswidrigkeit aufgehoben wurden.

Fred Spuhler und Dieter Feuerstein sind mittlerweile nach Verbüßung der Hälfte ihrer Strafe entlassen worden, bereits vorher konnten sie tagsüber die Anstalt verlassen. In Saarbrücken geht man bei mir von einer Verbüßung von zwei Dritteln der Strafe aus, in den offenen Vollzug soll ich erst neun Monate vor diesem Zeitpunkt kommen.

Offensichtlich besteht ein Gefälle in der Behandlung ehemaliger Kundschafter, je nachdem, ob sie in Ländern einsitzen, die von der CDU/CSU oder der SPD regiert werden. Auch bei anderen Aspekten der ›Aufarbeitung von DDR-Unrecht‹ zeigt sich die SPD weitaus verbissener.

Schäuble bemerkte, dass er am liebsten die Stasi-Akten unter Verschluss gehalten hätte. Kohl erklärte, er wünsche, es würde endlich mit den Stasi-Akten Schluss gemacht. So hat die Regierung auch nichts getan, um die nun gegen Jahresende anstehende Verjährungsfrist für ›mindere DDR-Delikte‹ zu verschieben. Kein Wunder, dass die Inkarnation des Kreuzritters gegen den Kommunismus, der Generalstaatsanwalt von Berlin, Christoph Schaefgen, angesichts der ›Gefahr der Verjährung von DDR-Unrecht‹ bei der SPD Zuspruch suchte. Im *Deutschlandfunk* erklärte er am 14. April 1997, dass er sich von einer Anhörung durch die SPD-Bundestagsfraktion als Ergebnis erhoffe, ›dass unsere Nöte verstanden worden sind‹.

Und er wurde verstanden! Die SPD-Fraktion verlangte in einem am 26. April veröffentlichten Antrag (13/7281) von der Bundesregierung, ›angesichts drohender Verjährung nachdrücklich daran mitzuwirken, dass die Strafverfolgung […] konsequent fortgesetzt wird‹. Zu diesem Zweck fordert sie eine Personalaufstockung für Herrn Schaefgen und eine Verlängerung der Verjährungsfristen!

Gewiss spielt es eine Rolle, dass die Führungsspitze der SPD-Ost nicht aus Mitgliedern ehemaliger Blockparteien besteht. Daher dürfte der Durst nach Rache bei diesen Leuten besonders stark sein. Doch den Hauptgrund für die Unversöhnlichkeit sehe ich bei der SPD-West, die seit der Vereinigung eifrig bestrebt ist, sich von der früheren Politik gegenüber der DDR und SED zu distanzieren. Gerade weil die SPD sich einst um Verständigung mit der SED bemühte, will sie nun durch Unnachgiebigkeit gegenüber ihren ehemaligen Gesprächspartnern beweisen, dass niemals eine ideologische Nähe bestanden hat. Eine solche Strategie verlangt natürlich, päpstlicher als der Papst zu sein.

Solange die SPD glaubt, damit Pluspunkte bei den Wählern zu gewinnen, wird sich an ihrer Haltung nichts ändern. Wichtig wäre es, im Osten, wo ja PDS und SPD auf lokaler Ebene mitunter recht gut miteinander auskommen, diese Problematik zu thematisieren. Ich vermute nämlich, dass viele Mitglieder der SPD – aber auch der PDS – gar nicht wissen, dass die SPD-Führung die Hauptverantwortung für die anhaltende Strafverfolgung trägt. In den Debatten wird sie bequemerweise auf die Regierung in Bonn und die CDU geschoben, weil's so schön ins Klischee passt. Trotz meiner unversöhnlichen Gegnerschaft gegenüber der Bundesregierung kann ich nicht übersehen, dass nicht sie, sondern die SPD treibende Kraft war und ist.«

Am 8. August 1997 erschienen im *Neuen Deutschland* zu diesem Beitrag zwei Leserbriefe:

»Den Brief von Rainer Rupp habe ich mit Betroffenheit zur Kenntnis genommen. Was er über den Rachedurst der SPD schreibt, überzeugt. Er führt Fakten an, zitiert Passagen und verweist auf den SPD-Antrag Nr. 13/7281, in dem die Fortsetzung der Strafverfolgung und die Verlängerung der Verjährungsfristen bei Aspekten der ›Aufarbeitung von DDR-Unrecht‹ gefordert werden. Dabei geht es keinesfalls nur um ehemalige ›Kundschafter‹. Mich – und andere auch – hat dies schockiert, denn nicht nur ich hatte mir ein wenig Sympathie für die SPD bewahrt. Die vorhandenen Zweifel über die Eignung einzelner SPD-Führer, denen es zukäme, der Priorität der Wahrheit in der Politik Geltung zu verschaffen, sind weiter erheblich verstärkt worden. Ein Fünkchen Hoffnung, dass die SPD selbstkritisch ihre Sinneshaltung korrigieren und Verantwortungsbewusstsein für das vereinigte deutsche Volk entwickeln könnte, ist ausgelöscht.

Schon bisher wuchs stets die Skepsis, wenn Politiker wie Herr Scharping demonstrierten, dass ihnen nur zu oft Realitätssinn fehlt. Für ihn war es bisher schier unmöglich, jenen Bürgern der ehemaligen DDR, darunter Tausenden einstigen SED-Mitgliedern, Hilfe anzubieten, die ihre Überzeugung in einem für sie schmerzhaften Prozess aufgegeben haben und heute in der BRD ankommen möchten. Der Hass auf das, was in der DDR war, lässt keine klare Sicht zu.

Wenn man zudem noch andere Aspekte jener unversöhnlichen Haltung in Betracht zieht – die Verteufelung der DDR-Geschichte, die absolute Unlust zur Aufarbeitung der BRD-Geschichte, die Kriminalisierung der PDS und der Mitarbeiter des DDR-Staatsapparates und manches mehr –, stellt sich zwingend die Frage: Will die SPD die bessere CDU sein?

Fritz Schersinski, 18059 Rostock

Ich achte Rainer Rupp als ehemaligen Kundschafter der DDR und respektiere auch seine Überlegungen zur Ungleichbehandlung auf dem Gebiet der deutsch-deutschen Spionage während des Kalten Krieges. Jedoch verwundert mich seine Nachsicht gegenüber der CDU.

Diese hat mindestens den gleichen Anteil an der Verantwortung für die anhaltende Strafverfolgung ehemaliger DDR-Kundschafter wie die SPD. Es war Schäuble, der für die Amnestie der letzten 15 in westdeutschen Gefängnissen einsitzenden DDR-Kundschafter keinen politischen Handlungsbedarf sah. Aber auch das Schicksal von 15 Menschen fordert rasches politisches Handeln – ganz gleich, ob es einer Partei nutzt oder schadet. Rainer Rupp ist selbst Betroffener.

Dr. Siegfried Birkner, 12627 Berlin«

Um verständliche Hafterleichterung bzw. Haftentlassung für Rainer Rupp bemüht, hatte Karl Rehbaum am 27. August 1997 an den Bundesjustizminister Dr. Edzard Schmidt-Jortzig (FDP) geschrieben:

»Wie Ihnen bekannt, bestand 1990 seitens der Fraktionen der CDU/CSU und FDP im Deutschen Bundestag die Ab-

sicht, ein ›Gesetz über Straffreiheit bei Straftaten des Landesverrats und der Gefährdung der äußeren Sicherheit‹ einzubringen (Drucksache 11/7762 neu). Diese Initiative wurde
durch den Bundesrat am 7. September 1990 abgelehnt (Drucksache 585/90).

Allerdings wird in dieser Stellungnahme des Bundesrates
angeregt, dass das 1990 zu wählende gesamtdeutsche Parlament nach gründlicher Prüfung der Fälle der nachrichtendienstlichen Ausspähung über eine ausgewogene ›Schlussstrichamnestie‹ entscheiden möge.

Eine solche Amnestie zum Nutzen des Rechtsfriedens
erfolgte nicht.

Der politischen und rechtlichen Einmaligkeit der damaligen Situation wäre mit einer Amnestie entsprochen worden.
Sechs Jahre nach der Vereinigung Deutschlands sind immer
noch Bürger, vornehmlich aus den alten Bundesländern, einer
unverminderten Strafverfolgung ausgesetzt bzw. haben lang-
jährige Haftstrafen zu verbüßen. Solches trifft für meinen
Freund Rainer Rupp zu, welcher 1994 zu der unverhältnis-
mäßig hohen Haftstrafe von zwölf Jahren verurteilt wurde und
noch heute einer Ungleichbehandlung in der JVA Saarbrücken
unterliegt. Es liegt in Ihrem Ermessen und Ihren Möglichkeiten, Schritte zur Beseitigung von juristischen Nachwirkungen
des Kalten Krieges einzuleiten. Ein denkbar erster Schritt wäre,
die Haftstrafen für rechtskräftig verurteilte Spione der DDR-
Nachrichtendienste auszusetzen, damit diese ihre Freiheit wie-
dererlangen und die krasseste Form der Ungleichbehandlung
beendet wird.«

1. September 1997 notierte Rupp:

»Anscheinend setzt sich seit kurzem die saarländische Land-
tagsfraktion der Grünen recht engagiert für mich ein. Ihr Sprecher, so wurde mir mitgeteilt, habe sogar kürzlich in meiner
Sache ein Gespräch mit dem Minister geführt. Ziel: möglichst
bald offenen Vollzug für den Rupp.

Mit diesem Anliegen hätte er beim Minister angeblich
offene Türen eingerannt, denn der wolle mich so schnell wie
möglich los sein, schon allein wegen der vielen Briefe, die er
in meiner Sache bekäme. […]

Wolfgang Gehrcke hat mir mitgeteilt, dass er plane, demnächst mit einer Delegation von Bundestagsmitgliedern, womöglich überparteilich, hierher zu kommen, um ebenfalls mit der Zielsetzung des Offenen Vollzugs (OV) mit dem Minister und anderen Verantwortlichen zu sprechen.«

27. September 1997:

»Allerdings scheint in letzter Zeit etwas Bewegung in die erstarrten Fronten gekommen zu sein, z. B. die Amnestieforderung von Wolfgang Thierse für die ehemaligen Kundschafter. Besonders interessant fand ich aber in diesem Zusammenhang den Beitrag von Peter Gauweiler (CSU) vor etwa drei Wochen im *Spiegel*, worüber auch das *ND* kurz berichtete. Zwar fehlte es in Gauweilers Aufsatz nicht an der altbekannten antikommunistischen Rhetorik, aber ausschlaggebend war, dass er sich ohne Wenn und Aber für einen Schlussstrich und das Ende der Strafverfolgung der DDR-Funktionsträger einsetzte.«

Am 16. September 1997 wandte sich Raul Gefroi an Rechtsanwalt Peter-Michael Diestel (CDU):

»Bestand Übereinkunft u. a. auch in der Frage, dass Spione, ob als Bürger der BRD oder Bürger der DDR und egal, für wen und gegen wen sie spionierten, strafrechtlich nicht belangt werden sollen. [...] Ausnahmslos politische Querelen, artikuliert mit dem Schlagwort ›Stasiamnestie‹, brachten diese Konzeption zu Fall. [...]

Das Fazit der juristischen Lösung der Spionagefrage vermag trotz höchstrichterlicher Entscheidung inklusive Entscheidung des BVG nicht zu überzeugen. Die Lösung lautet:

Spione der DDR, die als Bürger der DDR gegen die BRD spionierten, werden strafrechtlich nicht verfolgt.

Spione der BRD, die als Bürger der BRD oder der DDR spionierten, werden strafrechtlich nicht verfolgt. Ihre sozialen Belange erfahren wohlwollendste Beachtung.

Spione der DDR, die als Bürger der BRD gegen die BRD spionierten, werden strafrechtlich verfolgt.

Die Gleichheit vor dem Gesetz (Art. 3 des GG für die BRD) ist danach nicht gewährleistet, sie wird auf eklatante Art verletzt.

Die anhaltende Strafverfolgung der ehemaligen Kundschafter der DDR, die als BRD-Bürger für die DDR tätig waren, muss als Akt der Fortsetzung des Kalten Krieges betrachtet werden.«

19. Oktober 1997 schrieb Rainer Rupp:
»Ich bin inzwischen in ein neues Hafthaus verlegt worden, mit größeren und sauberen Zellen. Sie sind modern eingerichtet. Im Vergleich zu dem Sperrmüll, in dem ich vorher leben musste, ein Unterschied wie Sonne und Mond. Auch sind hier innerhalb der einzelnen Abteilungen die Zellentüren den ganzen Tag offen bzw. man hat seinen eigenen Zusatzschlüssel. Dazu gibt es für die Gemeinschaft eine große, moderne und saubere Dusche, eine Küche mit Herd und einen Aufenthaltsraum, wo ich hin und wieder mit einem Albaner Schach spiele. Seit vier Wochen arbeite ich nun in der Bücherei. Diesmal nicht gezwungen wie beim Kartoffelschälen oder ›Tütenkleben‹. Nein, diesmal hat man mich ganz höflich gefragt. Und obwohl ich auf meiner Zelle auch nach wie vor mehr als genug Arbeit habe, habe ich den Job angenommen. Erstens ist es mal wieder ganz gut, sich an geregelte Arbeit zu gewöhnen, und zweitens muss ich daran denken, die nötige Arbeitszeit zusammenzukriegen, falls ich doch – vielleicht geschieht ein Wunder – unverhofft in den Offenen Vollzug verlegt würde.

Wenn ich dann nicht sofort einen Arbeitsplatz finden sollte, steht mir zumindest Arbeitslosengeld zu, wenn ich vorher in der JVA mindestens zwölf Monate während der letzten drei Jahre gearbeitet habe.«
Am 10. Februar 1998 schrieb der PDS-Politiker Gregor Gysi an Saarlands Justizminister Walter unter anderem:
»Mir ist bekannt, dass vor dem zuständigen Vollzugsgericht gegenwärtig die Frage geprüft wird, ob weitere Lockerungen im Strafvollzug für Herrn Rupp möglich sind. In diesem Zusammenhang wurde ich dahingehend informiert, dass die Justizvollzugsanstalt gegenüber dem Gericht auf Ablehnung des Antrages des Herrn Rupp plädiert. Dabei wird zur Begründung herangezogen, dass er hinsichtlich seiner Straftat ›uneinsichtig‹ sei, was sich auch aus dem Besuch von PDS- Bundestagsabgeordneten ergebe.

Abgesehen davon, dass sich aus dem Urteil des Oberlandesgerichtes in Bezug auf Rainer Rupp eine gegenteilige Ansicht des Gerichtes zu dessen Reue ergab, geht es hier um die Frage, wie der Besuch demokratisch legitimierter Bundestagsabgeordneter in einer Justizvollzugsanstalt von dem Leiter gedeutet wird.«

Am 8. November 1997 erklärte Rainer Rupp in einem Brief, weshalb er ein Gnadengesuch an Bundespräsident Herzog gerichtet hatte:

»Wenn ich Dich heute mit diesen Details gelangweilt habe, dann deshalb, um Dir zu verdeutlichen, dass man mir seitens der zuständigen Stellen so schnell nicht vergeben wird und ich deshalb auch keine Hoffnung mit meinem Gnadengesuch an Herzog verbinde. Wenn ich es trotzdem stelle, dann um dem Rat unserer Initiativgruppe (»*Kundschafter des Friedens fordern Recht*« – d. Hrsg.) zu folgen, damit das Thema bei den Herrschenden auf dem Tisch bleibt.

Trotzdem hatte ich die Hoffnung, dass – begünstigt durch den Brief von Wolfgang Thierse an den saarländischen Justizminister Dr. Arno Walter – ich vielleicht doch in absehbarer Zeit in den Offenen Vollzug käme. Diese Hoffnung hat sich nach dem letzten Besuch meines Anwalts Robin Sircar zerschlagen. Vor einer Woche berichtete er mir, dass Dr. Arno Walter bei seiner sturen Haltung mir gegenüber bleibt. Dies sei jedenfalls dem Antwortbrief von Walter an Thierse zu entnehmen, von dessen Inhalt mein Anwalt vom Mitarbeiter Thierses mündlich unterrichtet wurde. Dabei war es doch gerade Arno Walters Chef Lafontaine, der seinerzeit Honecker bei dessen Besuch im Saarland in jeder erdenklichen Form hofierte. Heute ist man peinlichst bemüht, das alles nicht mehr wahrzuhaben. Und damit nur ja niemand auf einen falschen Gedanken kommen könnte, zieht man in meiner Sache noch eine kleine Seitenschau von nachträglichem Kalten Krieg ab.«

Am 26. November 1997 kam Rupp noch einmal auf das Thema zu sprechen:

»Große Hoffnungen verbinde ich mit dem Gnadengesuch an Herzog nicht. Abgefasst ist es sachlich und nüchtern. Tränendrüsen werden nicht gedrückt. Ohnehin bin ich der Meinung, dass entweder die politische Bereitschaft für einen Gnadenerweis gegeben ist oder nicht. Allerdings ist es wichtig, dass die Sache bei den Herrschenden in Bonn auf dem Tisch bleibt und sie auch sehen, dass viele Menschen das Gesuch unterstützen. […]

Was die Thierse-Initiative vom Sommer dieses Jahres für eine Amnestie betrifft, so sind seine Bemühungen bei den SPD-Innenpolitikern auf wenig Gegenliebe getroffen. […]

Den neuen Aspekt, den mein Anwalt bei der GBA vorgetragen hat und an dem auch mein Gnadengesuch aufgehängt ist, betrifft die nachträgliche Beschlagnahme meiner Pensionsrückstellungen inklusive meiner Eigenleistungen durch die NATO.«

Am 2. Dezember 1997 erschien im *Neuen Deutschland* folgender Beitrag von Reiner Oschmann:

»›Topas‹ stellt Gnadengesuch

Rainer Rupps Anwalt Robin Sircar bestätigte gestern *ND*, dass gegenwärtig letzte Hand an das Gnadengesuch gelegt wird, das an den Bundespräsidenten gehen soll, ›denn Herr Rupp ist ja ein Bundesgefangener‹. Wesentlicher Anstoß für das Gesuch war ein Bescheid der NATO, Rupp sämtlicher Rentenansprüche, einschließlich der von ihm gezahlten Eigenanteile und jeglicher Nachversicherung, zu berauben. Da Rupp damit in puncto Alterssicherung zum vogelfreien Mann gemacht und das Strafurteil für ihn in unüblicher Form nachträglich verschärft wurde, schreit dies, Sircar zufolge, ›nach Korrektur‹. Die werde mit dem Gesuch angestrengt, über dessen Erfolgschancen Rainer Rupp selbst offenbar keine Illusionen hat.

Die zweite Schiene, die der Anwalt nutzen will, ›ist die Frage des offenen Vollzuges und überhaupt der Vollzugsgestaltung. Die ist Ländersache.‹ Er frage sich, ›wie das Vollzugsziel der Resozialisierung bei der jetzigen Vollzugsgestaltung erreicht werden soll‹. Für Sircar ist die Haltung in Saarbrücken umso hartherziger, ›als in vergleichbaren Fällen zum Beispiel in Bayern sehr großzügig verfahren worden ist‹.

Dr. Andreas Pollak, parlamentarischer Geschäftsführer der Grünen im Landtag des Saarlands und Vorsitzender des Vollzugs- und Entlassungshilfevereins des Saarlandes, hat Herrn Rupp mehrfach besucht. Er bestätigte *ND* gleichfalls, dass Gefangene ›in ähnlichen Fällen in Bayern oder Baden-Württemberg immer mit Halbstrafe entlassen wurden oder in offenen Vollzug gekommen sind‹. Bei Rupp bestehe ›keinerlei Rückfall-, Wiederholungs- oder Verdunklungsgefahr. Da ist nix mehr da.‹ Vielmehr habe er von Rupp ›einen ganz, ganz positiven Eindruck‹.

Das saarländische Justizministerium seinerseits hat Vorwürfe, die Haftpraxis für Personen wie Rupp sei andernorts liberaler als im Saarland, ›unzutreffend‹ genannt. Nachdem bei einem *ND*-Telefonat mit der Sprecherstelle des Ministeriums hörbare Verunsicherung herrschte, erklärte ein Dr. Greiner auf schriftlich erbetene Fragen, Rainer Rupp werde in Saarbrücken ›wie jeder andere Gefangene nach den Vorschriften des Strafvollzugsgesetzes und unter strikter Beachtung des Gleichheitssatzes behandelt. Der Gleichbehandlungsgrundsatz wird auch bei der Entscheidung, wann Herr Rupp in den offenen Vollzug verlegt und wann ihm Freigang gewährt werden kann, eine wesentliche Rolle spielen.‹

Der Vorsitzende der PDS-Bundestagsgruppe, Gregor Gysi, der heute Rainer Rupp besuchen will, sagte *ND* vorab, die Westkundschafter der DDR seien heute ›die einzigen Spione, die keine Schutzmacht besitzen und im Regen stehen. Das geht eigentlich nicht, und darauf will ich mit meinem Besuch aufmerksam machen, auch wenn das vielleicht nicht populär ist.‹ Er sei überzeugt, dass Männer wie Rupp ›längst 'raus wären, gäbe es heute die DDR noch‹.

Rainer Rupp, der mit der Engländerin Christine Ann verheiratet ist und mit ihr drei gemeinsame Kinder hat, war im Juli 1993 in Saarburg bei Trier verhaftet worden, als er mit seiner Familie zum Geburtstag seiner Mutter nach Deutschland einreiste. Auf die U-Haft folgte der Prozess in Düsseldorf, wo er im November 1994 zu zwölf Jahren Haft verurteilt wurde. Am 8. Mai 1995 kam Rainer Rupp in die JVA Saarbrücken. Der Vollzugsplan sieht die Entlassung im Juli 2001 vor. Rupp ist einer von, wie es heißt, 14 noch inhaftierten DDR-Westspionen.«

Am 10. Februar 1998 schrieb Wolf-Dieter Narr von der Freien Universität Berlin an Bundespräsident Herzog:

»Als Sprecher des Komitees für Grundrechte und Demokratie und auch in meiner Eigenschaft als Hochschullehrer für Politische Wissenschaft möchte ich nachdrücklich die Bitte unterstützen, die zugunsten von Herrn Rainer Rupp an Sie herangetragen worden ist. Sie möchten, so lautet die Bitte, den zu zwölf Jahren Gefängnis wegen Landesverrats verurteilten Herrn Rupp begnadigen, wie es Ihnen als dem Staatsoberhaupt der Bundesrepublik rechtens zusteht. [...]

Einige der Gründe:

Rainer Rupp ist als Person wie nicht wenige andere in das minenreiche Spionage- und Verratsfeld geraten, das durch das Jahrhundert der sich exkludierenden Ideologien, das Jahrhundert des Freund-Feind-Konflikts und ›das Jahrhundert des Verrats‹, wie Margret Boveri vor Jahrzehnten diese Zeit genannt hat, gekennzeichnet gewesen ist. [...]

Herrn Rupps Spionagetätigkeit ist nicht nur in der Freund-Feind-Konstellation des Kalten Krieges einzuordnen, sie ist zusätzlich dadurch bestimmt, dass nach 1945, wie bekannt, 45 Jahre lang (formell 41 Jahre lang) zwei deutsche Nachfolgestaaten sich hochgerüstet, Seite an Seite, genauer Grenze an Grenze, Feind an Feind, einander gegenübergestanden haben. [...] Erneut muss Rainer Rupp einen zeitgeschichtlichen Bonus für sein eigenes Verhalten bekommen, selbst wenn dieses Verhalten substantiell auch hinterher nicht gebilligt werden kann. [...]

Vielmehr spricht für Herrn Rupp sein eigenes Verhalten und Tun während seiner inkriminierten Tätigkeit als Spion. [...] Herr Rupp hat spioniert, aber er hat nie Personen verraten. In diesem Sinne ist Herr Rupp rundum integer geblieben und kann nicht in die hier nicht im einzelnen abzuhandelnde Kategorie der Stasi-Mitarbeiter eingeordnet werden. Es kommt hinzu, dass Rupp nach all dem, was ich weiß, durch seine Spionagetätigkeit mitnichten ›den Westen‹ oder die friedliche Entwicklung gefährdet hat, sondern dass seine Tätigkeit eher dazu beigetragen hat, aggressive Verkrampfungen zu entkrampfen und etwa die Sowjetunion von ihrer Perspektive aus nüchternere Interessenpolitik betreiben zu lassen. [...]

Rainer Rupp ist kein Mann, der ›resozialisiert‹ werden muss, wie es als Ziel im Strafvollzugsgesetz an erster Stelle heißt. Rainer Rupps Vergehen ist jedenfalls heute nicht mehr im Sinne irgendeines rechtsstaatlich akzeptablen Ziels des Strafvollzugs zu beheben, wieder gut zu machen oder im weitesten Sinne des Wortes, vom Strafvollzugsgesetz nicht verlangt, zu sühnen. Rainer Rupps Äußerungen und Verhaltensweisen seit 1993 sind nicht anders als honorig, offen, kompetent und bürgerrechtlich orientiert zu qualifizieren. Darum lautet erneut mein Ceterum Censeo, dass Recht nur dann bleiben kann, wenn Gnade gewährt wird.

Der Gnadenakt wird vollends dringlich und – sit venia verbo – unabweisbar, wenn man betrachtet, welche Aufgaben Rainer Rupp als Familienvater, als Vater von drei ›halbwüchsigen‹ Kindern, erwarten.«

Am 16. Februar 1998 wandte sich Karl Rehbaum an den SPD-Politiker Wolfgang Thierse:

»Ihre beachtens- und begrüßenswerte Initiative vom Mai 1997 scheint, so mein Eindruck, bei anderen Politikern, auch insbesondere Ihrer Partei und Fraktion, nicht auf große Gegenliebe gestoßen zu sein. [...]

Da im Blickwinkel der Vereinigung zweier Staaten beim Umgang mit Spionen die Gleichheit vor dem Gesetz eklatant verletzt wurde, wäre es im Jahre acht nach dem Anschluss der DDR an die Bundesrepublik ein Akt von politischer Größe und souveränen Umgangs mit dem Problem, die Strafverfolgung von Straftaten der §§ 94 und 99 StGB, die vor dem 3. Oktober 1990 begangen wurden, zu beenden und eine Amnestie bereits Verurteilter zu erlassen.

Es geht hier m. E. auch um die Beseitigung juristischer und persönlicher Nachwirkungen des Kalten Krieges. Es macht keinen Sinn, den langjährigen Leiter der HV A, Markus Wolf, freizusprechen und die, die für den Auslandsspionagedienst gearbeitet haben, mit hohen Haftstrafen zu belegen, wie z. B. Rainer Rupp, welcher eine zwölfjährige Haftstrafe in der JVA Saarbrücken verbüßen muss. Bedauerlicherweise ist es nach bisherigen Erkenntnissen so, dass die Behandlung derartiger Strafgefangener, deren Handlung (auch nach Auffassung des

Bundesverfassungsgerichtes) nicht als ›sozial-ethischer Unwert‹ definiert werden kann, in SPD-regierten Ländern wie eben z. B. im Saarland sich negativ gegenüber einer solchen, in CDU oder CSU geführten Ländern abhebt. [...]

Es ist selbst beim besten Willen nicht zu begreifen, weshalb einem Milliardenbetrüger wie dem Bauunternehmer Schneider vor Antritt der Strafe erst einmal Weihnachtsurlaub gewährt wird und einem nicht wegen krimineller Handlungen Inhaftierten wie Rainer Rupp ein solcher Urlaub nicht gewährt wird, obwohl er bereits viereinhalb Jahre seiner Strafe verbüßt hat.«

Am 10. März 1998 schrieben Dr. Hans Kaiser und Raul Gefroi (GRH) an Persönlichkeiten, darunter Friedrich Schorlemmer, Dr. Friedrich Martin Balzer, Prof. D. Eberhardt Bethke, Prof. D. Walter Kreck, Pfarrer W. Maechler, Pfarrer D. Wolfgang Scherffig, Bischof i. R. Albrecht Schönherr und Pfarrer Rudolf Weckerling:

»Rainer Rupp wandte sich Ende 1997 an den Herrn Bundespräsidenten der Bundesrepublik Deutschland mit der Bitte, ihm im Gnadenwege die Verbüßung einer Reststrafe sowie die Bezahlung der immens hohen, seine und die seiner Familie begrenzten Möglichkeiten bei weitem übersteigenden Verfahrenskosten zu erlassen. [...]

Wir sind der Überzeugung, dass mit einer positiven Entscheidung durch den Herrn Bundespräsidenten zugleich ein notwendiger Beitrag zu leisten ist, um einen Schlussstrich unter die leidigen deutsch-deutschen Auseinandersetzungen seit Ende des Zweiten Weltkrieges zu ziehen.

Deshalb haben wir uns entschlossen, nicht nur persönliche Bittschriften an den Herrn Bundespräsidenten zu richten, sondern darüber hinaus Menschen um Unterstützung dieses Anliegens zu bitten, die ungeachtet ihrer unterschiedlichen Positionen zur DDR, sich für ein Klima der Vernunft, der Sachlichkeit und auch der Fairness gegenüber dem Unterlegenen im vereinigten Deutschland aussprechen und einsetzen.

Es ist dies unsere ganz persönliche Initiative, die in etwa gleichzeitig laufende organisierte politische Aktivitäten nicht einbezogen ist.

Wir bitten Sie, sich in Ihnen geeignet erscheinender Art und Weise an den Herrn Bundespräsidenten zu wenden und das Gnadengesuch von Rainer Rupp befürwortend zu unterstützen. [...] Ein für viele Menschen guten Willens überzeugender und einem gesunden politischen Klima in Deutschland förderlicher Gesichtspunkt dürfte sein, mit dem geschlagenen, aktionsunfähig gewordenen Widersacher ritterlich zu verfahren. Das macht die Haager Landkriegsordnung zur völkerrechtlichen Pflicht im Falle eines ›heißen Krieges‹; das sollte nicht minder für den zum Glück für die Menschen beendeten Kalten Krieg und seine Beteiligten gelten.«

Am 18. März 1998 meldete das *Neue Deutschland*:
»Von Bundespräsident a. D. Richard von Weizsäcker erhielt Gehrcke dieser Tage Post. Darin versichert dieser, ›bei nächster Gelegenheit‹ Roman Herzog ›nach dem Stande des Gnadengesuches‹ zu befragen. Weizsäcker an Gehrcke: ›Die von Ihnen genannten Argumente nehme ich ernst.‹«

Am 20. März 1998 zitierte die *Frankfurter Allgemeine Zeitung* den ehemaligen *Spiegel*-Chefredakteur und Ständigen Vertreter der BRD bei der DDR, Gaus:
»Er halte es, so der Mitunterzeichner Günter Gaus, für naiv, Folgen des Kalten Krieges allein mit juristischen Mitteln lösen zu wollen. ›Das stört mein Gerechtigkeitsempfinden.‹«

Am 27. März 1998 berichtete das *Neue Deutschland* darüber, dass der stellvertretende Bundesvorsitzende der PDS, Wolfgang Gehrcke, auf einer Pressekonferenz einen Appell an Bundespräsident Herzog mit der Forderung zur Begnadigung von Rainer Rupp vorgestellt hatte. Die Forderung wurde von mehr als 40 Persönlichkeiten* als Mitunterzeichner getragen.
Im Appell hieß es:
»Bei der Entscheidung über das Gnadengesuch sollte berücksichtigt werden, dass nach der Herstellung der deutschen Einheit und dem Ende der DDR in der anhaltenden Inhaftierung der ehemaligen Mitarbeiter der Nachrichtendienste der DDR kein zwingender Strafzweck mehr zu erkennen ist. Auch die Resozialisierung dürfte angesichts seines Verantwortungsgefühls

und seiner Bildung kein Problem darstellen. Wir haben Verständnis für die familiären Sorgen von Herrn Rupp und würdigen seinen Wunsch, seinen Pflichten gegenüber der Familie nachzukommen. Wir bitten Sie, in einem Akt menschlichen Verständnisses und der Gnade dem Gesuch von Herrn Rainer Rupp stattzugeben.«

Marion Gräfin Dönhoff, Günter Gaus, Günter Grass, Mathias Greffrath, Inge und Walter Jens, Reiner Oschmann, Peter Rühmkorf, Eckart Spoo, Martin Walser, Frank Castorf, Erwin Geschonneck, Ursula Karusseit, Inge Keller, Jeanine Meerapfel, Günter Reisch, Otto Sander, B. K. Tragelehn, Egon Bahr, Judith Demba, Gregor Gysi, Hans Modrow, Andrea Nahles, Luitwin Bies, Heiner Flassbeck, Wolf-Dieter Narr, Norman Paech, Walter Poeggel, Wolfgang Richter, Helmut Ridder, Erich Schmidt-Eenboom, F. Steffensky, Heino Falcke, Uta Ranke-Heinemann, Dorothee Sölle, Axel Azzola, Rolf Gössner, Heinrich Hannover, Evelyn Kenzler, Eckart Rottka, H. E. Schmidt-Lermann, Heinrich Senfft

Am 5. Juni 1998 antwortete das Bundespräsidialamt auf mehrere Bittgesuche mit gleichlautenden Schreiben:

»Der Bundespräsident ist über das Gnadengesuch und die wesentlichen Gründe, die für eine Begnadigung der Herrn Rupp geltend gemacht wurden, im Rahmen eines Gnadenvortrages informiert worden. Darüber hinaus ist er auch detailliert über die persönliche Biografie, die familiäre Situation, die Gründe für die strafrechtliche Verurteilung sowie den Stand der Strafvollstreckung unterrichtet worden.

Der Bundespräsident hat das Gnadengesuch sorgfältig geprüft und hat nach Abwägung sowohl der Gründe, die für wie auch gegen eine Begnadigung sprechen, entschieden, dem Gnadengesuch nicht zu entsprechen. […]«

Am 22. Juni 1998 reagierten Heinz Sacher und Karl Rehbaum auf die Absage mit einem neuerlichen Schreiben an den Bundespräsidenten:

»Sie haben, entgegen der öffentlichen Meinung und der Auffassung namhafter Politiker, Künstler, Wissenschaftler und anderer, die Gnadengesuche für Herrn Rainer Rupp, verurteilt nach § 94 StGB und inhaftiert in der JVA Saarbrücken, abgelehnt. [...] Er hat in Zeiten des erbittert geführten Kalten Krieges aus Überzeugung für die Beendigung desselben gehandelt. Selbst der 4. Strafsenat des OLG Düsseldorf räumt im Urteil vom November 1994 ein, dass es Umstände gibt, die für Herrn Rupp sprechen. So ist im Urteil auf Seite 77 formuliert:

›Dem Angeklagten R. Rupp kann ferner zugute gehalten werden, dass es ihm auch darum ging, zum Abbau von Vorurteilen und Besorgnissen des Warschauer Paktes, die Absichten der NATO transparent zu machen und damit zum Frieden beizutragen.‹ Letzteres dürfte wohl kein Grund zur Aufrechterhaltung der Inhaftierung sein. [...]

Ein weiter Anlass, uns nochmals an Sie zu wenden, besteht auch in der Wahrnehmung der Inhalte Ihrer Reden in der Öffentlichkeit – nicht zuletzt der auf dem 93. Katholikentag in Mainz. In all diesen Reden ist viel von Menschlichkeit, Gnade und Versöhnung zu vernehmen. Im Falle von Rainer Rupp wäre ein solches Handeln angebracht und notwendig. [...]

In einer weiteren Inhaftierung Rainer Rupps sehen wir weder einen strafrechtlichen noch einen gesellschaftlichen Sinn. Der Kalte Krieg ist vorüber, ehemalige Feindstaaten sind heute mit der Bundesrepublik befreundet. Auch deshalb legt eine weitere Inhaftierung den Verdacht nahe, es handelt sich um pure Rache. Die Einmaligkeit der friedlichen Vereinigung der beiden deutschen Staaten im Jahre 1990 hätte schon damals im Sinne der Gleichbehandlung Entscheidungen verlangt, wo politische Größe erforderlich gewesen wäre.«

18. Juli 1998 notierte Rupp:

»Mit dem Weggang des alten Anstaltsleiters Hirschmann habe sich die Haltung des parteilosen Dr. Greiner, der Hirschmanns Vorgesetzter war, radikal geändert. Von den früheren mir gemachten Unterstellungen habe er sich distanziert. Scheinbar möchte er die dümmlich-arroganten Stellungnahmen des Herrn Hirschmann am liebsten vergessen machen.

Da frage ich mich nur, warum er als Vorgesetzter der JVA-Leitung Herrn Hirschmann hat schalten und walten lassen? Vielleicht wird das dadurch erklärt, dass Hirschmann als altes und aktives SPD-Mitglied gute Beziehungen in die saarländische Regierung hat.

Die sind so gut, dass er vor einigen Wochen zum stellvertretenden Generalstaatsanwalt des Saarlandes befördert wurde. Er hat mittlerweile die JVA verlassen.«

Aus einem Rundbrief von 1998:
»Nun hat sich aber der Anstaltsleiter der JVA Saarlouis bei den zuständigen Stellen derart für mich eingesetzt, dass ich bereits am 1. Mai den Freigängerstatus bekam! Mit anderen Worten heißt das, dass ich ab Mai jedes Wochenende für 33 Stunden zu Hause sein kann.
Zugleich habe ich ab Montag, dem 3. Mai, in Saarbrücken meine neue Arbeit als Lektor/Dokumentalist für einen linken Verlag aus Berlin aufgenommen. In Saarbrücken habe ich nun ein eigenes Büro, das ich jedoch erst noch einrichten musste.«

Am 30. Juli 1998 schrieben Wolfgang Gehrcke und Sigurd Schulze im *Neuen Deutschland* unter der Überschrift »Seit fünf Jahren hält Bonn ›Topas‹ unter Verschluss«:
»Am heutigen Donnerstag soll Rainer Rupp erstmals für einige Stunden Ausgang erhalten. Wann beenden Justiz und Politik die Tragödie um einen Sündenbock des Kalten Krieges? ›Wir haben uns ja lange nicht gesehen!‹ Dies seine Worte beim Besuch vor einigen Tagen. Dazu ein hintergründiges Lächeln. Kein Wunder, Rainer ›sitzt‹ noch immer in der Justizvollzugsanstalt Saarbrücken. Im November 1994 wurde er vom Oberlandesgericht Düsseldorf zu zwölf Jahren Haft wegen Landesverrats verurteilt.
Wäre Rupp schon zu Zeiten des Nebeneinanders zweier deutscher Staaten verurteilt worden, hätte man ihn zweifelsohne längst gegen ›Gleichkarätige‹ der anderen Seite ausgetauscht. Heute, da die DDR nicht mehr existiert, ist für Rainer Rupp jegliche Spionagemotivation entfallen. Wenn aber Abschreckung nicht mehr nötig ist und soziale Eingliederung der Haftzweck sein soll, was bleibt als Begründung für die Fortdauer der Haft?
Sie ist Hinterlassenschaft des Kalten Krieges und eine menschliche Tragödie. Das Gefühl werden zumindest wir nicht los, Wolfgang Gehrcke, der Rainer Rupp in der Haft besuchte, und Sigurd Schulze, der mit ihm und der Familie korrespondiert. ›Einer trage des anderen Last‹ heißt ein christliches Gebot.

Rupp wird zum biblischen Sündenbock gemacht.

Die verfahrene Situation für Rainer Rupp und die anderen DDR-Kundschafter aus dem Westen ist nicht allein dem Strafvollzug, sondern den ungelösten Problemen der deutschen Vereinigung im Oktober 1990 geschuldet. Nicht, dass das Problem gegenseitig offener Rechnungen aus dem Kalten Krieg nicht erkannt worden wäre. Richard von Weizsäcker äußerte gegenüber dem *Spiegel* am 23. Januar 1995: ›In den Fällen, wo es […] um reine Spionage geht, muss man darauf achten, dass sie hinüber und herüber betrieben worden ist und infolgedessen parallel behandelt werden muss.‹

Selbst Politiker der CDU wie Wolfgang Schäuble plädierten dafür, im Einigungsvertrag die Spionage beider Seiten von Verfolgung freizustellen. Führende SPD-Politiker wie Hans-Jochen Vogel blockierten jedoch diesen Weg. Mit Blick auf ihre ostdeutschen Anhänger, die die Ausschaltung aller Mitarbeiter der Staatssicherheit forderten, lehnten sie eine ausgleichende Regelung ab.

Der Gießener Rechtswissenschaftler Prof. Helmut Ridder führte in die Debatte ein, dass mit der Herstellung der staatlichen Einheit von einer gegenseitigen Bedrohung der Sicherheit nicht mehr die Rede sein kann.«

Ende 1998 notierte Rupp:

»Kürzlich kam ein positives schriftliches Signal von der Bundesanwaltschaft (BA), leider etwas sybillinisch formuliert, aber trotzdem deutlich genug, dass man nun in Karlsruhe davon ausgeht, dass meine Entlassung ›nicht unerheblich vor dem Zweidrittel-Zeitpunkt meiner Strafe‹ liegen könnte. Damit ist die BA von ihrer bisherigen Position, die sie noch vor zwei Jahren der JVA-Leitung mitgeteilt hatte, abgerückt. Damals kam für sie eine Entlassung vor Zweidrittel, d. h. vor Verbüßung von acht Jahren, nicht infrage.

Letztlich hängt allerdings die Entscheidung über meine Entlassung vom Oberlandesgericht in Düsseldorf ab. Aber auch das hat in ähnlichen Fällen in letzter Zeit großzügig entschieden. Trotzdem tut die Saarbrücker JVA-Leitung nun so, als hätte sich nichts geändert.

Bis vor kurzem hieß es noch seitens des saarländischen

Justizministeriums, dass, sobald von der BA in Karlsruhe ein positives ›Rauchzeichen‹ (O-Ton) käme, man sofort meinen voraussichtlichen Entlassungstermin von derzeit Zweidrittel-Strafe entsprechend vorverlegen würde. Dadurch käme ich ebenfalls früher in den Genuss von Ausgang und Hafturlaub.

Das neue Signal der BA ist so formuliert, dass sie nun von einer bedingten Entlassung von sieben Jahren Haft ausgeht. Gemäß des bestehenden Haftvollzugsplans der JVA Saarbrücken würde das bedeuten, dass ich bereits seit Anfang Februar 1998 ausgangsberechtigt wäre. Aber nun will man seitens der Saarländer von der neuen Situation keine Kenntnis nehmen. Der JVA-Leiter stellt sich stur, weil für ihn – nur er sieht das so – das Signal aus Karlsruhe nicht eindeutig genug formuliert sei. Und im Justizministerium hat man nun, da nicht nur ein ›Rauchzeichen‹, sondern ein handfestes Signal vorliegt, einfach die Spielregeln geändert. Dort heißt es jetzt, dass man auch als Aufsichtsbehörde dem Leiter der JVA bei der Beurteilung eines Gefangenen keine Vorschriften machen dürfte.

Nachdem sich also Dr. Greiner, der im Justizministerium zuständige Mann für den Strafvollzug, nicht länger hinter der Bundesanwaltschaft verstecken kann, blockiert er mit Formalitäten. Formaljuristisch ist sein Einwand sicher richtig. Wer jedoch die tatsächlichen Abläufe zwischen dem Justizministerium und der JVA kennt, weiß, dass das eine Farce ist. Es scheint mir, als ob der JVA-Leiter, Herr Hirschmann, gemeinsam mit der saarländischen Regierung hier einen ganz privaten Kalten Krieg fortführen will.

Allerding mussten sowohl der Anstaltsleiter als auch die Herren im Justizministerium kürzlich eine ziemliche Schlappe einstecken. Die hängt mit der skandalösen Stellungnahme der JVA zwecks Begründung der Ablehnung meines ersten Antrags auf Hafturlaub zu Weihnachten 1997 zusammen*.

Auch musste der JVA-Leiter von seinem Ministerium einen Rüffel einstecken, und das sogar gleich zweimal hintereinander. Allerdings nicht wegen meiner Behandlung, sondern wegen der stümperhaften Art, wie seine Stellungnahme abgefasst war. Den ersten Rüffel gab's wegen des Protestes von Wolfgang Gehrcke beim saarländischen Justizminister, dass mir der Besuch der PDS-Bundestagsabgeordneten in der JVA-Stellungnahme als

›erschwerend‹ angerechnet worden war und mich die Abgeordneten in meiner angeblichen Uneinsichtigkeit in die Ver-
werflichkeit meiner Tat noch bestärkt hätten.

Über diesen Vorgang hatte bereits das *ND* berichtet – zum
Leidwesen der hiesigen Herrschaften.

Den zweiten Rüffel heimste der Anstaltsleiter ein, weil er
in seiner Stellungnahme falsche Verdächtigungen gegen meine
ehemaligen Mitkämpfer aus der HV A ausgesprochen hatte,
die mich hier jährlich zu meinem Geburtstag besuchen kommen. Ihnen unterstellte er, dass sie mir bei meiner möglichen
›Flucht nach Russland‹ mit falschen Papieren etc. behilflich
sein könnten. Wegen dieser Unterstellung einer Straftat – Beihilfe zur Flucht – drohten die so Angegriffenen in einem Brief
an den saarländischen Justizminister im Wiederholungsfall
unweigerlich mit einer Strafanzeige.

Außerdem stellte dies eine unglaubliche Missachtung der
Sorgfaltspflicht der dem Minister unterstellten JVA-Leitung dar.

In beiden Fällen wiegelte das Ministerium in seinen Ant-
wortschreiben ab: Die Stellungnahme der JVA sei sicherlich
etwas unglücklich formuliert, aber der JVA-Leiter hätte versichert, das alles nicht so gemeint zu haben; ein großes Missverständnis.

Auch seien eindringliche Gespräche mit dem zuständigen
Herren der JVA geführt worden, und es werde versichert, ›dass
künftig solche Anmerkungen unterbleiben (Brief an W.
Gehrcke). Zum zweiten Fall hieß es: ›Herr Hirschmann hat
mir versichert, er habe weder Ihnen noch Herrn Prof. S. eine
Straftat unterstellen wollen. Er würde es bedauern, wenn dieser Eindruck entstanden sein sollte. Versichern darf ich Ihnen,
dass eine Wiederholung nicht zu besorgen ist.‹

In beiden Fällen wiegelte das Ministerium also ab. Wenn
sich aber der Minister und sein Stab persönlich einschalten
müssen, um auf untergeordneter Ebene Bockmist wegzuräu-
men, so dürfte das dem professionellen Ansehen des Betroffenen und seiner Karriere nicht dienlich sein.

Da ich jedoch keiner jener bewundernswerten Christen-
menschen bin, die auch noch die andere Wange hinhalten, war
ich über diese Entwicklung besonders erfreut. Wie zum Hohn
allerdings – besonders vor dem Hintergrund des Signals der BA

aus Karlsruhe – schloss der persönliche Referent des Justizministers Dr. Arno Walter seinen Brief an W. Gehrcke mit folgenden Worten: ›Ansonsten kann ich Ihnen versichern, dass Herr Dr. Walter, natürlich im Rahmen der Gleichbehandlung, versucht, Herrn Rupp die größtmögliche Gerechtigkeit zukommen zu lassen, was heißen soll, dass von Seiten der Justiz Lockerungen sobald wie möglich und zulässig als erstrebenswert angesehen werden.‹

Allerdings musste ich kürzlich noch einen anderen Rückschlag einstecken.

Gegen die Entscheidung der JVA, mir keinen Weihnachtsurlaub zu gewähren, hatte ich mich bei der Vollstreckungskammer des Saarbrücker Landgerichts beschwert. Am 7. April erhielt ich den Beschluss des zuständigen Richters: Beschwerde abgelehnt! Allerdings mit der einschränkenden Erklärung: ›An der Rechtmäßigkeit der Entscheidung (*die Ablehnung der JVA – d. Hrsg.*) ändert auch nichts, dass nach einer Mitteilung der Bundesanwaltschaft möglicherweise eine Entlassung auch schon vor dem sogenannten Zweidrittel-Zeitpunkt möglich sei. Denn für die Rechtmäßigkeit der Entscheidung der Antragsgegnerin (*die JVA – d. Hrsg.*) kommt es auf die Sach- und Rechtslage zum Zeitpunkt der Entscheidung der Antragsgegnerin an. Nachträgliche Änderungen ändern an ihrer ursprünglichen Rechtmäßigkeit nichts.‹ Mit anderen Worten: Hätte das Signal der BA bereits zum Zeitpunkt meines Antrages vorgelegen, wäre die Entscheidung des Richters anders ausgefallen.

Also habe ich einen erneuten Antrag auf Ausgang gestellt. Natürlich wird auch der wieder von der JVA abgelehnt, und ich muss dann erneut Beschwerde vor Gericht einlegen.

Zugleich habe ich Rechtsbeschwerde gegen den vorliegenden Beschluss der Vollstreckungskammer beim Oberlandesgericht in Saarbrücken eingelegt, denn mein Anwalt ist der Überzeugung, dass der Richter fehlerhaft entschieden hat, weil er auf von mir angeführte Tatsachen, die meine angebliche Flucht- und Missbrauchsgefahr entkräften, überhaupt nicht eingegangen ist.

Alleine durch die Lektüre dieses Schreibens dürfte deutlich geworden sein, dass die juristisch-administrativen Auseinandersetzungen mit der Justiz, der JVA und dem Ministerium mühsam und zeitraubend sind, besonders wenn auf der anderen Seite eine Politik der totalen Obstruktion betrieben wird. Trotzdem lasse ich mich nicht unterkriegen. Vielmehr bestätigt sich in dieser Situation wieder das Wort – ich weiß nicht mehr, von wem es ist – ›Wer kämpft, ist in keiner Lage hoffnungslos unglücklich!‹ Und unglücklich bin ich ganz bestimmt nicht!

Nachtrag: Am 10. Juli 1998 bekam ich den Beschluss vom Oberlandesgericht Saarbrücken zu meiner Rechtsbeschwerde gegen die Entscheidung des Landgerichts zugestellt. Pro memoria: die Vollstreckungskammer des Landgerichts hatte der JVA-Leitung bestätigt, dass sie bei ihrer Ablehnung meines Antrags auf Haftausgang ermessensfehlerfrei entschieden habe.

Dabei ist das Landgericht allerdings überhaupt nicht auf meine sachlichen Einwände eingegangen.

Nun hat das Oberlandesgericht in einer vernichtenden Stellungnahme die Entscheidungen der JVA-Leitung und des Landgerichts kassiert. Außerdem wird die JVA-Leitung direkt vom OLG angewiesen – ein ungewöhnlicher Vorgang –, in meiner Sache erneut zu entscheiden und dabei der Rechtsauffassung des Senats (OLG) zu folgen.

Dabei hat das OLG deutlich gemacht, dass es die von der JVA angeführten Gründe einer angeblich erhöhten Fluchtgefahr gerade umgekehrt interpretiert. Die angebliche Fluchtgefahr wurde von der JVA u. a. in der ›großen Flexibilität‹ meiner Familie gesehen, denn nach meiner Verhaftung sei diese von Brüssel nach Deutschland umgezogen. Dass meine Frau und Kinder mittlerweile fest in ihr Umfeld integriert sind, wollte die JVA nicht gelten lassen. Dabei hat meine Frau einen interessanten Arbeitsplatz als Chefsekretärin eines Institutsleiters an der Uni, die Kinder haben die schwierige Anpassung an die neue schulische Umgebung erfolgreich gemeistert, haben viele neue Freunde, sind in Sportvereinen und anderen gesellschaftlichen Gruppen tätig etc. Das OLG hat außerdem entschieden, dass die Entscheidung ›spruchreif‹ ist, d. h. dass die JVA unverzüglich erneut zu entscheiden hat, wobei allerdings keine neuen Gründe zur Ablehnung nachgeschoben werden dürfen.

Nun bin ich gespannt, mit welchen mir noch unbekannten Tricks die JVA-Leitung und die Herren im Justizministerium aufwarten werden, um den OLG-Beschluss zu unterlaufen. Allerdings dürfte dies immer schwieriger werden, denn hinter der Bundesanwaltschaft und der Vollstreckungskammer können sie sich nicht mehr verstecken.

Vielleicht geht aber ein positiver Impuls davon aus, dass nächste Woche in der JVA-Leitung eine wichtige Veränderung ansteht. Der bisherige Leiter, Herr Hirschmann, wurde zum stellvertretenden Generalstaatsanwalt des Saarlandes befördert. Widerrechtliche Behandlung eines Gefangenen und dümmlich arrogante Stellungnahmen scheinen beim saarländischen Justizministerium als Empfehlung für höhere Weihen zu gelten.

Dem neuen Leiter geht dagegen der Ruf voraus, weniger engstirnig als sein Vorgänger zu sein. Vielleicht muss ich mir in Zukunft nicht mehr jede mir gesetzlich zustehende Hafterleichterung langwierig vor Gericht erkämpfen.«

Stellungnahme der JVA zur Verweigerung der beantragten Außenlockerungen für Rainer Rupp:

»Der Antrag wurde abgelehnt, weil der Gefangene zum jetzigen Zeitpunkt für Außenlockerungen nicht geeignet ist. [...]
Die ablehnende Entscheidung vom 27. November 1997 stützt sich im Wesentlichen auf die Annahme der Fluchtgefahr. [...] Die Annahme einer Fluchtgefahr stützt sich einerseits auf den hohen Strafrest (zwei Drittel der Strafe wird am 29. Juli 2001 verbüßt sein/Endstrafe ist auf den 29. Juli 2005 notiert), andererseits auf den Umstand, dass der Gefangene die erforderliche Einsicht in seine Verurteilung bis dato vermissen ließ. [...]
Auch die Generalbundesanwaltschaft hat mir schriftlich bestätigt, dass man dort von einer möglichen Entlassung zum Zweidrittel-Zeitpunkt ausgeht. Diese aus Sicht des Gefangenen unerwartete Einschätzung der Generalbundesanwaltschaft stellt ein wichtiges Kriterium für die Annahme einer Fluchtgefahr dar.
Darüber hinaus verfügt der Antragsteller über rege Auslandskontakte und gute Sprachkenntnisse, die ihm einen Neuanfang außerhalb der Bundesrepublik Deutschland jederzeit ermöglichen. Unterstützung könnte er durch entsprechende Kreise sowohl in Deutschland als auch in Russland erwarten. Auch die familiäre Situation des Betroffenen steht einer etwaigen Flucht nicht entgegen. Die Ehefrau ist Engländerin und hat den Wohnsitz der Familie nach der Festnahme ihres Ehemannes und ihrer eigenen Entlassung aus der Haft von Brüssel nach Saarburg verlegt. Inso-

weit muss auch hinsichtlich der familiären Situation von einer gewissen Flexibilität ausgegangen werden. Dass jemand, der lange Jahre als Spion für den Auslandsgeheimdienst der DDR (Hauptverwaltung Aufklärung) gearbeitet und die NATO über mehr als zwölf Jahre in einer Spitzenfunktion ausspioniert hat, in der Lage sein wird, sich entsprechende Ausweispapiere zu beschaffen, um die Bundesrepublik zu verlassen, steht außer Frage. Auch die Besuche durch ehemalige Mittäter lassen erwarten, dass solche Möglichkeiten bestehen.

Für die Annahme, dass sich der Gefangene einer weiteren Inhaftierung bei Gewährung der Vollzugslockerungen durch Flucht entziehen werde, spricht auch die Tatsache, dass eine entsprechende Einsicht in das ihm zur Last gelegte Delikt nicht vorliegt. [...] Erschwerend kommt noch hinzu, dass er die Meinung vertritt, dass sich mit dem Untergang der DDR eigentlich auch der Strafzweck hinsichtlich seiner Person erledigt hat. In dieser Meinung wird er auch noch durch viele Personen bestärkt, wie der kürzliche Besuch mehrerer Bundestagsabgeordneter der PDS belegt hat.«

Am 12. Oktober 1998 berichtete die *Frankfurter Allgemeine Zeitung*, dass der Träger des Frankfurter Buchpreises, Martin Walser, öffentlich an den Bundespräsidenten appelliert hatte, Rupp zu begnadigen:

»Also, gebe ich zu, es ist mir ganz und gar unangenehm, wenn die Zeitung meldet: Ein idealistischer Achtundsechziger, der dann für die DDR spionierte und durch die von Brüssel nach Ostberlin und Moskau verratenen NATO-Dokumente dazu beigetragen hat, denen im Osten begreiflich zu machen, wie wenig von der NATO ein atomarer Erstschlag zu befürchten sei, dieser idealistisch-sozialistische Weltverbesserer wird nach der Wende zu zwölf Jahren Gefängnis und 100.000 Mark Geldstrafe verurteilt, obwohl das OLG Düsseldorf im Urteil festhält, ›dass es ihm auch darum ging, zum Abbau von Vorurteilen und Besorgnissen des Warschauer Paktes die Absichten der NATO transparent zu machen und damit zum Frieden beizutragen‹. Und er habe ›auch nicht des Geldes wegen für einen östlichen Auftraggeber gearbeitet‹.

Wolfgang Schäuble und andere Politiker der CDU haben

dafür plädiert, im Einigungsvertrag die Spionage beider Seiten von Verfolgung freizustellen. Trotzdem kam es 1992 zu dem Gesetz, das die Spione des Westens straffrei stellt und finanziell entschädigt, Spione des Ostens aber der Strafverfolgung ausliefert.

Vielleicht hätte ich von diesem Vorfall auch wegdenken können, wenn er nicht ziemlich genau dem Fall gliche, den ich noch zur Zeit der Teilung in einer Novelle dargestellt habe. [...]

Wenn die unselige Teilung noch bestünde, der Kalte Krieg noch seinen gefährlichen Unsinn fortreten dürfte, wäre dieser Gefangene, der als ›Meisterspion des Warschauer Paktes im NATO-Hauptquartier in Brüssel‹ firmiert, längst gegen einen Gleichkarätigen, den sie drüben gefangen hätten, ausgetauscht. Dieser Gefangene büßt also die deutsche Einigung.

Resozialisierung kann nicht der Sinn dieser Bestrafung sein. Abschreckung auch nicht. Bleibt nur Sühne.

Unser verehrter Herr Bundespräsident hat es abgelehnt, diesen Gefangenen zu begnadigen. Und der Bundespräsident ist ein Jurist von hohem Rang. Ich bin Laie. Fünf Jahre von zwölf sind verbüßt. Die Aberkennung des durch Beiträge erworbenen Pensionsanspruchs bei der NATO trifft hart. Wenn schon die juristisch-politischen Macher es nicht wollten, dass Ost und West rechtlich gleichgestellt wären, wahrscheinlich weil das eine nachträgliche Anerkennung des Staates DDR bedeutet hätte – na und ? –, wenn schon das Recht sich als unfähig erweist, die politisch glücklich verlaufende Entwicklung menschlich zu fassen, warum dann nicht Gnade vor Recht? So der Laie.

Also doch die Sonntagsrede der scharfen Darstellung bundesrepublikanischer Justiz widmen? Aber dann ist die Rede zu Ende, ich gehe essen, schreibe morgen weiter am nächsten Roman, und der Spion sühnt und sühnt und sühnt bis ins nächste Jahrtausend. Wenn das nicht peinlich ist, was, bitte, ist dann peinlich? Aber ist die vorhersehbare Wirkungslosigkeit ein Grund, etwas, was du tun wolltest, nicht zu tun? Oder musst du die kritische Rede nicht schon deshalb meiden, weil du auf diesen von dir als sinnlos und ungerecht empfundenen Strafvollzugsfall nur zu sprechen kommst, weil du die kritische

Sonntagsrede halten sollst? In deinem sonstigen Schreiben
würdest du dich nicht mehr mit einem solchen Fall beschäftigen, so peinlich es dir auch ist, wenn du daran denkst, dass
dieser grundidealistische Mensch sitzt und sitzt und sitzt. [...]
Ach, verehrter Herr Bundespräsident, lassen Sie doch
Herrn Rainer Rupp gehen. Um des lieben Friedens willen!«

Später meldete das *Neue Deutschland*,
    dass in einem Gespräch am Rande der Frankfurter Preis-
verleihung Bundespräsident Herzog dem Schriftsteller Walser
zugesichert habe, erneut Rupps Gnadengesuch zu prüfen.

Am 2. Dezember 1998 veröffentliche die *Süddeutsche Zeitung*
unter der Überschrift »Einladung an einen Spion« einen Beitrag des Bürgerrechtlers Jürgen Fuchs, in welchem dieser sich
mehr mit Walser als mit Rupp auseinandersetzte:
    »[...] Aber dann gibt er sich einen Ruck – und wird soli-
darisch! Mit wem? Mit Rainer Rupp, der im Gefängnis sitzt,
verurteilt zu zwölf Jahren Haft und 100.000 Mark Geldstrafe.
Dem Bundespräsidenten Herzog, der begnadigen kann, ruft
Walser zu: ›Ach, lassen Sie doch Herrn Rupp gehen. Um des
lieben Friedens willen.‹
    Das letzte Wort in der Walser-Rede. Wenn der Gefangene
einen Fernsehapparat in seiner Zelle hatte, wird er gejubelt
haben. Wir alle wollen raus aus Zellen, aus Rollen, Diagnosen
und Zuweisungen. Wer kann denn wollen, dass irgendein
Mensch im Knast sitzt, in der Isolation?
    Ich weiß wie solche Türen ins Schloss fallen, wie verriegelt
wird. Wie laut solche Geräusche sind. Wie schnell ein Leben
futsch ist. Ich weiß, was ein Spion ist an der Tür, sehe das Auge
immer noch dahinter. [...] Also raus mit dir, Rainer Rupp!
    Du warst ›ein idealistischer Achtundsechziger, der dann für
die DDR spionierte und durch die von Brüssel nach Ostberlin
und Moskau verratenen NATO-Dokumente dazu beigetragen
hat, denen im Osten begreiflich zu machen, wie wenig von der
NATO ein atomarer Erstschlag zu befürchten sei‹, sagt dein
Fürsprecher. ›Wolfgang Schäuble und andere Politiker der
CDU haben dafür plädiert‹, fährt er fort, ›im Einigungsvertrag die Spionage beider Seiten von Verfolgung freizustellen.

Trotzdem kam es 1992 zu dem Gesetz, das die Spionage des Westens straffrei stellt und finanziell entschädigt, Spione des Ostens aber der Strafverfolgung ausliefert.‹

Martin Walser legt geschickt nach: ›Wenn schon die juristisch-politischen Macher es nicht wollten, dass West und Ost rechtlich gleichgestellt wären, wahrscheinlich weil das eine nachträgliche Anerkennung des Staates DDR bedeuten würde – na und?‹, fragt sein Fürsprecher. Und er schließt: ›Wenn schon das Recht sich als unfähig erweist, die politisch glücklich verlaufene Entwicklung menschlich zu fassen, warum dann nicht Gnade vor Recht?‹

Sie werden dich rauslassen, Rainer Rupp.

Vielleicht wird in Kürze auch eine Zeit anheben, wo Ost und West wirklich gleichgestellt werden. Nicht im Menschlichen oder was Lohntarife anlangt, sondern in der ›Gleichstellung‹ von Demokratie und Diktatur. Anerkennung auch des politischen Strafrechts. Der Stasi. Der ulkigen 99,9 Prozent-Wahlen. Der Zensur. Der Ausbürgerungen. Der ›staatlichen Sicherheitsorgane‹.

›Na und?‹, könnte dein Fürsprecher da fragen. Beruhigen Sie sich, Herr Fuchs, das ist doch nur ihre Katastrophe!

Wir beide, Rainer Rupp, können offen sprechen. Wenn Sie rauskommen, werden Sie doch froh sein und erst dann spüren, wie viel diese Spitzel- und Knastjahre gekostet haben. Es war keine Kleinigkeit, entscheidende Dinge an eine Diktatur zu verraten. Kennen Sie die Angriffspläne des Warschauer Paktes? Westberlin hatte schon eigene ›Bezirksverwaltungen des MfS‹, sogar die ›Dienststellenleiter‹ standen fest. […]

Waren sie wirklich ein so ›idealistisch-sozialistischer Weltverbesserer‹? Das Jahr 68 wollte doch eigentlich Freiheit, Erinnerung, nicht diese fade Mauer-, Kasernen- und Militärnähe? Oder färbten die Ho-Ho-Ho-Sprüche doch ernsthaft ab?

Bestimmt gab es im NATO-Hauptquartier auch uniformierte Arschlöcher, vielleicht sogar verdeckt-hasserfüllte Revanche-Krieger. Aber konnte ihnen denn im Ernst entgehen, was im Ostblock los war? Unten, ›beim Volk‹, z. B. in diesen sogenannten ›menschenrechtlichen Angelegenheiten‹? Ich vermute, Sie wussten viel. Dann waren Sie bestimmt Gorbatschow-Fan und hielten Markus Wolf am längsten die Stange, stimmt's? Der kam aus einer antifaschistischen Familie, dem konnte man trauen! Lehnte sich in den Glasnost-Zeiten sogar gegen Mielke auf, toll!

Wenn Sie rauskommen und die ersten Runden gedreht sind, lade ich Sie einmal nach Berlin ein, nach Hohenschönhausen und Lichtenberg. In der ehemaligen zentralen Stasi-U-Haft zeige ich ihnen die Zellen, den Vernehmertrakt, die Gummizellen im Keller, auch das ›U-Boot‹, wir können plaudern und vergleichen. In Lichtenberg, in der Rusche-, Normannen- und Magdalenenstraße, da sehen wir uns Ihr Hauptquartier an. Da wurden Sie ›geführt‹, in der ›Hauptverwaltung Aufklärung‹. Diese Abteilung inszenierte auch ›aktive Maßnahmen der Zersetzung‹ gegen die Opposition und die ausgebürgerten Staatsfeinde im Westen. Vielleicht sind Ihre ehemaligen Führungsoffiziere bereit, einmal diese Sauereien zu schildern? Um des lieben Friedens willen? ›Spionage‹, ›Dienste‹, das ist nur das eine, das andere ist Drecksarbeit, ist Angst und Angst-Mache. Wurden Sie auch gegen ›Staatsfeinde‹ eingesetzt? Im Kollegen- und Freundeskreis, bei DDR-Verwandten? Ein ›IM‹, ein ›inoffizieller Mitarbeiter‹ des MfS waren Sie, das ist Ihnen klar? Ihr oberster Herr war Erich Mielke.«

Am 23. Februar 2000 informierte das Bundespräsidialamt Karl Rehbaum:

»Bundespräsident Johannes Rau hat sich gleich nach seinem Amtsantritt über die Gründe, die für eine Begnadigung von Rainer Rupp geltend gemacht werden, umfassend informieren lassen. Dabei ist er auch detailliert über die persönliche Biografie, die familiäre Situation und die Gründe für die strafrechtliche Verurteilung informiert worden.

Nach sorgfältiger Prüfung des Sachverhalts ist er zu dem Ergebnis gelangt, dass sich seit der letzten Entscheidung über ein Gnadengesuch keine neuen Gesichtspunkte ergeben haben, die zu einer anderen Beurteilung führen können.«

Am 27. Dezember 1995 resümierte Rainer Rupp die Haltung
von Politikern der PDS zur Behandlung der ehemaligen Kundschafter der DDR:

»In diesem Zusammenhang hatte ich im Vorfeld seines Tref-
fens mit Lafontaine einen Brief an Herrn Gysi geschrieben, in
dem ich ihn bat, sich für eine Abschaffung der Sonderbehand-
lung in der Regierungsstadt seines Gesprächspartners einzusetzen, zumal alles, was hier geschieht, in Abstimmung mit dem
(saarländischen) Justizministerium passiert. Ich bat also Herrn
Gysi, ähnlich wie das sonst unsere Politiker bei Besuchen in fernen Ländern tun, wo sie sich vor Ort für politische Gefangene
einsetzen, dies auch in meinem Fall zu tun. [...] Lange blieb
mein Brief an Herrn Gysi ohne Antwort. Und hier hat sich auch
nichts geändert. Erst als ich über verschiedene Kanäle zur PDS
monierte, dass doch wenigstens die Höflichkeit eine Antwort
auf meinen Brief gebiete, wenn auch nur vom Büro des Herrn
Gysi, erhielt ich schließlich ein kurzes Schreiben mit zwei Sät-
zen: ›Ihr Schreiben vom 23.11.95 hat mich erreicht. Was in meinen bescheidenen Möglichkeiten steht, habe ich versucht.‹ Das
alles mit freundlichen Grüßen, keine solidarischen, und ›nach
Diktat verreist‹. Kein Wort des Zuspruchs, der Ermunterung
oder, dass er es weiter versuchen wird. Klarer ausgesprochen
kann eine Distanzierung von meiner Person nicht sein. Dies hat
mich schwer getroffen. Ich fühle mich verraten.

Vielleicht habe ich auch zu viele Hoffnungen an die PDS
geknüpft, oder zumindest an Teile von ihr. Aber auf das
›Warum?‹ dieser Distanzierung finde ich keine Antwort.

Zum Glück gibt es aber noch andere Leute bei der PDS, so
z. B. Prof. Uwe-Jens Heuer, mit dem ich regelmäßig korrespondiere, und der auf meine Fragen und Probleme eingeht. Wenn
jemand von Euch zu diesem Verhalten von Herrn Gysi eine
Erklärung hat, so würde ich sie gerne hören.«

Am gleichen Tage behandelte Rupp dieses Problem in einem
weiteren Schreiben:

»Ich spreche nicht von der individuellen Solidarität, wie sie
von Dir und einigen anderen Genossen gezeigt wird, sondern
von der Solidarität der Partei, der geistigen und politischen

Heimat. Und diese Solidarität fehlt heute; sie kommt leider nur von einzelnen Mitgliedern, während andere – auch führende Leute – sich abwenden und distanzieren, als sei ich ein gewöhnlicher Krimineller. Hiermit spreche ich insbesondere den Autor der ›Frechen Sprüche‹ an. (*Zu jener Zeit erschien eine Zitate-Sammlung von Gregor Gysi in einem Berliner Verlag – d. Hrsg.*) Selbst auf meinen Brief an den Ehrenvorsitzenden der CDU, Herrn Dregger, in dem ich kritisch zu seinen militär-politischen Ansichten Stellung nahm, bekam ich eine ausführliche und bedeutend höflichere Antwort als vom Büro Gysi.

Das erste Mal, dass ich mich richtig verraten fühlte, war bei der Lektüre dieses Briefes, den man kürzer nicht schreiben konnte. Auf meinen Brief – damals, vor etwa zehn Monaten, ging es um einige Bemerkungen zum Entwurf des Straffreiheitsgesetzes des Kuratoriums der Ostdeutschen Verbände – bekam ich sogar überhaupt keine Antwort. Trotzdem war das immer noch besser als diese brüskierende Distanzierung jetzt. [...]

Von der PDS und ihren führenden Exponenten sollten wir jedoch Unterstützung und Solidarität erwarten dürfen, es sei denn, sie distanzieren sich auch von der friedenssichernden Außenpolitik der ehemaligen DDR und deren Recht auf sichere Grenzen und Vorsorge gegen Aggressionen, denn zu diesem Zweck, und nur zu diesem, war die Arbeit der Aufklärer bestimmt. Sich jetzt von uns abzuwenden, empfinde ich als Verrat. Wenn das ein Individuum tut, so ist das zu verkraften; sollte das jedoch die Partei tun, dann zieht man nicht nur uns den Boden unter den Füßen weg, sondern wirft zugleich ein Stück des eigenen Selbstverständnisses der Partei aus dem Fenster, und das kostbare Gut der Solidarität wird kurzfristigem Opportunismus im Buhlen um Akzeptanz bei der westdeutschen bürgerlichen ›Mitte‹ und ›Linke‹ geopfert.

Statt offensiv mit dem Thema HV A und Kundschaftern in der politischen Auseinandersetzung umzugehen, wobei man einen Vergleich mit dem BND alles andere als zu scheuen braucht, lässt sich die PDS auch hier in die Defensive drängen und sich das ›politisch korrekte Verhalten‹ von der CDU und SPD diktieren. Statt sich zu bekennen und zu sagen: ›Ja, das ist auch ein Teil unserer Vergangenheit, und die DDR und der

Warschauer Vertrag hatten ein legitimes Interesse an äußerer Sicherheit und der Bewahrung des Friedens‹, macht die PDS einen Eiertanz um das Thema aus lauter Angst vor dem Stasi-Stigma. Neue Wähler bringt dies aber im Westen nicht, und bei großen Teilen der ehemaligen DDR-Bevölkerung schafft das nur Verunsicherung, denn diese hegen meist noch Sympathie für Markus Wolf und seine Truppe, soweit ich das aus ganz sporadischen Briefen von mir unbekannten Leuten ersehen kann.«

Am 27. Februar 1996 schrieb Rainer Rupp an Hans Modrow:
»Vielen Dank für Deinen aufmunternden Brief, über den ich mich sehr gefreut habe. Er drückt eine Wärme und Solidarität aus, die ich bisher noch von keinem anderen offiziellen Vertreter der Partei, meiner Partei, erfahren habe. Selbst um einen zweiten, etwas erläuternden Brief von Gregor musste ich kämpfen. Auch der ist noch recht kühl gehalten; er stellt jedoch in der Sache – so scheint es zumindest – einen kleinen Fortschritt dar. Hier fällt mir ein, dass ich meine obige Behauptung doch etwas revidieren muss: von Uwe-Jens Heuer habe ich in der Vergangenheit auch Unterstützung erfahren. […] So wurde mir die schwere Enttäuschung der anderen Kollegen, die bei denen immer noch tief sitzt, zumindest teilweise erspart. […]
Mein Brief an Gregor war vielmehr dadurch motiviert, dass ich mich von der Partei, von meiner politischen Heimat im Stich gelassen fühlte; aber das hast Du ja sicher selbst aus der Lektüre erkannt. […]
Nichtdestoweniger ist der Schritt in die Wohngruppe eine radikale Verbesserung, die ich wohl Gregors Fürsprache zu verdanken habe. Entsprechend habe ich ihm einen Brief geschrieben und auch sonst seine ›gute Tat‹ verbreitet, denn er soll auch merken, dass sein Einsatz Resonanz findet. Vielleicht findet er dann mehr Geschmack daran. […]
Wie Du siehst, kann ich mich über mangelnde Solidarität von individuellen Personen nicht beklagen, obwohl auch in den ersten anderthalb Jahren nach meiner Verhaftung diesbezüglich Funkstille herrschte.«

Am 15. Dezember 1997, nach dem Besuch Gregor Gysis in der JVA, brachte Rainer Rupp zu Papier:

»Nach der Begrüßung begann unser Gespräch nüchtern und sachlich, etwas über die PDS, aber hauptsächlich über meine frühere nachrichtendienstliche Tätigkeit bis hin zur Verhaftung, Verurteilung und die Zeit der Haft, allerdings erst nachdem er mir vom Ergebnis des Ministergespräches berichtet hatte.

Für eine Zeit lang tasteten wir uns einander ab. Und das Gespräch wurde nicht richtig locker. Da ich etwas in der Art schon erwartet hatte, hatte ich vorsorglich mein schriftliches Urteil des OLG Düsseldorf mitgebracht. Ich sagte ihm, dass ich keine Leichen im Keller verbergen würde, dass all das, was ich in meinen Interviews behauptet hatte, in meinem Urteil nachzulesen sei, dass keine Menschenrechtsverletzungen meinerseits vorlägen und es auch keine sonstigen Schweinereien bei mir gegeben hätte; davon könne er sich gerne selbst überzeugen; schließlich sei es sein legitimes Recht zu wissen, für wen er sich einsetzt. Und er überzeugte sich selbst.

Nachdem er die Urteilsbegründung gelesen hatte, lockerte sich die Atmosphäre schnell auf, vielleicht wegen des Inhalts der Lektüre, vielleicht aber auch wegen meines Vertrauensbeweises. Und so kamen wir uns doch noch näher. Zum Abschluss forderte er mich auf, mich an ihn zu wenden, wenn ich irgendwelche Probleme oder besondere Wünsche hätte, wo er helfen könnte. Auch bat er um mein Verständnis, weil seinerzeit seine Antwort auf meinen Brief sehr kurz ausgefallen war. Und nicht zu vergessen: Lothar Bisky hatte ihn noch angerufen, als er von seinem Besuch bei mir erfahren hatte, und ihn gebeten, mir seine solidarischen Grüße und besten Wünsche zu übermitteln. Lothar hatte ja nie auf meinen Brief geantwortet. Alles in allem war der Abschied sehr herzlich.

Die beiden Besuche werte ich nicht nur als persönlichen Gewinn, sondern auch als Zeichen dafür, dass die in der Vergangenheit existierenden Vorbehalte der PDS-Spitze gegenüber den ehemaligen Kundschaftern so gut wie, wenn nicht sogar total abgebaut sind.«

Am 15. Dezember 1997, nach dem Besuch von drei PDS-Politikern in der JVA, notierte Rainer Rupp:

»Wie bereits angedeutet, verlief der Besuch von Gehrcke, Heuer und Elm in einer sehr warmen Atmosphäre; wie die Amerikaner sagen: die persönliche Chemie zwischen uns stimmte, ganz besonders zwischen Gehrcke und mir, in dem ich glaube, nicht nur einen solidarischen Genossen, sondern auch einen neuen Freund gefunden zu haben. [...]

Abgedeckt wurde das ganze Spektrum der derzeitigen wichtigsten politischen Entwicklungen und Probleme, wobei es Übereinstimmung gab.

Etwas länger hielten wir uns bei den folgenden zwei Aspekten auf.

Ich bereitete sie eingehend auf das für den nächsten Tag anstehende Gespräch mit dem Justizminister vor, wobei ich die Scheinargumente der Justizbehörde gegen die Gewährung von Urlaub/Offenem Vollzug als rechtlich unhaltbar zerpflückte; ein Punkt, der später noch von meinem Anwalt Sircar vertieft wurde. Der zweite Punkt, der auf Wunsch der Besucher erörtert wurde, war, wie meine Erfahrungen und Kenntnisse besser für die Bundestagsgruppe eingesetzt werden könnten. Ein Projekt zur Verbesserung des öffentlichkeitswirksamen Profils der PDS im Westen, zur Unterstützung der Ausdehnung hier, das ich in den Grundzügen umriss, stieß spontan auf großes Interesse. [...]

Auch hat Gehrcke mir vorgeschlagen, fest für die Bundestagsgruppe in Bonn zu arbeiten, sobald ich im Offenen Vollzug bin; mit Computer, Telefonanschluss und Fax spielt die physische Distanz ja heute keine so große Rolle mehr. Ein Vorschlag, den ich ohne Zögern annahm, denn damit ginge für mich ein lange gehegter Wunsch in Erfüllung, ein Wunsch, dem ich nach meiner Werbung für die HV A leider entsagen musste – nämlich aktiv politisch zu arbeiten und mich zu meiner Überzeugung zu bekennen und andere Menschen dafür zu gewinnen.«

Nach dem Gespräch der PDS-Politiker mit dem saarländischen Justizminister Walter schrieb Rupp:

»Der habe nämlich recht unmissverständlich angedeutet, dass es ihm am liebsten wäre, wenn meine Beschwerde vor Gericht gegen die Ablehnung meines Urlaubsantrages durch die JVA vom Richter positiv beschieden würde. Dann – so meine Interpretation, und nicht nur meine – wäre der SPD-Minister aus der politischen Schusslinie, denn meine Außenlockerungen gingen dann nicht mehr auf eine politische, sondern auf eine gerichtliche Entscheidung zurück.

Erbärmlich, aber symptomatisch für den allgemeinen politischen Zustand der SPD.«

Am 18. Juli 1998, nach einem Besuch des stellvertretenden Bundesvorsitzenden der PDS Wolfgang Gehrcke, schrieb Rupp:

»Brillant hat Wolfgang Gehrcke unsere Trümpfe im Ministerium ausgespielt. Anschließend kam er ins Gefängnis, um mir die gute Nachricht zu bringen: ich soll unverzüglich Haftausgang und Urlaub bekommen. […]

Zur selben Zeit, als Gehrcke noch bei mir war, bekam mein Anwalt einen Anruf von der JVA-Leitung, in dem das Gesprächsergebnis mit Dr. Greiner bestätigt wurde. […]

Wenn die PDS wieder in den Bundestag kommt, wovon man doch wohl ausgehen kann, und wenn Wolfgang Gehrcke sein Mandat gewinnt – er steht auf der Nr. 4 der Liste in Brandenburg, also ziemlich sicher –, dann wird wahrscheinlich das Ressort Außen- und Sicherheitspolitik in der Bundestagsgruppe (hoffentlich Fraktion) an ihn gehen. In diesem Fall möchte er, dass ich bereits aus dem Offenen Vollzug im Rahmen eines regulären Beschäftigungsverhältnisses, für ihn bzw. die Fraktion arbeite.« (*Wolfgang Gehrcke zog über die Landesliste bei den Bundestagswahlen am 27. September 1998 in den Bundestag ein. Die PDS gewann 0,7 Prozent hinzu und erlangte mit 5,1 Prozent – gleich 36 Mandate – erstmals Fraktionsstatus im Deutschen Bundestag, der aber 2002 wieder verloren gehen sollte – d. Hrsg.*)

Am 28. Dezember 1998 meldete das *Neue Deutschland*, dass der Fraktions-Vize Wolfgang Gehrcke Rainer Rupp ein offizielles Angebot gemacht habe, »wissenschaftlich auf dem Gebiet der Außen- und Sicherheitspolitik für die Fraktion zu arbeiten«.

Am 31. Dezember 1998 skandalisierte die Berliner *tageszeitung* (taz) wie die gesamte bürgerliche Presse das Thema:

»Der SPD-Bundestagsabgeordnete Markus Meckel sprach von einem wirklichen Skandal, der dem Ruf Deutschlands bei den NATO-Partnern schaden könne. [...] Es müsse geprüft werden, ob die PDS-Fraktion durch Rupp sicherheitsrelevante Informationen erhalte und die Partei in der für die Geheimdienst-Aufsicht zuständigen PKK mitarbeiten dürfe. [...]

Auch Hans-Peter Repnik (CDU) spricht von einem skandalösen Vorgang. Dem ehemalige Top-Spion würde jetzt der Judaslohn für seine frühere Tätigkeit vom deutschen Steuerzahler bezahlt. Der Ältestenrat soll sich damit beschäftigen. [...]

Der Grüne Volker Beck bezeichnete das Vorhaben als ein politisches Symbol. Die Anstellung Rupps in der Fraktion sei keine Maßnahme der Resozialisierung, sondern eine Identifikation mit der früheren DDR.«

In der ersten Ausgabe des Jahres 1999 hieß es im *Spiegel*:

»Dass der Spitzenspion nun wieder in der Sicherheitspolitik mitmischen darf – wenn auch auf andere Art –, erbost vor allem die Union. Das sei der Gipfel der politischen Unverschämtheit, empörte sich etwa Peter Ramsauer von der CSU.«

Am 30. Dezember 1998 zitierte der Berliner *Tagesspiegel* einen anderen Konservativen, der nüchtern urteilte:

»Rupert Scholz (CDU), Vorsitzender des Rechtsausschusses des Bundestages, sieht hinsichtlich des Vertrages mit Rupp auch keine juristischen Hindernisse. Wohl könne Rupp nicht in den öffentlichen Dienst eintreten, aber für einen privaten Angestellten bei der PDS-Fraktion gelten derartige Vorgaben nicht.«

Am 8. Januar 1999 verbreitete der MdB-Pressedienst eine von den Bundestagsabgeordneten Petra Bläss, Petra Pau, Ulla Lötzer, Angela Marquardt, Ruth Fuchs, Christine Ostrowski, Carsten Hübner, Uwe Jens Rössel und Gerhard Jüttemann gezeichnete »Persönliche Erklärung« zum »Honorarvertrag für Rainer Rupp und zu den Konsequenzen aus der Amnestiedebatte«. Darin hieß es:

»Ein Honorarvertrag der PDS-Fraktion mit Rainer Rupp sendet ebenso wie die von der rechtspolitischen Sprecherin Evelyn Kenzler angestoßene Debatte um Rehabilitierung und Haftentschädigung für verurteilte DDR-Offizielle das Signal an die Öffentlichkeit aus, dass die PDS unter ihren eigenen Anspruch auf Vergangenheitsbewältigung einen Schlussstrich ziehen will. Dieses Signal konterkariert die ernsthaften Bemühungen innerhalb der PDS, sich mit der DDR-Vergangenheit auseinanderzusetzen und sich der moralischen und politischen Verantwortung für Menschenrechts- und Bürgerrechtsverletzungen in der DDR zu stellen. Zu dieser Auseinandersetzung gehört auch die Erkenntnis, dass Geheimdienste repressive Apparate sind, gleich in welchem System sie agieren. Deshalb fordert die PDS, alle Geheimdienste aufzulösen.

Statt aber die Diskussion über Bürgerrechte voranzubringen, den Weg einer sozialistischen Bürgerrechtspartei fortzusetzen, wird der öffentlich vermittelte Eindruck genährt, die PDS sei eine rückwärtsgewandte Kraft. Da gehen wir nicht mit.«

Am gleichen Tag erklärten die Mitarbeiter der PDS-Bundestagstagsfraktion Doris und George Pumphrey, die einst ebenfalls für die DDR-Auslandsaufklärung gearbeitet hatten:
»Soweit wir uns erinnern, hat keiner von Euch, die damals schon Abgeordnete waren, geäußert, unsere Beschäftigung sei ›problematisch‹. Nun erklärt ihr die Entscheidung, Rainer Rupp einen Honorarvertrag anzubieten, für ›problematisch‹. [...] Wir erklären: Wir lassen uns nicht in problematische und unproblematische DDR-Spione einteilen.«

Am 7. Januar 1999 erschien der *stern* mit einem Interview Gregor Gysis, in welchem der PDS-Fraktionschef die Beschäftigung Rainer Rupps verteidigte:
»Es geht uns nicht zuletzt um die Resozialisierung von Rainer Rupp. Er kann nur in den offenen Vollzug wechseln, wenn es einen Honorarvertrag gibt oder eine Anstellung. Da eine Anstellung für uns nicht in Frage kam, blieb nur der Honorarvertrag. [...] Es hat niemand daran gedacht, ihn in sensiblen Bereichen einzusetzen. Es ist sogar behauptet worden, dass wir ihn in den Verteidigungsausschuss schicken wollten. Es wird viel Schwachsinn verzapft.«

Am 12. Januar 1999 meldete die *Berliner Zeitung*, dass
»der Vorstand der PDS die Entscheidung des Vorstandes
der Bundestagsfraktion, den ehemaligen DDR-Spion Rainer
Rupp zu beschäftigen, unterstützt. Eine entsprechende Erklärung wurde mehrheitlich abgestimmt. Vorstandsmitglied
Brie blieb bei seiner Kritik am Vorgehen der Fraktion.«

Am 13. Januar 1999 grüßte Rainer Rupp die Delegierten des
PDS-Parteitages in Berlin. In seiner Botschaft ging er auf den
Streit ein, der um seine Beschäftigung geführt wurde:
»In Verbindung mit meinem Namen versuchten bekannte
Kreise in den letzten Tagen und Wochen, die PDS in Misskredit
zu bringen. Im Mittelpunkt stand meine zukünftige Arbeit auf
Honorarbasis für die Bundestagsfraktion der PDS, die mir erlau-
ben wird, tagsüber aus dem Gefängnis zu kommen. Es ist eine
Chance für einen Neuanfang, für die ich dankbar bin.
Zu diesem Arbeitsvertrag bestehen innerhalb der PDS unter-
schiedliche Ansichten, die ich nachvollziehen kann, zumal die
bürgerlichen Medien wieder mal versucht haben, die PDS fälsch-
licher Weise als eine rückwärtsgewandte Kraft darzustellen.
Diese Rechnung scheint aber nicht aufgegangen zu sein.«

Am 20. Januar 1999 war zu diesem Koflikt in der Tageszeitung
Die Welt zu lesen:
»Zwischen SPD und PDS ist ein Streit um den früheren
Topspion Topas entbrannt. Mit Verärgerung reagierte die
SED-Nachfolgeorganisation auf den Vorstoß von SPD-Frak-
tionschef Peter Struck, die PDS aus der Parlamentarischen
Kontrollkommission zur Überwachung der Geheimdienste
fernzuhalten. Gysi erklärte, Strucks Verhalten sei nicht mit der
Verfassung vereinbar. [...]
Für die CDU sind die Sozialdemokraten in den Fall Topas
verwickelt. Nicht die PDS, sondern der saarländische Justiz-
minister Arno Walter und Bundesjustizministerin Herta
Däubler-Gmelin entscheiden darüber, ob der ehemalige DDR-
Spitzenagent als Freigänger für die PDS tätig sein darf, meinte
der CDU Fraktions-Justiziar Andreas Schmidt. Beide SPD-
Minister hätten es in der Hand, den Freigang von Rupp zu
verhindern. So könne Walter die Zustimmung zu dem Vertrag

zwischen Rupp und der PDS versagen. Frau Däubler hätte auf Grund ihrer Weisungsbefugnis gegenüber der Bundesanwaltschaft die Möglichkeit, auf eine negative Stellungnahme der Karlsruher Behörde auf Freigang hinzuwirken.

Straftäter, die wegen schweren Landesverrats verurteilt worden seien, dürften auf Grund der Rechtslage grundsätzlich nicht in den offenen Vollzug entlassen werden und als Freigänger ihr Geld verdienen, begründete der CDU-Politiker seine Position.«

Am 25. Januar 1999 informierte Rainer Rupp die Bundestagsfraktion, dass er von dem Angebot zurücktrete. Er begründete diesen Schritt so:

»In den vergangenen Wochen ist auch meine Familie – in unerträglicher Weise sogar die Kinder – wieder Gegenstand der Berichterstattung gewesen. Meine Familie hat in den letzten Jahren genug aushalten müssen. Vor weiterem möchte ich sie bewahren. [...] Der Vertrag hätte mir Erleichterung im Vollzug der Freiheitsstrafe gebracht, aber es hätte eine große Belastung bedeutet – für meine Familie und die PDS. Deshalb bitte ich um Verständnis, wenn ich das Angebot nicht annehme. Ich danke der PDS für ihre Solidarität und allen anderen, die mir und meiner Familie so viel Unterstützung geben.«

Am gleichen Tag erklärte die PDS sichtlich erleichtert:

»Die Bundestagsfraktion der PDS respektiert die nachvollziehbare Entscheidung von Rainer Rupp, keinen Honorarvertrag mit ihr abzuschließen. Sie bedauert die Atmosphäre von Hass und Intoleranz, die eine sachliche Debatte aller damit verbundenen Fragen fast unmöglich gemacht hat.«

Am 27. Januar 1999 meldete die *tageszeitung*:

»Der von der PDS-Bundestagsfraktion als Mitarbeiter angestellte Ex-DDR-Spion Rainer Rupp alias Topas darf den Bundestag nicht betreten. Das teilte ein Bundestagssprecher am Donnerstag nach einer Sitzung des Ältestenrates mit und sagte, Bundestagspräsident Thierse würde sonst von seinem Hausrecht Gebrauch machen.«

Im Jahr 2000 wurde Rainer Rupp, Mitglied der PDS, von seinen saarländischen Genossen als ordentlicher Delegierter zum 7. Parteitag gewählt. Als der Bundesgeschäftsführer Dietmar Bartsch davon erfuhr, forderte er »Topas« auf, er solle nicht zur 1. Tagung des Parteitages am 14./15. Oktober in Cottbus kommen, berichtete der *RotFuchs*.

Rupp nahm sein Mandat dennoch wahr. Als die Frage aufgeworfen wurde, ob man die Delegierten des Parteitages über den Umgang des wieder als Bundesgeschäftsführer kandidierenden Dietmar Bartsch mit ihm unterrichten solle, bat Rainer Rupp darum, den Vorgang nicht an die große Glocke zu hängen. Karl Rehbaum machte den Vorfall in den *Mitteilungen der Kommunistischen Plattform* Nr. 1/2001 öffentlich:

»Es ist auch Aufklärungsbedarf vorhanden, weshalb der Bundesgeschäftsführer ein gestörtes Verhältnis zur innerparteilichen Demokratie hat, indem er die Teilnahme von Rainer Rupp als Delegierter am Cottbuser Parteitag als Fehler sehen wollte. Heute möchte ich kritisch einschätzen, dass es ein Fehler war, die Entsolidarisierung gegenüber Rupp nicht auf dem Cottbuser Parteitag öffentlich gemacht zu haben. Soll nicht wieder vorkommen!«

Marxistischer Analytiker und Publizist

Am 18. Juli 1997 veröffentlichte das *Neue Deutschland* unter der Überschrift »Ein atomarer Schlagabtausch ist wieder denkbar geworden« den nachfolgenden Beitrag Rainer Rupps:

»Durch die NATO-Ostexpansion wird die bereits gebannt geglaubte Gefahr einer nuklearen Auseinandersetzung in Europa wieder zu einer ernstzunehmenden Möglichkeit.

Trotz aller Freundschaftsbeteuerungen gegenüber Jelzin und dessen räuberischer Kleptokratie haben die meisten Russen erkannt, dass der Westen weiterhin Russland als potentiellen Hauptgegner betrachtet. Man braucht kein Experte zu sein, um dies selbst aus den offiziellen Stellungnahmen westlicher Politiker zur NATO-Ostexpansion herauszulesen. Die Jelzin-Clique hat man zwar fest in der Hand, zu groß aber ist die Furcht, dass sie vom Volk davongejagt werden könnte und eine Regierung an die Macht käme, die den Ausverkauf russischer Interessen stoppen würde.

Die NATO-Strukturen des Kalten Krieges sollen deshalb verdeckt erhalten und bis an die Grenzen Russlands vorgeschoben werden; für alle Fälle, denn sollte das immer noch mächtige Land sich irgendwann auf sich selbst besinnen, vielleicht sogar unter kommunistischer Beteiligung, dann steht die NATO als Vertreterin kapitalistischer und imperialer Geschäftsinteressen Gewehr bei Fuß bereits im russischen Vorhof.

Diese NATO-Strategie wird spätestens dann zur realen Bedrohung, wenn die NATO ihre Infrastruktur in die neuen Mitgliedsländer ausdehnt und dort ihre Atomwaffen und sonstigen militärischen Kapazitäten für überraschende, chirurgisch genaue Enthauptungsschläge der russischen Kommando-, Kontroll- und Kommunikationszentren stationiert.

Es ist nur logisch, dass Russland seine Militärdoktrin der neuen Bedrohung angepasst hat, wobei es sich die über Jahrzehnte in der NATO mit Blick auf Russland gepredigte Lehre zu eigen machte: ›Es kommt nicht auf die erklärten Absichten des Gegners an, sondern auf dessen militärische Kapazitäten, gegen die man Gegenmaßnahmen treffen muss.‹ Der russische Sicherheitsrat adoptierte die Doktrin des nuklearen Erstschlages und zog so mit der NATO gleich, die sich dieses ›Recht‹ auch weiter herausnimmt.

Im Unterschied zum Kalten Krieg haben wir nun eine Situation, in der beide Nuklearmächte als Antwort auf einen konventionellen Konflikt mit dem Ersteinsatz von Atomwaffen drohen. Im Falle eines Grenzkonfliktes zwischen NATO und Russland wird ein atomarer Schlagabtausch wieder denkbar. Und entlang der zukünftigen gemeinsamen Grenzen bietet sich genügend Konfliktpotential, ein Potential, das während des Kalten Krieges aufgrund der klar gezogenen Grenzen und Einflusssphären in dieser Form nicht existierte.

Auch ohne eine Aufnahme der baltischen Staaten in die NATO ist Konfliktstoff reichlich vorhanden. Wie werden sich zum Beispiel nationalistische und antirussische Kräfte in Polen mit der starken NATO im Rücken entwickeln, wenn die Jelzin-Clique die Macht verliert und Russland nicht mehr ›Freund‹ des Westens ist? Selbst USA-Kommentatoren weisen besorgt daraufhin, dass Polen keineswegs als ein Land mit gefestigten bürgerlich-demokratischen Traditionen angesehen werden kann, zumal es zwischen den beiden Weltkriegen zwischen Demokratieversuchen und rechter, expansionistischer Militärdiktatur schwankte.

Aber Militärdiktaturen haben als Mitglieder der NATO in deren Geschichte einen festen Platz. Und je weiter die NATO nach Osten expandiert, umso größer werden die Anzahl potentieller Konfliktherde und die Wahrscheinlichkeit, dass einer explodiert.

Schließlich wäre noch eine Lehre aus der Geschichte, auch aus der deutschen, zu ziehen.

Werden einem Land in Zeiten der Schwäche Bedingungen aufgezwungen, die langfristig gegen sein fundamentales Sicherheitsbedürfnis gehen, so wird es nicht eher ruhen, bis diese korrigiert sind. Und Russland, mit seinen enormen Ressourcen, seiner großen und gebildeten Bevölkerung und seinem technischen Wissen wird nicht auf Dauer schwach bleiben. Hätte man der OSZE eine größere Rolle eingeräumt, wäre es möglich gewesen, diese Gefahren zu bannen.«

Am 20. April 2012 beschäftigte sich Rupp in einem *jW*-Beitrag mit dem NATO-Krieg in Libyen:

»Ein vertraulicher Bericht der NATO zeichnet ein ernüchterndes Bild über den Luftkrieg gegen Libyen. Das berichtete die US-Zeitung *New York Times* Anfang dieser Woche unter Berufung auf das ihr vorliegende Dokument. Zentrale Frage: Welche Lehren sind aus der Militärintervention im vergangenen Jahr zu ziehen? Laut NATO-Bilanz waren die europäischen Verbündeten ohne die starke militärische Unterstützung durch die Vereinigten Staaten nicht in der Lage, den Krieg gegen das nordafrikanische Land zu führen. Das erschwere auch einen eventuellen Luftkrieg gegen Syrien erheblich, so das Blatt.

An dieser Stelle sollte in Erinnerung gerufen werden, dass es Frankreich und Großbritannien waren, die den Krieg gegen Libyen mit aller Macht wollten, während Washington sich anfangs sehr zurückgehalten hat. Aus Sorge, das US-Militär im Irak und in Afghanistan zu schwächen, lehnte der damalige US-Verteidigungsminister Robert Gates sogar noch im Februar 2011 eine direkte Beteiligung seines Landes an den Kampfhandlungen ab. Erst nach Verabschiedung der Resolution 1973 des UN-Sicherheitsrats am 17. März mit zehn Stimmen und fünf Enthaltungen änderte sich die Position Washingtons.

Aber in den ersten Tagen des Kriegs beteiligten sich die USA ›nur‹ mit Cruise Missiles, um Libyens strategische Luftabwehr auszuschalten. Damit sollte der Weg für die Franzosen und Briten frei gemacht werden. Washington wollte sich wegen der Gefahr ›großer politischer Kosten‹ (Gates) an dem Waffengang nicht weiter beteiligen.

Der Libyen-Krieg war ursprünglich als europäische Intervention konzipiert. Mitte des vergangenen Jahrzehnts hatten sich NATO und EU auf eine Aufteilung des Nahen Ostens und des afrikanischen Kontinents geeinigt. Gemäß der Darlegungen des NATO-Direktors für Politikplanung, Jamie Shea, im Jahr 2006 vor dem Unterausschuss für Sicherheit und Verteidigung des Europäischen Parlaments in Brüssel sollte Nordafrika dabei in den Zuständigkeitsbereich der Europäer bzw. der entsprechenden ehemaligen Kolonialmächte fallen.

Allerdings brach die libysche Regierung nicht wie erhofft nach der ersten Woche des Bombardements zusammen. Schnell wurde klar, dass Paris und London selbst mit Hilfe der anderen beteiligten NATO-Länder sowohl materiell als auch technologisch überfordert waren, den Krieg allein siegreich zu Ende zu bringen. Erst daraufhin übernahmen die USA permanent die maßgebliche militärische Rolle in diesem Krieg. Politisch jedoch blieb Washington weiterhin im Hintergrund. Insbesondere fürchteten die Vereinigten Staaten um ihr internationales Ansehen, wenn sie schon wieder an der Spitze eines westlichen Angriffs gegen ein islamisches und arabisches Land gesehen würden. Daher war US-Präsident Barack Obama auch nicht zu den Siegesfeierlichkeiten mit den Rebellen in Bengasi gekommen. Statt dessen überließ er das Feld den triumphierenden britischen und französischen Kriegshelden David Cameron und Nicolas Sarkozy.

Der 37 Seiten umfassende NATO-Bericht, samt 300 Seiten detaillierter Anhänge, der diese Woche beim Treffen der NATO-Verteidigungsminister in Brüssel vorgelegt wurde, bestätigt, dass zwar europäische Kampfflugzeuge den größten Teil der Lufteinsätze gegen Libyen geflogen haben, aber zugleich bekräftigt er laut *New York Times*, dass die Vereinigten Staaten die für den Erfolg der Mission ausschlaggebende militärische Unterstützung geleistet hatten. So hätten sich die USA als der ›herausragende NATO-Spezialist für Präzisionswaffen‹ profiliert. Und die 7.700 sogenannten präzisionsgesteuerten Bomben und Raketen, die auf Libyen abgefeuert wurden, seien fast ausschließlich aus US-Beständen gekommen.

Zugleich haben sich laut Bericht die anderen NATO-Länder in Bezug auf die für den Erfolg entscheidenden Aufgaben wie elektronische Aufklärung, Luftüberwachung und Luftaufklärung fast ausschließlich auf die spezialisierten Flugzeuge der US Air Force verlassen. Allerdings merkt das Papier auch an, dass die NATO bereits einige Lektionen aus dem Libyen-Krieg gelernt hat. So seien im Februar 2012 die Mitgliedsländer des

Militärpakts übereingekommen, sich ein NATO-eigenes Luft-Boden-Überwachungssystem zuzulegen, das die Fähigkeit hat, gegnerische Ziele am Boden zu erkennen, zu überwachen und zu erfassen. Zugleich will die NATO auf französische Initiative hin mit in Sizilien zu stationierenden US-Drohnen wie *Predator* und *Global Hawk* ein Luftüberwachungssystem für Nordafrika und den Nahen Osten aufbauen. Das Konzept hierzu orientiert sich an den von der NATO in Afghanistan gemachten Erfahrungen. Zusätzlich soll auch die Flotte der NATO-Tankflugzeuge zur Expansion des Machtbereiches vergrößert werden.

Auf dem NATO-Gipfel in Chicago am 20./21. Mai sollen diese und andere Aufrüstungsbeschlüsse abgesegnet werden. Aber in Zeiten von Finanzkrise und Haushaltssperren ist das Geld besonders knapp. Die Vermutung liegt nahe, dass der ›geheime‹ NATO-Bericht der *New York Times* gezielt zugespielt wurde, um sich noch rechtzeitig vor dem Gipfel die wohlwollende Unterstützung der Medien für die Aufrüstung zu sichern.«

Am 18. Mai 2012, im Vorfeld des NATO-Gipfels, hatte Rupp untersucht, wie die USA mit Hilfe des Militärbündnisses ihre Hegemonie durchzusetzen versuchen. Der Beitrag erschien ebenfalls in der *jungen Welt*:

»Rechtzeitig vor Beginn des NATO-Gipfels in Chicago am 20./21. Mai hat der private US-Nachrichtendienst *Stratfor*, der für Großunternehmen, aber auch Regierungsstellen tätig ist, eine kritische Analyse zur Zukunft des in allen Fugen ächzenden Militärpakts veröffentlicht: ›NATO's Ordinary Future‹. Wie das Internetportal *Wikileaks* unlängst enthüllt hat, liest sich die Liste der ›Freizeit‹-Mitarbeiter von Stratfor wie das ›Who is who‹ leitender Beamter und Angestellter diverser Geheimdienste und Verteidigungsministerien der NATO-Länder. Verfasst wurde die aktuelle NATO-Analyse von Robert D. Kaplan, einem über die Grenzen der USA hinaus bekannten ›liberalen Falken‹, was auf deutsche Verhältnisse übertragen soviel bedeutet wie ein der SPD oder den Grünen nahestehender Kriegstreiber.

Kaplan wertet die Details der Libyen-Intervention als ›schlechte Reklame für die NATO‹. Dazu zitiert er einen Planer der US-Luftwaffe, der den NATO-Angriffskrieg als eine Operation von ›Schneewittchen und den siebenundzwanzig

Zwergen‹ bezeichnete. Schneewittchen (die USA) hätten – angetrieben von den Zwergenführern Großbritannien und Frankreich – den allergrößten Teil der Arbeit erledigt. Darüber könne auch das schnell erfundene ›diplomatische Feigenblatt‹ der sogenannten ›US-Führung von hinten‹ nicht hinwegtäuschen, die das Ganze wie eine europäische Operation aussehen lassen sollte.

Obwohl die meisten Kampfeinsätze von britischen und französischen Kampfjets geflogen worden seien, hätten die NATO-Zwerge ohne die umfassende logistische und technische Hilfe der USA den Krieg gegen Tripolis überhaupt nicht führen können, heißt es in dem Stratfor-Papier. Um dies zu untermauern, zitiert der Autor einen US-General mit den Worten: ›Militärisch ist Europa tot.‹

Dennoch warnt Kaplan seine US-amerikanischen Landsleute vor voreiligen Schlüssen, denn die NATO habe für Washington ›ihren Nutzen längst nicht verloren‹.

Die Schwächung der Europäischen Union durch die Schuldenkrise habe vielmehr die Bedeutung der NATO als stabilisierenden Faktor in Europa, besonders in Osteuropa, erneut hervorgehoben. Sie sei wieder ›so wichtig wie zu keinem anderen Zeitpunkt seit dem Fall der Berliner Mauer‹, so Kaplan. Für die ehemaligen sozialistischen Staaten in Osteuropa sei ›die NATO so etwas wie ein Gütesiegel, um ausländische Investitionen anzuziehen‹, und zugleich schrecke sie Russland davon ab, diese Staaten ›zu destabilisieren‹, denn Moskau werde ›nie sein Ziel aufgeben‹, sich durch einen Cordon von ihm freundlich gesinnten Ländern vor dem Westen zu schützen. Daher definiert Kaplan die NATO als einen ›gegen die russischen Pläne gerichteten politischen, diplomatischen und militärischen Mechanismus‹ und schlussfolgert daraus: ›Je größer die Auswirkungen der EU-Schuldenkrise, desto relevanter wird die NATO wieder.‹

Allerdings soll die NATO nicht nur Russland davor abschrecken, die verarmten osteuropäischen Länder mit dem Angebot billiger und garantierter Energielieferungen wieder in seinen Einflusskreis zu ziehen, sondern auch ›Deutschland an einer zukünftigen geostrategischen Richtungsänderung hindern‹. Die Berliner Pläne für eine strategische Partnerschaft mit Moskau scheinen Washington schwer im Magen zu liegen, und

nur die NATO kann das verhindern: ›Solange die NATO existiert, wird die Wahrscheinlichkeit, dass Deutschland in der
Zukunft eine Allianz mit Russland eingeht, gering bleiben‹,
schreibt Kaplan weiter.

Weiter führt er aus, dass die NATO auch in anderen Bereichen für Washington immer noch von Nutzen ist, z. B. indem
sie ›ebenso wie die UNO diverse US-Aktionen immer wieder
diplomatische Deckung gibt‹, zumal sich ›bei humanitären
Noteinsätzen sogar die europäische Bevölkerung wohlfühlt‹.
Daher sei ›die NATO für Rettungsaktionen mit Luft- und See-
streitkräften in Afrika und darüber hinaus ideal geeignet‹. Auch
könne nicht ausgeschlossen werden, dass ›ein dynamischeres
Russland, ein chaotischeres Nordafrika und ein von Unruhen
und Unterentwicklung weiterhin geplagter Balkan Europa in
Zukunft zu schaffen machen‹.

Gegen diese Entwicklung bietet Kaplan die US-geführte
NATO ›als Instrument für den politischen Zusammenhalt in
Europa‹ an. Zugleich unterstreicht er gegenüber den NATO-
Skeptikern in den Vereinigten Staaten, dass ›die USA die NATO
brauchen, um bei der Organisation der Verteidigung Europas
zu helfen, damit Washington sich besser auf den Mittleren
Osten und Asien konzentrieren kann‹. Für die USA bedeute das:
›NATO is American hegemony on the cheap‹ (›Die NATO steht
für amerikanische Hegemonie zu geringen Kosten‹).«

Am 23. Mai 2012 beschäftigte sich Rainer Rupp – wieder einmal – mit der NATO und deren Strategie. Der analytische Beitrag erschien in der *jungen Welt* unter der Headline: »Sieger von
Afghanistan. Autosuggestion in Chicago: NATO muss Krieg am
Hindukusch als Erfolg verkaufen. Kabul bekommt 4,1 Milliarden Dollar jährlich für den Aufbau einer neuen Armee«:

»Die Abschlusserklärung des NATO-Gipfels in Chicago
vom Montag liest sich wie eine Erfolgsgeschichte des fast
elfjährigen Krieges der US-geführten Kriegsallianz. Gerade so,
als hätten sich die Staats- und Regierungschefs des Militärpakts
in kollektive Autosuggestion versetzt. Soviel Dummheit will
offensichtlich nicht einmal das Boulevardblatt *Bild* seinen
Lesern zumuten. Unter dem Titel ›Hier reden sie die Lage in
Afghanistan schön‹ berichtete Nikolaus Blome aus der US-

Metropole, wie die 28 Staats- und Regierungschefs ›beste Miene zu Afghanistan‹ machten und ›alle schrecklich nett zu Hamid Karsai, dem Präsidenten des Unruhe-Landes‹, waren.

In weiteren Artikeln wie ›Afghanistan – Das ist die grausame Wahrheit‹ räumt *Bild* mit den Ammenmärchen aus Chicago auf. ›Die Sicherheitslage im Land ist verheerend‹, heißt es da. ›Von Februar bis Mai ist die Zahl der Taliban-Anschläge und Überfälle von 580 auf über 1.000 gestiegen. 3006 NATO-Soldaten haben bisher ihr Leben gelassen. Ab Mitte 2013 sollen afghanische Truppen für die Sicherheit im Land verantwortlich sein. Die NATO nennt sie *Verbündete*. Aber allein in diesem Jahr starben 22 von insgesamt 159 gefallenen NATO-Soldaten durch Schüsse afghanischer Soldaten.‹

Tatsächlich sei die afghanische Armee hoffnungslos von Taliban und anderen Gruppen unterwandert, die nur auf den Abzug der Hauptmacht der westlichen Streitkräfte warteten. Besonderer Stein des Anstoßes: Deutschland will sich ab 2015 mit 150 Millionen Euro pro Jahr an der Finanzierung dieser Armee beteiligen. Mit insgesamt 4,1 Milliarden Dollar jährlich wollen die NATO-Staaten über zehn Jahre bis Ende 2024 die afghanischen Einheiten hochpäppeln und deren Kampfbereitschaft kaufen.

Allerdings bleibt die NATO die Antwort auf die Frage schuldig, wie eine solche Armee bis Ende 2014 unter ungleich schwierigeren Bedingungen aufgebaut werden soll, wenn das in den vergangenen zehneinhalb Jahren nicht möglich war?

Längst hat das westliche Marionettenregime der Karsai-Regierung auch in seinem engsten Herrschaftsbereich jegliche Glaubwürdigkeit verloren. Jeder, der im Land bleiben will, macht bereits Pläne für die Zeit nach dem Abzug der westlichen Kampftruppe. Dazu gehört seit einigen Jahren, sich auf gar keinen Fall mit den Taliban anzulegen. Daher haben auch die westlichen Besatzer längst begriffen, dass sie sich in Afghanistan selbst unter größeren Opfern auf Dauer nicht halten können.

Um ein Drängen der einzelnen Mitglieder nach einem früheren Afghanistan-Abzug zu verhindern, hat US-Präsident Barack Obama in Chicago erneut den Fahrplan bekräftigt, bis Ende 2014 alle Kampftruppen vom Hindukusch abzuziehen. Dieser wurde von den Staats- und Regierungschefs der

NATO-Mitgliedsländer schließlich als ›unwiderrufbarer Beschluss‹ verabschiedet. Dabei hat sich Kanzlerin Angela Merkel besonders hervorgetan, indem sie sich – auf Kosten der deutschen Steuerzahler und den Knochen der Bundeswehrsoldaten – in einem Akt heroischer Nibelungentreue mit der Parole ›Zusammen (in den Krieg) hinein, zusammen hinaus‹ fest hinter Obama und gegen den neuen französischen Präsidenten François Hollande gestellt hat. Letzterer hatte angekündigt, die Kampftruppen seines Landes bereits Ende dieses Jahres (*2012 – d. Hrsg.*) abzuziehen. Nach dem Gipfel verkündete er stolz, dass er sich in Chicago durchgesetzt habe. Von den 3.400 französischen Soldaten würden nach 2012 nur noch einige wenige in der Funktion als Ausbilder für die afghanische Armee im Land bleiben.

Die von Washington geforderte Finanzierung dieser Armee in Höhe von ebenfalls 150 Millionen Euro jährlich wies er im Gegensatz zu Merkel zurück. Dies könnte andere, finanziell klamme NATO-Länder zur Nachahmung anstiften und den Konsens zum Bröckeln bringen.

Für die Atlantiker ist es jetzt von besonderer Bedeutung, ohne allzu großen Gesichtsverlust aus dem Afghanistan-Debakel herauszukommen. So heißt es z. B. in der ›Jahresschrift 2011‹ des Sozialwissenschaftlichen Instituts der Bundeswehr, dass eine westliche Niederlage am Hindukusch einem ›weltpolitischen Totalschaden […] für die von den westlichen Industriestaaten konstituierte internationale Ordnung‹ gleichkäme, was nichts anderes bedeutet, als dass die Rechtfertigung neuer NATO-›Ordnungskriege‹ in Zukunft sehr viel schwerer würde.

Zugleich sorgt man sich in Washington über die Auswirkungen einer Niederlage auf den Hegemonieanspruch der USA. So konnte man z. B. schon vor Jahren in einer Analyse des wissenschaftlichen Dienstes des US-Kongresses lesen, dass durch eine Niederlage in Afghanistan ›die Glaubwürdigkeit und die Zukunft der NATO und damit der Führungsanspruch der Vereinigten Staaten‹ auf dem Spiel stünden. Deshalb wird Washington und der NATO nichts anderes übrigbleiben, als sich am Hindukusch zu Siegern zu erklären.«

Am 22. Mai 2012 hatte sich Rainer Rupp in einem Beitrag (»Mehr Knall pro Dollar«) schon einmal mit dem NATO-Gipfel in der *jungen Welt* beschäftigt:

»›Die NATO erfindet sich neu‹, der Chicago-Gipfel stellt die Weichen auf ›intelligente Verteidigung‹, krähten nach dem ersten Tag die beim NATO-Gipfel der Superlative in den USA versammelten Politiker des atlantischen Bündnisses für Angriffskriege. Angesichts der Haushaltsengpässe stehen insbesondere die europäischen NATO-Mitglieder unter dem Druck ihrer Bevölkerung, auch beim Militär zu sparen.

Dem entgegen stehen die massiven Forderungen nach größeren Anstrengungen der Europäer, da die USA inzwischen etwa 80 Prozent der NATO-Militärausgaben auf sich vereinen und die europäische Militärmaschine zunehmend von US-Militärs als veraltetes Stückwerk abgetan wird, mit dem keine modernen Kriege mehr zu führen sind. Als Beweis dafür wird der Libyen-Krieg angeführt. Der habe gezeigt, dass die Europäer ohne die massive Hilfe der USA in Schlüsselbereichen wie z. B. Aufklärung, Zielerkennung und -erfassung, Versorgung mit Präzisionswaffen und Lufttankern etc. den Krieg gar nicht hätten führen können.

Um zu verhindern, dass die knappen Kassen und die mangelnde Aufrüstungsbereitschaft der Europäer in Chicago zu einer handfesten Krise führen, hatte das NATO-Generalsekretariat unter Leitung seines Chefs Anders Fogh Rasmussen einen Weg gefunden, das Problem zu übertünchen. Indem er seinen Kompromissvorschlag mit dem jazzigen Namen ›Smart Defence‹ (›Intelligente Verteidigung‹) der Öffentlichkeit als bahnbrechende Innovation präsentierte, hat er den 28 Mitgliedsstaaten eine Brücke gebaut, über die sie weitgehend ohne Gesichtsverlust aus dem Dilemma herauskommen.

Das Ziel von ›Smart Defence‹ ist es, die bisherige Doppelentwicklung von Waffen- und Rüstungsprojekten zu verhindern und die knappen Ressourcen statt dessen zusammenzuführen.

Derartige Bestrebungen, ›more bang for a buck‹ (›mehr Knall pro Dollar‹) durch gemeinsame Produktion zu bekommen, sind so alt wie die NATO und bisher stets an den nationalen Eifersüchteleien gescheitert, weil jedes Land in möglichst vielen militärtechnischen Spitzenbereichen mit eigener Produktion mitmischen will. So kam es immer wieder zu nationalen Alleingängen und Dopplungen bei der Entwicklung von Waffensystemen und somit verteuerten Rüstungsprojekten.

Dennoch ist es der NATO-Führung in Chicago gelungen, trotz allgemeinen Spargebots und Haushaltssperren mit Hilfe der ›Nebelwerferdiskussion‹ um ›Smart Defence‹ mehr als 20 multinationale Aufrüstungsvorhaben zur Verbesserung der zukünftigen Interventionsfähigkeit der NATO auf den Weg zu bringen.

Zugleich hat das Bündnis die Aktivierung der ersten Stufe des sogenannten Raketenabwehrschilds für Europa verkündet, der offiziell gegen Iran gerichtet sein soll. Teheran verfügt jedoch weder über Atomwaffen noch über entsprechende Langstreckenraketen, um Europa zu bedrohen. Deshalb sieht der Kreml in der NATO-Initiative eine feindselige Maßnahme gegen sein Abschreckungspotential im Fall eines US- oder NATO-Angriffs auf Russland. Auch können die Europäer selbst nicht über ›ihr Abwehrsystem‹ bestimmen, denn die jetzt aktivierten US-Raketen und US-Radarstationen in der Türkei und auf in spanischen Hoheitsgewässern stationierten US-Schiffen kommen unter ein US-besetztes NATO-Kommando in Ramstein (Deutschland). Es handelt sich also um eine rein US-amerikanische Operation.«

Am 23. Mai 2012 äußerte sich Rupp zur Stationierung einer NATO-Raketenabwehr in Europa in der *jungen Welt*:

»Auf dem Gipfel in Chicago hat NATO-Generalsekretär Anders Fogh Rasmussen die Aktivierung der ersten Phase des von den Vereinigten Staaten propagierten Raketenabwehrschilds für Europa verkündet. Diese besteht aus einer US-Radarstation in der Türkei und aus Antiraketen-Raketen auf vor Spaniens Küste stationierten US-Kriegsschiffen, die in den vergangenen Monaten unter der Aufsicht des US-besetzten NATO-Kommandos in Ramstein (Deutschland) getestet wurden. Trotz der Alibiphrase ›NATO-Kommando‹ ist und bleibt die angebliche Verteidigung Europas gegen nichtexistierende iranische Atomsprengköpfe auf nichtexistierenden iranischen Langstreckenraketen eine rein US-amerikanische Operation.

Die für den Schild vorgesehenen europäischen Basen sind wichtige Teile des Washingtoner Gesamtkonzepts zum Aufbau einer umfassenden, antiballistischen Raketenabwehr für die USA, die bis 2022 fertiggestellt sein soll und die weitere NATO-Länder wie z. B. Polen und Tschechien mit einbezieht. Daher dürfte die Betonung des angeblichen ›Schutzes von Europa‹ gegen iranische Raketen nur ein Public-Relations-Trick zur Irreführung der europäischen Öffentlichkeit sein, um die Akzeptanz für die höchst gefährlichen US-Pläne zu erhöhen und breite Proteste zu verhindern.

Das US-Projekt ist deshalb so gefährlich, weil Russland sich davon in einer zentralen Frage seiner Sicherheit direkt bedroht fühlt. Aus Moskauer Sicht unterhöhlen die US-Pläne das eigene Abschreckungspotential. Denn bei einem funktionierenden Abwehrschirm gegen ballistische Raketen bräuchten die USA bei einem Präventivschlag gegen Russlands Atomstreitkräfte keine massive Vergeltung mehr zu befürchten. Da es entsprechende Veröffentlichungen US-amerikanischer Strategen gibt, sind diese Sorgen nicht in den Bereich russischer Hirngespinste oder Paranoia zu verweisen. Denn russische Interkontinentalraketen, die den US-Präventivschlag unbeschadet überstanden hätten, müssten dann – so die Befürchtungen im Kreml – zuerst den in Asien und Europa nach vorn geschobenen US-Raketenabwehrschild überwinden, um noch eine echte Abschreckung darzustellen.

Das US-Argument, dass die wenigen für den Raketenschild in Europa geplanten US-Raketen nur ausreichten, um einige iranische Flugkörper, aber nicht die Masse der im russischen Arsenal vorhandenen Interkontinentalraketen abzuschießen, lässt der Kreml nicht gelten. Denn wenn das ganze System erst einmal funktioniert, ist es kein besonderes technisches Problem für den Raketenschild, mit weitaus mehr US-Raketen zu operieren als bisher geplant.

Da sich Washington weiterhin strikt weigert, Moskau eine vertragliche Garantie zu geben, dass der Schild nicht gegen Russland gerichtet ist, sieht der Kreml in den US-Plänen zu Recht einen feindseligen Akt. Davon kann auch die ständige Aufforderung der USA zur Kooperation nicht ablenken, denn an einer echten ›Zusammenarbeit‹, z. B. in der Form eines gemeinsamen Raketenschilds – wie von Russland vorgeschlagen –, hat Washington kein Interesse. Daher hat Moskau wiederholt angekündigt, im Fall einer ernsten Bedrohungslage seinerseits präventiv die US-Raketenschildzentren in Europa zu vernichten.

Bewegung in die seit Jahren festgefahrene Lage hat nun der neue französische Präsident François Hollande gebracht. Auf dem Gipfel in Chicago hat er die Unterstützung seines Landes für den Raketenschild davon abhängig gemacht, dass sich andere Länder, einschließlich Russland, nicht davon bedroht fühlen.«

Beiträge zur NATO-Osterweiterung

Am 11. Oktober 1997 untersuchte Rupp für die *junge Welt* einen Streit innerhalb der NATO, wer die Kosten für die Osterweiterung des Paktes tragen soll:

»Kaum drei Monate sind vergangen, dass in Madrid mit großem Pomp die geplante Expansion der NATO nach Osten gefeiert wurde. Doch schon Anfang Oktober lagen sich die NATO-Verteidigungsminister in Maastricht in den Haaren: Es ging um die Finanzierung des Projekts.

Die USA wollen nur zwei Milliarden Dollar der – schöngerechnet – 35 Milliarden und kürzlich vom US-Außenministerium hochgerechneten 63 Milliarden aufbringen. Den Rest soll Europa übernehmen. Frankreich hat seinen Plan, der militärischen NATO-Struktur beizutreten, wieder fallengelassen. Das Bündnis sei ›zu amerikanisiert‹. Damit blieben die BRD, England und Italien als Hauptzahler. Diese Länder sehen jedoch angesichts ihrer Haushaltsmisere und der politischen Stimmung keine Chancen, das Geld aufzubringen, zumal nicht auszuschließen ist, dass neue Mitgliedsstaaten davon amerikanische Waffensysteme kaufen.

Wenn nicht die europäische, sondern die amerikanische Rüstungsindustrie profitiert, dann sind Konflikte in der atlantischen ›Wertegemeinschaft‹ programmiert. Entsprechend lautstark war der Protest der europäischen Verteidigungsminister gegen den Vorhalt ihres US-Kollegen, dass es in der Allianz keine Trittbrettfahrer geben dürfe. Einige sagten, ihre Länder würden das Fünffache der US-Summen an Hilfe für Russland, die Ukraine und Bosnien ausgeben. Das sei zwar Wirtschaftshilfe, würde nach dem Ende des Kalten Krieges aber die Sicherheit in Europa eher fördern als der Kauf neuer Panzer und Kampfflugzeuge aus den USA. Von einer ›Aushöhlung der Allianz‹, vor der US-Verteidigungsminister Cohen warnte, könne keine Rede sein.

Die Clinton-Regierung weigert sich, die hohen Kosten der NATO-Expansion zu übernehmen, weil sie den US-Senat günstig stimmen will. Denn die zur Ratifizierung der Expansion notwendige Zwei-Drittel-Mehrheit im Senat ist nicht gesichert. So manche Senatoren fragen sich nach den langfristigen Kosten, befürchten die Verwässerung der Allianz und weisen auf ein Sicherheitsrisiko hin: Was passiert, wenn US-Truppen und Atomwaffen zur Verteidigung der neuen Mitglieder eingesetzt werden?

Die Abstimmung findet voraussichtlich im März statt, und bis dahin wird sich zeigen, ob der alte Kommunistenfresser Jesse Helms – er will die NATO-Expansion von Europa bezahlt wissen und gegen das heutige Russland gerichtet sehen – auch weiterhin das Zünglein an der Waage spielen kann. Sollte Helms seine Vorstellungen durchsetzen, dann ist sowohl NATO-interner Krach als auch ein neuer Konflikt zwischen Moskau und der Allianz programmiert. Ernstzunehmende Kritik an der Ost-Expansion ist nur noch von liberalen Kreisen in den USA zu vernehmen. Mitte September hatte beispielsweise die angesehene *Washington Post* gewarnt, dass ›die strukturelle Transformation der NATO zu einem Interventionsbündnis bereits stattfindet, was jedoch von der Öffentlichkeit auf beiden Seiten des Atlantiks kaum wahrgenommen wird‹.

Die Bundeswehr liegt mit ihren neuen Interventionskräften, dem ›Kommando Spezialkräfte‹, und ihrer wachsenden Präsenz außerhalb der NATO voll im Trend. Schließlich soll sie die ›vitalen Interessen Deutschlands‹, zum Beispiel in der Rohstoffversorgung, militärisch sichern. Das ist im Weißbuch des Verteidigungsministeriums nachzulesen.«

Am 31. Dezember 1997 analysierte Rainer Rupp die NATO-Osterweiterung im verflossenen Jahr:

»Bezeichnend für die Entwicklung der NATO im letzten Jahr ist die Aussage von US-Außenministerin Albright Mitte Oktober vor dem Senatsausschuss für Auswärtige Beziehungen bei der Anhörung über die NATO-Ost-Expansion. Beim Versuch, dem skeptischen Ausschussvorsitzenden Jesse Helms eine strategische und sicherheitspolitische Rechtfertigung für die Ost-Expansion zu liefern, trug Frau Albright, unterstützt vom einflussreichen Senator Lugar, ganz unverkrampft das Konzept der ›globalen NATO‹ vor, die überall auf der Welt amerikanische und europäische Interessen durchsetzen würde. Kaum anzunehmen, dass Frau Albright dabei die Interessen amerikanischer und europäischer Arbeiter im Auge hatte.

Aber die Vertreter des Großkapitals dürften sich ob solcher politischer Weitsicht gefreut haben. Alarmiert riet jedoch die liberale *New York Times* von derlei Expansionsgelüsten ab, würde doch deren Verwirklichung ›tektonische Verschiebungen‹ in den internationalen Beziehungen bedeuten, die ›eine Neuverhandlung der gesamten NATO-Charta voraussetzen würde‹.

Der Alarmruf verhallte weitgehend unbeachtet in der friedenspolitischen Wüste, die sich in den letzten Jahren besonders in Europa ausgebreitet hat. Dort, in Brüssel, verabschiedeten die NATO-Verteidigungsminister Anfang Dezember ein Programm, das den Weg zur globalen NATO weiter ebnete. Da für die territorialen Grenzen des Bündnisses so gut wie keine Bedrohung mehr besteht, präsentierte man stolz das Konzept einer auf die ›Anforderungen des 21. Jahrhunderts zugeschnittenen Militärstruktur‹, die schnell und flexibel auf ›regionale Konflikte‹ außerhalb des traditionellen NATO-Bereiches reagieren kann, wobei man besonders friedenserhaltende Aufträge und Bedrohungen durch Schurkenstaaten hervorhob. Selbst ein Schurke, wer Böses dabei denkt.

›Flexibel‹ heißt dabei im NATO-Jargon, dass diese *out-of-area*-Aktionen nicht von allen NATO-Mitgliedern mitgetragen werden müssen. Vielmehr können sich – je nach Interessenslage – NATO-Staaten à la carte zu Militäraktionen zusammenfinden und sie unter der NATO-Flagge durchführen. Auf Grund der mangelnden europäischen Kapazitäten auf Gebieten wie Logistik und Fernaufklärung dürften solche

Aktionen jedoch ohne amerikanische Beteiligung so gut wie unmöglich sein. Außerdem verlangt die Erlangung der Fähigkeit für solche Einsätze fern der Heimat von den Europäern umfangreiche militärische Modernisierung und die Beschaffung neuer Waffensysteme. Das ist teuer, und deshalb gibt es innerhalb der NATO besonders seitens der kleineren Mitgliedsstaaten Widerstände. Nicht jedoch in Deutschland.

Unbehindert von kritischen Fragen sind hierzulande die Vorbereitungen für die globale NATO längst angelaufen. Und Verteidigungsminister Rühe versprach unlängst seinen Soldaten, dass sie beim nächsten Golfkrieg dabei sein würden. Ganz soweit ist die SPD noch nicht, aber sie ist auf dem Weg dahin. Auf ihrem Parteitag in Hannover unterstrich Verheugen, dass in der sozialdemokratischen Sicherheitspolitik nicht mehr friedenspolitische Ziele, sondern der Beitrag zur Gestaltung der Weltwirtschaft im Vordergrund stehen.

Wenn auch ein Golfkrieg für die SPD noch nicht in Frage kommt, wie wär's dann mit einer ›friedensschaffenden‹ Mission in der Region ums Kaspische Meer? Dort liegen die drittgrößten Ölreserven der Welt, um die die internationalen Konzerne in einer politisch höchst instabilen Region wetteifern. Auch deutsches Kapital ist beteiligt. Und die weltweite Sicherung von Rohstoffen und deutschen Interessen steht schließlich als Auftrag im Bundeswehr-Weißbuch, das sich bald fugenlos ins neue NATO-Konzept einpassen wird.

Auf dem Weg zur globalen NATO ist jedoch noch ein größeres Hindernis mit Namen Bosnien zu überwinden. Mit dem Dayton-Abkommen und den NATO-Truppen will sich der Konflikt dort partout nicht lösen lassen. Und die Amerikaner haben sich in eine Zwickmühle manövriert. Einerseits wollen sie nicht tiefer in den Konflikt hineingezogen werden, zumal es dort weder Öl noch bedeutende Märkte zu ›verteidigen‹ gibt. Andererseits wird die Rolle, die die NATO in Bosnien spielt, gerne als Beispiel für die Art gemeinsamer friedensschaffender Militäroperationen zitiert, für die sich die NATO innerhalb und außerhalb Europas nun vorbereitet. Aber wie kann man die NATO-Expansion politisch verkaufen, wenn die Allianz nicht einmal dazu fähig ist, im kleinen Bosnien dauerhaft Frieden zu schaffen. Eins ist nämlich sicher:

Sobald die SFOR-Truppen abziehen, werden die Kämpfe wieder aufflammen.

Als Ausweg aus dem Dilemma versucht die Clinton-Regierung nun eine gemischte Strategie: Einerseits teilweiser Rückzug amerikanischer Truppen, wobei die Europäer dazu gebracht werden sollen, sich stärker in Bosnien zu engagieren. Zugleich soll bei der Durchsetzung des Dayton-Abkommens eine schärfere Gangart eingeführt werden. Der neue NATO-Oberbefehlshaber, General Wesley Clark, hat bereits erklärt, dass er ›keine Angst vor *mission creep*‹ (der schleichenden Auftragsausweitung) hat, um die ›Mauer des serbischen Widerstandes zu brechen‹.

Die NATO-Truppen sind aber bisher nur deshalb vor Guerilla-Angriffen verschont geblieben, weil sie sich im ethnischen Konflikt weitgehend neutral verhalten und jegliche Ausdehnung auf Polizeiaufgaben vermieden haben. Wenn jetzt jedoch in Bosnien mit militärischen Mitteln und unter Zeitdruck versucht werden sollte, einen ›Friedenserfolg‹ zu erzwingen, könnten sich schnell ganz neue Gefahrensituationen auch für die deutschen Soldaten in Bosnien ergeben, Guerilla-Kämpfe in Bosnien gegen NATO-Soldaten könnten jedoch die Expansionspläne der NATO, die weit über Polen, Tschechien und Ungarn hinausgehen, zunichte machen. Das Konzept der globalen NATO wäre in Gefahr.

Jesse Helms und weitere wichtige Senatoren hatten ihre Zustimmung zur NATO-Ostexpansion von der stärkeren Lastenübernahme durch die Europäer abhängig gemacht; nicht nur in Bosnien, sondern auch bei den Kosten der Expansion. Letzteres sollte jedoch keine ernsthafte Bedrohung für die Ost-Pläne der NATO werden, denn flugs und zeitig zum Ministertreffen im Dezember legten die NATO-Rechenkünstler ein neues Zahlenwerk auf den Tisch, das die Expansionskosten auf wundersame Weise so niedrig ansetzt, dass sie quasi aus der Porto-Kasse bezahlt werden können; statt mehrerer Milliarden Dollar jährlich nun nur noch 130 Millionen. Alle freuten sich über diese elegante Lösung des Problems, das nun einer Ratifizierung und möglichen Bedenken vor dem Hintergrund des angeblich unabdingbaren Sparzwangs bei sozialen Ausgaben nicht mehr im Wege steht. Die ›überraschende Entdeckung‹ neuer Kostenfaktoren wird später kommen, wenn die Weichen bereits gestellt sind und sich die Bevölkerung den ›Sachzwängen‹ für den Aufbau der globalen NATO beugen muss.«

Am 28. März 1998 untersuchte Rupp in der *jungen Welt* die Diskussion von US-Sicherheitsexperten über die NATO-Osterweiterung:

»Nachdem die Gremien der NATO die Aufnahme der ›osteuropäischen Reformstaaten‹ bereits beschlossen haben, müssen nunmehr die Mitgliedsländer des Bündnisses in ihren nationalen Parlamenten diese Entscheidung absegnen. Eine Schlüsselrolle kommt dabei dem amerikanischen Senat zu, wo nach einer erneuten Verschiebung Anfang April abgestimmt werden soll.

Die europäische Linke findet in ihrer Ablehnung der NATO-Expansion unerwartete Unterstützung in den USA, sowohl von liberalen als auch von konservativen sicherheitspolitischen Experten, wenn auch aus unterschiedlichen Gründen. Die Anhänger einer starken NATO befürchten den Verlust ihrer Funktionsfähigkeit; Liberale sorgen sich um eine neue Eiszeit im amerikanisch-russischen Verhältnis, auch zum Nachteil von Interessen der USA in Drittländern. Und US-Konzerne ängstigen sich um ihren ungehinderten Zugang zum russischen Markt. Trotzdem will Clinton die Ratifizierung der Expansion möglichst schnell im US-Senat durchpeitschen, solange dort die Zeichen günstig stehen.

Immer wieder wird darauf hingewiesen, dass der Expansionsbeschluss der Clinton-Regierung auf keinerlei stichhaltiger sicherheitspolitischer Analyse beruht. Er kam vielmehr aus innenpolitischen, d. h. wahltaktischen Gründen zustande. Besonders mit Blick auf die zahlreichen Amerikaner polnischer Abstammung gab Präsident Clinton vor der letzten Wahl das Versprechen, sich für die Aufnahme Polens, Ungarns und der Tschechischen Republik in die NATO einzusetzen. Seitdem hat sich diese vorschnell getroffene Entscheidung verselbständigt und ist auf Grund amerikanischen Drucks zur offiziellen NATO-Politik geworden. Eine Nicht-Ratifizierung der NATO-Expansion durch den US-Senat wäre deshalb eine einzigartige internationale Blamage für die Clinton-Regierung.

Die Probleme und Gefahren der NATO-Expansion aus amerikanischer Sicht hatte die angesehene *New York Times* (NYT) in den letzten Monaten mit einer Serie von kritischen Artikeln beleuchtet. Dabei wurde auch deutlich, dass viele überzeugte Anhänger der NATO, wie z. B. Sam Nunn, ehemaliger US-Senator und Verteidigungsminister, die Ostexpansion strikt ablehnen. Gemeinsam mit einer imposanten Riege von namhaften Sicherheitsexperten schrieb er in der *NYT*, dass die Expansion ›ein Rezept zur Zerstörung der NATO‹ ist. Und George Kennan, der als der Architekt der *Containment*-(Eindämmungs-)Strategie der USA gegen die Sowjetunion während des Kalten Krieges gilt und in Amerika nach wie vor höchstes Ansehen genießt, bezeichnete kürzlich im *National Interest Magazin* die Ostexpansion der NATO als ›historische Dummheit‹.

Die amerikanische Verfassung verlangt, dass die 100 Senatoren mit einer Zwei-Drittel-Mehrheit außenpolitische Verträge ratifizieren. Um den Senatoren die Entscheidung zu erleichtern, sollen die Verträge und ihre Bedeutung für die USA und deren Sicherheit eingehend im Senatsausschuss für Auswärtige Beziehungen durchleuchtet werden. Trotz eines vielversprechenden Anfangs geschah das aber diesmal im Fall der NATO-Expansion nicht, so dass die *NYT* sogar den Ausschuss ermahnte, dass die ›Verfassung mehr von ihm verlangt, als er zur Zeit bietet‹.

Anfang März hatte sich der Ausschuss nämlich mit 16 gegen zwei Stimmen für die Aufnahme von Polen, Ungarn und Tschechien entschieden. Die Bedenken weiter Kreise der amerikanischen außen- und sicherheitspolitischen Elite gegen die NATO-Expansion waren im Senatsausschuss kaum diskutiert worden. Die meisten Senatoren beschäftigen sich – genau wie der allergrößte Teil der US-Bürger – mit Außenpolitik höchstens am Rande. Zum Zweck der Wiederwahl kann ein Senator mit diesem Thema keinen Blumentopf gewinnen.

Anders sieht das bei der Kürzung der Staatsausgaben aus, wo die beiden Parteien und ihre Repräsentanten versuchen, sich gegenseitig zu überbieten. Und deshalb konzentrierte sich die Aufmerksamkeit des Auswärtigen Senatsausschusses auf die Kosten der NATO-Expansion. Vor allem der Kostenbeitrag der

USA mußte niedrig sein, weshalb die befriedigende Lösung dieser Frage zum Schlüsselkriterium für die Zustimmung des Ausschusses zur Ostexpansion wurde.

Als erstes hatte das Budget Office des US-Kongresses (CBO) die Kosten der Expansion auf 125 Milliarden Dollar über einen Zeitraum von 15 Jahren geschätzt. Auf Grund des Widerstandes, der sich daraufhin im Senat erhoben hatte, ›schätzte‹ das Pentagon die Kosten auf nur noch 27 Milliarden Dollar über 13 Jahre.

In einer aufschlussreichen Analyse des Zustandekommens der verschiedenen Zahlenwerke zu den Kosten der NATO-Expansion zitierten die Professoren Perlmutter und Carpenter in den angesehenen *Foreign Affairs* Anfang dieses Jahres einen hohen Regierungsbeamten zur Berechnungsmethode des Pentagon: ›Jeder wusste, dass eine niedrige Kostenschätzung beim Pentagon höchste Priorität hatte, sowohl um den Senat als auch um die Russen zu beruhigen. [...] Es bestanden starke politische Sachzwänge, niedrige Zahlen vorzulegen.‹ (*Foreign Affairs,* Jan./Febr. 1998)

Alarmiert musste dann jedoch die Clinton-Regierung feststellen, dass selbst die niedrigen Zahlen des Pentagon dem Senat immer noch zu hoch waren. In einer neuen Wende im Possenspiel wartete das Generalsekretariat der NATO pünktlich zur Herbsttagung der NATO-Minister in Brüssel Ende letzten Jahres mit einer neuen Kostenschätzung auf, die nun zwecks Präsentation für den Senat vom Pentagon offiziell übernommen wurde; mit der entschuldigenden Erklärung, man wäre vorher von einigen jetzt nicht mehr zutreffenden Annahmen ausgegangen. Demnach soll die gesamte NATO-Ostexpansion nur noch 1,5 Milliarden Dollar über zehn Jahre verteilt kosten, wobei der Anteil der USA aus der Portokasse bezahlt werden könnte.

Der Zweck dieser Zahlenspielerei war denn aber doch allzu offensichtlich, was den bekannten amerikanischen Kommentator Thomas L. Friedmann kürzlich in der *NYT* zu der sarkastischen Frage veranlasste, wieso es dazu kommt, ›dass mit jedem Tag, mit dem die Abstimmung im Senat näher rückt, die NATO-Expansion billiger wird‹. Ungeachtet dessen hat nun der Ausschuss der Expansion zugestimmt und somit eine eindeutige Empfehlung für das Abstimmungsverhalten der übrigen Senatsmitglieder gegeben.

Noch blieb eine schwache Hoffnung. 16 Senatsmitglieder hatten sich nach der Ausschussentscheidung dafür ausgesprochen, die Ratifizierung auf Mitte des Jahres zu verschieben, damit noch genügend Zeit für eine tiefergehende Debatte bliebe. Dass ausgerechnet hartgesottene Verfechter einer starken NATO gegen deren Ostexpansion waren, hatte doch zumindest einige Senatoren nachdenklich gestimmt. Sam Nunn und eine Reihe anderer hatten gewarnt, dass durch die Expansion ›der Karren vor das Pferd gespannt würde‹. Indem neue Mitglieder und Verantwortungen ›jenseits vernünftiger Grenzen‹ übernommen würden, würde der ›innere Zusammenhalt der Allianz‹ gefährdet. Durch die Ostexpansion würde nämlich nicht nur ›die Feindschaft Russlands wiederbelebt, sondern zugleich auch die Fähigkeit der Allianz geschwächt, dieser zu begegnen‹, denn die NATO werde notgedrungen in eine Organisation verwandelt, ›in der Verpflichtungen verwässert und ihre Durchsetzungskraft in Frage gestellt würde‹ – also: ein Rezept zur Zerstörung der Allianz.

Und wer die inneren Mechanismen der NATO kennt, der weiß, dass Sam Nunns Sorgen über den möglichen Zerfall der NATO nicht aus der Luft gegriffen sind. Wegen der Verdauungsschwierigkeiten, die sich die NATO im Zuge ihrer Expansion zuziehen wird, könnte sich das Problem der europäischen Linken mit der NATO von selbst lösen.

Aber nicht nur amerikanische sicherheitspolitische Strategen, die langfristig um die durch die NATO garantierte Führungsrolle der USA auf dem europäischen Kontinent fürchten, sondern auch Wirtschaftsunternehmen mit Interesse am russischen Markt sind gegen die NATO-Ostexpansion. Letztere, so wird argumentiert, würde nationalistischen Kräften in Moskau Auftrieb geben, die die Demokratisierung stoppen und – noch schlimmer – die Marktwirtschaft abwürgen sowie die Ost-West-Beziehungen einfrieren würden. Im Unterschied zu den großen US-Rüstungsunternehmen, die in der Hoffnung auf einen lukrativen Waffenmarkt in den NATO-Beitrittsländern eine Werbekampagne für die Ostexpansion finanzieren, sind besonders die amerikanischen Öl- und Rohstoffkonzerne, aber auch international operierende Unternehmen der Konsum- und Gebrauchsgüterindustrie dagegen. In Rußland warten riesige Chancen und Gewinne, und deshalb sind sie hauptsächlich an einer zügigen Entwicklung der dortigen Marktwirtschaft interessiert. Die NATO-Expansion stört dabei nur. Deshalb wurde die *NYT* in den letzten Monaten nicht müde, in ihren Artikeln gegen die geplante Osterweiterung immer wieder zu betonen, dass ›die zukünftige politische, militärische und ökonomische Stabilität Europas im wesentlichen davon abhängt, ob Russland den Übergang zur Demokratie und Marktwirtschaft schafft‹. Aber je näher die NATO an die Grenzen Russlands vorrücke, desto stärker würde Russland ›seine legitimen Sicherheitsinteressen gefährdet sehen und um so feindseliger reagieren‹.

Dieser Punkt bringt eine dritte Gruppe von amerikanischen Expansionsgegnern ins Spiel. Besorgt verfolgen sie, dass sich Moskau zur Verteidigung seiner Landesgrenzen auf Grund der NATO-Expansionspolitik nun verstärkt auf Nuklearwaffen verlässt. Im vergangenen Jahr hat Russland erklärt, dass es sich auch im Falle eines rein konventionellen Angriffs auf sein Territorium den Ersteinsatz von Atomwaffen vorbehält. Damit ist Moskau von seiner bisherigen Doktrin abgewichen und droht – genau wie die NATO schon immer – im Falle eines Konfliktes mit dem nuklearen Erstschlag, mit allen seinen unabsehbaren Folgen.

Und: Atomwaffen sind noch genug da. Wegen der Expansionsgelüste der NATO liegt die Ratifizierung des START-II-Vertrages zur weiteren Abrüstung der strategischen Nuklearwaffen, von denen Russland allein immer noch 7.500 hat, in der russischen Duma auf Eis. Auch in anderen Bereichen von strategischer Bedeutung für die Rüstungs- und Proliferationskontrolle hat sich in letzter Zeit die russisch-amerikanische Zusammenarbeit verschlechtert, z. B. bei der Kontrolle und dem Management von potentiell vagabundierendem russischen Nuklearmaterial. Vollkommen unverständlich erscheint deshalb der *NYT*, ›warum der Clinton-Regierung die Mitgliedschaft Ungarns in der NATO wichtiger ist als die gute Zusammenarbeit mit Russland, die für Amerika von vitaler Bedeutung ist‹.

In einer Beziehung sind sich fast alle amerikanischen außenpolitischen Experten – mit Ausnahme der von der Clinton-Regierung bezahlten – einig: Russland kann die NATO-Expansion zwar nicht verhindern, aber das bedeutet nicht, dass diese nicht ohne negative Folgen bleibt.

Michael Mandelbaum von der renommierten John Hopkins University in Washington DC warnte kürzlich, dass Russland immer noch ein großes Land und wichtig ist; ›es hat viele Möglichkeiten, in der Welt Hebel anzusetzen, um dort unsere (amerikanischen) Absichten zu durchkreuzen; nicht etwa mit militärischen Drohungen oder Gewaltanwendung, sondern einfach dadurch, dass Russland bei der *freiwilligen Feuerwehr* nicht mitmacht!‹

Mandelbaum dürfte damit all jenen aus dem Herzen gesprochen haben, die in Russland schon lange keine ernsthafte Bedrohung amerikanischer Sicherheitsinteressen mehr sehen. Statt dessen erwächst die hauptsächlich aus regionalen Krisen und der wachsenden Gefahr terroristischer Anschläge mit Massenvernichtungswaffen. Deshalb sind die widersprüchlichen Signale, die die Clinton-Regierung nach Moskau schickt, absolut unverständlich. Die *NYT* drückte das so aus: ›Im Mittleren Osten müsst ihr euch als unsere strategischen Partner verhalten, aber in Europa müsst ihr akzeptieren, dass ihr immer noch unsere Hauptfeinde seid!‹

Die widerwillige Hinnahme der NATO-Expansion durch Boris Jelzin würde von Clinton mit der ›permanenten Akzeptanz der Fakten verwechselt‹. ›Im Moment allerdings‹ hat Jelzin missmutig die Ost-Expansion als Preis für Harmonie mit dem Westen und für dessen finanzielle Unterstützung angenommen. […] Jelzins Nachfolger könnten sich dagegen weniger kooperativ zeigen.‹

Wie sehr jedoch die Eindämmung regionaler Krisen von Moskaus Kooperation abhängt, zeigt sich nicht nur im Mittleren Osten, sondern auch im Balkankonflikt. Die jüngsten Zuspitzungen im Kosovo drohen die ganze Region in Flammen zu setzen, eine Region, auf deren Boden bereits amerikanische und deutsche Soldaten stehen. Ohne Moskau oder gar gegen Moskau wird auch die geballte Macht der NATO diese Region nicht beruhigen können.

All diese Überlegungen spielten in der bisherigen Debatte im US-Senat so gut wie keine Rolle. Da das außenpolitische Prestige seiner Regierung auf dem Spiel steht, drängt Clinton auf eine schnelle Entscheidung des Senats. Durch einen geschickten Schachzug ist es ihm nun gelungen, dass der Senat bereits am 18. März die Debatte eröffnete. Das Ergebnis dürfte jetzt schon feststehen.«

In zwei umfangreichen Beiträgen, die in der *jungen Welt* am 8. und 9. Dezember 1998 veröffentlicht wurden, befasste sich Rainer Rupp mit den Strategie-Debatten im Nordatlantikpakt:

»Das Urteil des Internationalen Gerichtshofs in Den Haag vom Juli 1998 ist eindeutig: ›Die Drohung mit und der Einsatz von Kernwaffen verstoßen generell gegen die Regeln des internationalen Völkerrechts.‹ Kürzlich bei einer Podiumsdiskussion in Berlin unterstützte Richter Heinrich W. Laufhütte, Vorsitzender des 5. Senats des Bundesgerichtshofs, ausdrücklich diese Position. Dies sei im juristisch relevanten Sinne offensichtlich.

Auf die Frage, ob demnach die Bundeswehroffiziere, die in der NATO an der Planung von nuklearen Erstschlägen beteiligt sind, nicht ein Fall für die Staatsanwaltschaft sein müssten, gab Richter Laufhütte zur Antwort, das sei doch nicht mehr aktuell (siehe *ND* vom 26. November).

Einspruch, Euer Ehren. Das ist noch höchst aktuell!

Und nach wie vor brandgefährlich!

Wie Richter Laufhütte glaubt aber die überwiegende Mehrheit der Bevölkerung, dass die nukleare Erstschlagdoktrin der NATO längst auf dem Müllhaufen der Geschichte gelandet ist. Und in diesem Glauben sollte sie auch belassen werden, wäre es nach den Vorstellungen der Kohl-Regierung gegangen. Währenddessen bereitete sich die NATO stillschweigend auf die Verabschiedung ihres neuen strategischen Konzeptes anlässlich ihres 50. Jahrestages im April 1999 vor. Darin soll ihr militärischer Aktionsradius, einschließlich der Drohung mit dem atomaren Erstschlag, auf andere Weltregionen außerhalb ihres jetzigen Zuständigkeitsbereiches ausgedehnt werden. Eine folgenschwere sicherheitspolitische Veränderung, die fast unbemerkt von der Öffentlichkeit umgesetzt werden soll.

Abgesehen von der grundsätzlichen Völkerrechtswidrigkeit der bestehenden NATO-Doktrin wirft ihre beabsichtigte geographische Ausdehnung zur Untermauerung der ›neuen Weltordnung‹ viele politische und ethische Fragen auf. Bevor die Bundesrepublik diesem folgenschweren Schritt der NATO zustimmt, verlangt es der demokratische Rechtsstaat, dass die diesem Schritt unterliegende Negierung moralischer Prinzipien öffentlich diskutiert und bewertet wird. Fragen von Krieg und Frieden sind zu wichtig, um sie den Generälen und ihren Strategen zu überlassen. Von moralischer Bedeutung ist auch die Frage, wessen Interessen mit dem neuen NATO-Konzept weltweit notfalls auch mit einem nuklearen Erstschlag durchgesetzt werden sollen.

Die Befürworter der ›first use‹, der Erstschlagdoktrin, vornweg Verteidigungsminister Scharping, erklären, dass sie ›vernünftig‹ und ›bewährt‹ sei. Sie sei ›defensiv‹ und der ›Eckstein der NATO-Strategie‹. Und auch im neuen NATO-Konzept müsse die ›Kontinuität‹ gewahrt bleiben.

Es ist die verrückte Logik des Dr. Seltsam, der gelernt hatte, die Bombe zu lieben, die hieraus spricht. (»*Dr. Seltsam oder: Wie ich lernte, die Bombe zu lieben*« *ist der Titel eines satirischen Films über den Kalten Krieg und die nukleare Abschreckung von Stanley Kubrick aus dem Jahr 1964 – d. Hrsg.*) Aber selbst wenn man der selbstmörderischen Logik der ›first use‹-Doktrin des Kalten Krieges folgt, so ist sie unter den heutigen Bedingungen obsolet und auf keinen Fall als ›Defensivstrategie‹ im Rahmen des neuen strategischen Konzeptes der NATO übertragbar. Dort muss sie weltweit von all jenen Ländern als besondere Drohung angesehen werden, die sich nicht der ›neuen Weltordnung‹ von Amerikas und NATO-Gnaden beugen wollen. Dies wird einen zusätzlichen Anreiz geben, selbst Massenvernichtungsmittel zu entwickeln.

Während des Kalten Krieges war die nukleare Erstschlagdoktrin fester und wesentlicher Bestandteil der US- und NATO-Strategie. Sie war gegen einen anfangs wenig, später aber ebenfalls atomar hochgerüsteten Gegner gerichtet, die Sowjetunion. Wäre es je zu einem bewaffneten Ost-West-Konflikt gekommen, hätte die Umsetzung dieser Doktrin wahrscheinlich zur Vernichtung der Menschheit auf der nördlichen Halbkugel unserer Erde geführt, mit verheerenden Folgen für den Rest der Welt. Es war ein wahnwitzig gefährliches Spiel, in dem auf beiden Seiten die Vernichtungspotentiale so hochgeschraubt wurden, dass man die jeweils gegnerische Seite nicht einmal, sondern zigfach zerstören konnte, selbst wenn der andere zuerst zugeschlagen hätte.

Die Gewissheit der sicheren eigenen Zerstörung veranlasste denn auch beide Seiten, jede direkte Auseinandersetzung, die zum Krieg hätte führen können, zu meiden. Ganz so einfach war dies jedoch nicht. Wegen der vielen Grauzonen, unterschiedlicher und gar falscher Einschätzungen der Absichten der anderen Seite, wegen wiederholter Bemühungen, das Gleichgewicht des Schreckens doch noch zu den eigenen Gunsten zu verändern und als politische Drohkulisse zu nutzen, kam es wiederholt zu Krisen, die uns an den Rand des dritten Weltkrieges brachten; so z. B. die Kuba-Krise 1962 und die Modernisierung der atomaren Mittelstreckenwaffen durch die NATO 1983 in Europa. Nur die sichere eigene Zerstörung im Falle eines Krieges bewahrte uns vor Schlimmerem und führte zur Lösung der Konflikte auf dem Verhandlungswege.

Heute ist die Situation grundsätzlich anders. Der Kalte Krieg ist seit langem vorbei. Der Ersteinsatz von Atomwaffen im Rahmen des neuen strategischen Konzepts der NATO zur weltweiten ›Verteidigung‹ westlicher Interessen richtet sich vor allem gegen potentielle Gegner, von denen keine unmittelbare Gefahr für die eigene Bevölkerung ausgeht.

Daher ist zu befürchten, dass im Falle eines bewaffneten Konfliktes der NATO mit solchen Ländern die Hemmschwelle gegen den Einsatz von Atomwaffen entsprechend sinken wird. Dass die USA in der Vergangenheit wiederholt den Einsatz von Atomwaffen gegen Länder der Dritten Welt ernsthaft in Erwägung gezogen haben, ist dokumentiert und unterstreicht, dass diese Befürchtung nicht realitätsfern ist. Die Übernahme der Erstschlagdoktrin in das neue strategische Konzept der NATO stellt daher ein formidables Mittel zur Erpressung und Gefügigmachung all jener Länder dar, die sich, egal wo auf der Welt, der Durchsetzung der Interessen der westlichen (Finanz- und Wirtschafts-)Wertegemeinschaft in den Weg stellen.

Die USA sind das einzige Land, das Atomwaffen gleich zweimal gegen Großstädte eingesetzt hat. Anhand der seither veröffentlichten Dokumente und Memoiren der an der Entscheidung Beteiligten ist heute nachvollziehbar, dass es seinerzeit drei Denkschulen gab: Die erste hatte grundsätzliche moralische Skrupel gegen den Einsatz der A-Bomben gegen zivile Ziele, zumal die japanische Kapitulation ohnehin in Kürze erwartet wurde. Zur Demonstration der Zerstörungskraft der neuen Bombe sollte die – nach vorheriger Benachrichtigung der Japaner – über einer unbewohnten Insel abgeworfen werden. Durchgesetzt haben sich die beiden anderen Denkschulen. Die zweite wollte unbedingt die neue Waffe unter realistischen Bedingungen testen, und die dritte versteifte sich auf die Argumentation, dass weitere amerikanische Verluste durch den Einsatz der Bombe minimiert würden. Obwohl auch die Amerikaner wussten, dass der japanische Kaiser unmittelbar nach der Atomisierung Hiroshimas die Order zur Vorbereitung der Kapitulation gab, wurde einige Tage später die zweite A-Bombe auf Nagasaki geworfen.

Kenner der Materie, u. a. der Sicherheitsberater Kennedys, McGeorge Bundy, haben seither den Verdacht geäußert, dass die Zerstörung Nagasakis hauptsächlich als ›Signal‹ an die Sowjetunion gedacht war. Als Demonstration, dass die USA über jede Menge dieser neuen Waffen verfügte und auch gewillt war, sie einzusetzen.

In den ersten Jahren nach dem Zweiten Weltkrieg besaß die USA das unangefochtene Monopol über Kernwaffen. In dieser Zeit verschärften sich bereits die Spannungen zwischen den USA und der Sowjetunion. In zahlreichen Planspielen wurde in jener Zeit die atomare Vernichtung der Sowjetunion geübt. Washington war dazu bereit, falls es zu einem Krieg kommen sollte. Moskau gab jedoch keinen Anlass, sondern es entwickelte mit Hochdruck seine eigene Bombe, die es Ende August 1949 zum ersten Mal erfolgreich testete. Das nukleare Wettrüsten hatte begonnen. Im Januar 1950 gab Präsident Truman den Befehl zur Entwicklung der Wasserstoffsuperbombe, die am 1. November 1952 gezündet wurde.

Das sowjetische Gegenstück wurde weniger als ein Jahr später getestet. Zugleich intensivierte sich die Entwicklung von

Langstreckenträgerwaffen, die die nukleare Vernichtung ins Herz des gegnerischen Territoriums tragen konnten.

Solange die Sowjetunion bei den strategischen Nuklearwaffen noch eindeutig unterlegen war, wurde in den USA eine heftige Strategiedebatte über Nutzen und Schaden eines atomaren Erstschlags gegen die Sowjetunion geführt. Besonders hervorgetan hat sich dabei General Curtis LeMay. Von 1948 bis 1957 war er Chef des SAC, des strategischen (nuklearen) Luftkommandos. Er hatte den Finger am nuklearen Drücker und war zugleich ein feuriger Verfechter eines atomaren Präventivangriffs gegen die Kommunisten in Moskau. ›Er war überzeugt, dass die USA einen strategischen nuklearen Krieg führen und gewinnen könnten‹, schrieb McGeorge Bundy in seinem Buch ›Danger and Survival‹.

Aber je mehr strategische Systeme die Sowjetunion in Betrieb nahm und gegenüber den USA aufholte, umso wahnsinniger wurde die Idee eines Präventivschlages. In der Sowjetunion würden in einem solchen Fall immer noch genügend Systeme überleben, um auch die USA zu vernichten. Langsam setzte sich diese Erkenntnis der ›sicheren (Selbst-)Zerstörung‹ Ende der 60er Jahre in den USA durch. Eine Erkenntnis, die in Schlüsselfragen der Ost-West-Politik zu mäßigendem Verhalten verpflichtete und die Lösung anstehender Probleme am Verhandlungstisch gebot. Als 1972 das erste strategische Rüstungsbegrenzungsabkommen SALT I von den USA und der UdSSR unterzeichnet wurde, hatten beide Seiten die Realitäten des thermonuklearen Zeitalters akzeptiert, dass im Falle eines Atomkrieges keiner gewinnen konnte.

Gegen dieses regierungsamtliche Eingeständnis der eigenen ›sicheren Vernichtung‹ regte sich im Westen alsbald Widerstand von zwei gänzlich verschiedenen Seiten. Zuerst in Europa und dort besonders bei den Westdeutschen. Bonn sah in der neuen Politik Washingtons eine Abkoppelung der amerikanischen strategischen Atomwaffen von der Verteidigung Europas bzw. der BRD. Wenn die USA ihre eigene sichere Vernichtung vor Augen hätten, so die Argumentation, dann wäre es auch nicht mehr glaubwürdig, dass sie zur Verteidigung Berlins notfalls strategische Waffen gegen die Sowjetunion einsetzen würde. Dadurch würde ein auf Europa beschränkter konventioneller Krieg wieder führbar. Dadurch, dass nun die strategischen Nuklearwaffen der USA wegen vielfältiger ›Stolperdrähte‹ nicht mehr an einen konventionellen Krieg in Europa angebunden seien, hätten sie auch ihre abschreckende Wirkung zur Verhinderung eines solchen Krieges verloren.

Der amerikanische Nuklearschirm über Europa war durchlöchert. Auch für die amerikanischen politischen Strategen war klar, dass ohne glaubhafte Nukleargarantie, auf die die Deutschen so sehr drängten, sich langfristig auch das politische Verhältnis der BRD zur Sowjetunion und dem Warschauer Vertrag zum Nachteil des Westens und der USA ändern werde. Mit anderen Worten, die BRD würde für Wünsche des Ostens empfänglicher werden. Das Wort von der ›Finnlandisierung‹ Deutschlands fiel in diesem Zusammenhang.

Um dies zu verhindern, wurde in der NATO eine neue Strategiedebatte in Gang gesetzt.

Vorrangiges Ziel der BRD war dabei, über ein neu zu schaffendes ›Mittelstück‹ doch noch die Anbindung der strategischen US-Nuklearwaffen an einen konventionellen Krieg in Europa wiederherzustellen bzw. dadurch vor einem konventionellen Krieg abzuschrecken. Dabei ging die BRD zu Recht davon aus, dass Deutschland (Ost und West), auf dessen Territorium die beiden Militärblöcke die größte Ansammlung von Waffen in der Weltgeschichte konzentriert hatten, im Falle eines Krieges total zerstört würde, selbst wenn dieser Konflikt nur mit konventionellen Waffen ausgetragen würde. Deshalb mußte nach den Vorstellungen Bonns auch ein längerer konventioneller Konflikt auf jeden Fall vermieden werden.

Das Ergebnis der neuen Strategiedebatte war die NATO-Doktrin der Flexible Response, die als Kern das von Bonn gewünschte Mittelstück zur Anbindung der strategischen US-Nuklearwaffen hatte: der atomare Erstschlag. Bereits in einer frühen Phase eines konventionellen Konfliktes würden taktische amerikanische Atomwaffen zum Einsatz kommen, solange bis sich die Streitkräfte des Warschauer Vertrags entweder zurückzogen oder die Sowjetunion selbst mit Atomwaffen antwortete, von denen auch Amerikaner getroffen würden. Das wiederum sollte, so die Vorstellungen Bonns, die strategischen Waffen der Amerikaner ins Spiel bringen.

Unter dem Eindruck der eigenen sicheren Zerstörung bei einem strategischen Schlagabtausch fanden die Bonner Bemühungen, die strategischen Nuklearwaffen der USA wieder in einen europäischen Konflikt einzubinden, in Washington anfangs wenig Gegenliebe. So wurde denn auch immer wieder an der Doktrin der ›Flexible Response‹ hauptsächlich auf Bonner Initiative herumgedoktert. So wurde z. B. durchgesetzt, dass in einem Krisenfall die taktischen US-Atomwaffen (auch auf westdeutschen Trägersystemen) relativ frontnah zur DDR in Stellung gingen, damit frühzeitig die Entscheidung getroffen werden musste, sie entweder abzufeuern oder zu verlieren.

Eine Katastrophe war jedoch für die Bonner Erstschlag-Strategen, als man in Washington im Rahmen der ›Flexible Response‹ die ›abgestufte Abschreckung‹ (*discriminate deterrence*) entwickelte, die einen auf Europa beschränkten Krieg mit taktischen Atomwaffen möglich gemacht hätte. Zwar ging Washington dabei ebenfalls vom Ersteinsatz taktischer US-Atomwaffen aus, die sollten aber nicht auf sowjetisches Territorium fallen, um so keinen strategischen Gegenschlag auf die USA herauszufordern.

Über ein Jahrzehnt wurde an der ›Flexible Response‹, der Option des atomaren Erstschlags der NATO gegen die Sowjetunion, herumgearbeitet. Richtig zufriedengestellt wurden die deutschen Erstschlagspezialisten erst 1983, als die neuen US-Mittelstreckenwaffen Pershing II und Cruise Missiles in der BRD und Italien stationiert wurden. Sie reichten bis tief ins sowjetische Territorium, und die US-Regierung von Ronald Reagan machte kein Hehl daraus, dass sie auch dafür programmiert waren. Diese Entwicklung hatte ihren Ursprung in einer kleinen, aber einflussreichen amerikanischen ›Widerstandsbewegung‹ gegen die angeblich ›fatalistische‹ Hinnahme der eigenen ›sicheren Zerstörung‹ im Falle eines strategischen Schlagabtauschs. Für diese Leute war SALT I ein Verrat. Mitte der 70er Jahre hatten sich die meisten dieser Leute im ›Committee on the Present Danger‹, dem Komitee für die akute Gefahr, zusammengefunden. Ronald Reagan und die meisten seiner späteren sicherheitspolitischen Berater waren dort Mitglieder. Eine Strategie der ›Mutual Assured Destruction‹ (MAD), also der gegenseitigen sicheren Zerstörung, sei in der Tat ›mad‹, was auf englisch ›verrückt‹ oder ›wahnsinnig‹ bedeutet. Ein Atomkrieg mit den Sowjets, so das Argument, sei nicht auszuschließen, und deshalb müsste sichergestellt werden, dass er auch mit möglichst geringen amerikanischen Opfern geführt und gewonnen werden kann. Dazu müssten neue Waffen und Technologien her. Und erst recht müsste das ›Reich des Bösen‹ in der Sowjetunion wissen, dass die USA nicht vor einem Atomkrieg zurückschreckten. Wenn diese Vorstellungen auch an den Realitäten jener Zeit mit ihren Tausenden von Interkontinentalraketen, viele mit thermonuklearen Mehrfachsprengköpfen, total vorbeigingen, so trat die Reagan-Regierung doch 1980 unter dieser höchst aggressiven Prämisse ihr Amt an.

Für die Westdeutschen schuf das die idealen Voraussetzungen, die Ankoppelung der amerikanischen strategischen Nuklearwaffen an die konventionelle Kriegsführung und taktischen Atomwaffen in Europa wiederherzustellen. Federführend bei diesem Unternehmen war der SPD-Bundeskanzler Helmut Schmidt. Er erfand die ›Raketenlücke‹ in Europa und bestand auf der Modernisierung der amerikanischen Atomwaffen mit weitreichenden Mittelstreckenträgern.

Als Vorwand diente die Einführung der neuen sowjetischen SS-20- Mittelstreckenrakete, mit der die Sowjetunion seit 1976 ihre alten SS-4 und SS-5 in Osteuropa ersetzte. Die neue SS-20 war zuverlässiger, mobiler, treffsicherer und hatte eine größere Reichweite – bis Portugal. Dies waren technische Verbesserungen. Strategisch brachte die SS-20 der Sowjetunion jedoch keine neuen Vorteile. Die Ziele in Europa, die die SS-20 nun erreichen konnte, waren bereits vorher von den strategischen Waffen abgedeckt worden, so dass sie für die Sowjetunion keine neuen Optionen schuf.

Dafür gab sie aber Bundeskanzler Schmidt ein Argument in die Hand, von einer neuen nuklearen Bedrohung Europas zu sprechen, die nur durch die Stationierung gleichwertiger amerikanischer Systeme neutralisiert werden könnte.

Die deutschen Forderungen stießen bei dem friedliebenden und auf internationalen Ausgleich bedachten US-Präsidenten Carter auf wenig Gegenliebe (seit 1945 war Carter der einzige US-Präsident, der nicht irgendwo auf der Welt einen

Krieg führte). Aber in den USA war die strategische Diskussion durch das ›Committee on the Present Danger‹ bereits derart vergiftet – der Präsident wurde als Angsthase und Weichei beschimpft –, dass sich die Carter-Regierung, die ja wiedergewählt werden wollte, nicht dem neuen Trend entziehen konnte. Zugleich verlangten vor allem die Deutschen die Stationierung der neuen Waffen als Beweis für den ungebrochenen amerikanischen Willen, die BRD und Europa zu verteidigen.

Ende 1979 wurde der NATO-Vorschlag zur Modernisierung der amerikanischen nuklearen Mittelstreckenwaffen in Europa von der Allianz angenommen. Nur kurze Zeit später wurde Ronald Reagan neuer US-Präsident und setzte die Modernisierung energisch in die Tat um.

Im Unterschied zur SS-20 für die Sowjetunion eröffnete die Modernisierung der US-Mittelstreckenwaffen in Europa den Amerikanern neue strategische Optionen. Die äußerst zielgenaue Pershing II schien dafür besonders geeignet. Sie konnte in zehn bis zwölf Minuten Moskau erreichen, was die Vorwarnzeit für die Sowjetunion erheblich reduzierte. Zusätzlich alarmiert war die sowjetische Regierung durch den von den Amerikanern bekundeten Willen, im Ernstfall schnelle und überraschende Enthauptungsschläge gegen die politischen und militärischen Schaltstellen der Sowjetunion zu führen, um diese zu lähmen und so womöglich einem strategischen Gegenschlag zu entgehen. Im Krisenfall verlangte diese neue Lage von der Sowjetunion wiederum eine schnellstmögliche Reaktion, womöglich Überreaktion.

Bestürzt durch die äußerst aggressive Rhetorik der Reagan-Regierung, die durch entsprechende Taten untermauert wurde, glaubten damals in Moskau viele an einen bevorstehenden Krieg mit der NATO. 1983 wurden dann die ersten Pershing II und Cruise Missiles in der Bundesrepublik und in Italien ins Feld geführt. Nicht umsonst bezeichnen heute viele, auch westliche Strategie-Experten 1983 als eines der gefährlichsten Jahre im Kalten Krieg.

Trotz der Massenproteste der Bevölkerung gegen die nukleare Modernisierung der NATO und der gefährlichen Zuspitzung der Lage waren Kanzler Schmidt und seine nuklearen

Erstschlagplaner mit der Entwicklung höchst zufrieden. Endlich waren die Bedingungen der Doktrin der ›Flexible Response‹ in die Tat umgesetzt. Die Verbindung zu den amerikanischen strategischen Atomwaffen war hergestellt, denn im Ernstfall würden die in Europa stationierten Mittelstreckenraketen per Erstschlag nicht mehr nur in Osteuropa, sondern auch auf sowjetischem Territorium explodieren. In den Kriegsspielen der NATO wurden der Erstschlag und die dafür notwendigen politischen, militärischen und technischen Freigabeprozeduren fleißig geübt, so dass bestimmte Verhaltensmechanismen geradezu automatisiert wurden.

Aus Sicht der Bonner Hohepriester der ›Flexible Response‹ dauerte dieser Idealzustand jedoch nicht lange. Auch die Reagan-Regierung wurde von den Realitäten und Gefahren des thermonuklearen Zeitalters eingeholt. Die kriegstreiberische Rhetorik wich und machte ernsthaften Verhandlungen und schließlich Abkommen mit Moskau Platz. Dort war 1985 Gorbatschow an die Macht gekommen. Im Dezember 1987 wurde beim Gipfeltreffen in Washington die sogenannte Null-Lösung von allen Seiten, notgedrungen auch von den Westdeutschen, akzeptiert, die die Abschaffung der sowjetischen und der amerikanischen atomaren Mittelstreckenwaffen in Europa besiegelte. Einige Jahre später war der Kalte Krieg zu Ende. Die DDR war verschwunden. Der Warschauer Vertrag hatte sich aufgelöst. Die Sowjetunion war zerfallen.

Geblieben ist die NATO mit ihrem Beharren auf der mittlerweile als völkerrechtswidrig erklärten Doktrin des Ersteinsatzes von Atomwaffen. Eine Drohung, die nun auch noch im Rahmen des neuen strategischen Konzepts der NATO auf andere Weltregionen außerhalb des traditionellen Zuständigkeitsbereiches der NATO ausgedehnt werden soll. Wichtig ist in diesem Zusammenhang auch die Frage, an welche Art von Erstschlag die NATO bzw. die USA denken?

Wie dargestellt, gab es verschiedene ›Spielarten‹ des Erstschlags, von Hiroshima über den ›präventiven‹ Erstschlag bis hin zur ›Flexible Response‹.

Wenn sich die NATO in Zukunft weltweit in regionale Konflikte einmischt, soll dann die Drohung mit oder die Durchführung des atomaren Erstschlages erfolgen, wenn die eigenen Verluste zu groß werden? Als damals einzige Atommacht hatten die USA keine Skrupel, genau das in Hiroshima zu tun. Und seither? Als die amerikanischen Verluste in Korea und Vietnam zu groß wurden, wurde der Einsatz von Atomwaffen ernsthaft erwogen. Dass es nicht soweit kam, lag hauptsächlich daran, dass die amerikanischen Planer die Reaktion der Sowjetunion nicht richtig abschätzen konnten.

So lange die Sowjetunion noch nuklear schwach war, wollte Curtis LeMay sie atomar in die Steinzeit zurückbomben. Die Absicht eines einzelgängerischen verrückten Generals und Chefs der strategischen US-Luftkommandos? Keineswegs. LeMay hatte viele Anhänger in höchsten politischen Positionen. Eine nicht wiederholbare historische Situation? Falsch! Kürzlich veröffentlichte US-Regierungsdokumente belegen, dass die US-Regierung Ende 1963 einen nuklearen Angriff auf die Atominstallationen der VR China plante, um die Entwicklung chinesischer Atomwaffen zu verhindern. Auch dieser Plan scheiterte an der Unabwägbarkeit der möglichen sowjetischen Reaktion.

Wie es in Zukunft in der Welt zugehen soll, beschrieb Mitte August Robert M. Gates, ehemaliger Chef der CIA, in der *New York Times* vom 18. August 1998: An erster Stelle gelte es, ›das amerikanische Volk von der Notwendigkeit zu überzeugen, den Rest der Welt anzuführen und weltweit amerikanische Interessen zu vertreten, selbst dann, wenn feststeht, dass dies einen hohen Blutzoll und viel Geld kosten wird‹. Der Artikel von Mr. Gates war gegen ›terroristische Gruppierungen gerichtet‹, die sich den weltweiten Interessen der US-Regierung widersetzen.

Dass die US-Regierung sogar den Einsatz von Atomwaffen gegen solche Gruppierungen vorsieht, konnte man kürzlich einer gemeinsamen Studie des *Berliner Informationszentrums für Transatlantische Sicherheit* (BITS) und des *British American Security Information Councils* (BASIC) entnehmen. Dies, so die Studie, sieht zumindest die ›Doktrin für teilstreitkräfteübergreifende nukleare Gefechtfeldoperationen‹ vom 9. Februar 1996 vor, die die Unterschrift des Vorsitzenden des US-Generalstabs trägt.

Glück für die PLO des Palästinenserführers Arafat und den ANC von Nelson Mandela. Seit wenigen Jahren gelten sie nicht mehr als ›terroristische Gruppierungen‹, die den amerikanischen Interessen im Wege stehen. Andere werden in Zukunft vorsichtiger sein müssen.

Der Ersteinsatz von Atomwaffen zieht sich wie ein roter Faden durch die strategischen Pläne der US-Regierung. Jetzt, da sie keine Rücksicht mehr auf sowjetische Reaktionen zu nehmen braucht und da sie auch keine neuen ernsthaften Gegner hat, ist da die Befürchtung so abwegig, dass sie versucht sein wird, ihr Machtmonopol inklusive Erstschlagdrohung und Durchführung erst recht zur Durchsetzung ihrer Interessen einzusetzen? Um die moralischen und politischen Kosten eines solchen Vorgehens auf möglichst viele Schultern zu verteilen, sollen die NATO und Deutschland in die weltweiten Operationen eingebunden werden. Von den Vertretern der deutschen Finanz- und Wirtschaftskonzerne wird diese Entwicklung freudig begrüßt, versprechen sie sich doch an der Seite der Amerikaner die weltweite Durchsetzung auch ihrer Interessen. Auf dieser Ebene ist die Durchdringung mit amerikanischem Kapital ohnehin weit fortgeschritten.

Auch die Öffentlichkeit wird seit geraumer Zeit auf die neue nationale Aufgabe eingestimmt, dass das größere Deutschland endlich weltweit seine größere Verantwortung auch militärisch wahrnimmt. Das geht aber nur im Verein mit den Amerikanern und im Rahmen der NATO. An der NATO darf in keinem Fall gerüttelt werden, selbst wenn deren Erstschlagdoktrin völkerrechtswidrig ist. Eine Debatte darüber könnte das ganze neue strategische Konzept in Frage stellen, das im April 1999 verabschiedet werden soll. Genau das aber könnte durch die Initiative von Außenminister Fischer passieren, der über die Doktrin des nuklearen Erstschlags reden will. Damit hat Fischer in ein Wespennest gestochen. ›Das deutsche Ansinnen hat die Clinton-Regierung schockiert und verärgert‹ (*Washington Post*, 23. November 1998). Der NATO-Generalsekretär war konsterniert. London und Paris machten Front. Die deutschen Erstschlagfans liefen Sturm.

›Flexible Response‹ sei ein integraler Bestandteil der bewährten NATO-Strategie, und so müsste es auch bleiben, tönte es nicht nur aus Washington. Jede Abweichung von der Strategie der Abschreckung könnte schwerwiegende Folgen für die Glaubhaftigkeit der militärischen Verpflichtungen der NATO haben. Man fühlt sich wieder mitten in den Kalten Krieg versetzt. Unter den damaligen Bedingungen ließ sich der Strategie der ›Flexible Response‹ mit ihrer Erstschlagdoktrin eine gewisse Logik abgewinnen, wenn sie auch wahnwitzig gefährlich war und keinen Raum für irrationales Verhalten ließ. Erklärtes Ziel der Strategie war es, einen konventionellen Krieg in Europa zu verhindern. Im Rahmen des neuen strategischen Konzepts der NATO soll jedoch die Erstschlagdoktrin in andere Weltregionen exportiert werden, wo sich die NATO in womöglich schon ausgebrochene konventionelle Kriege einmischt. Wer nicht erkennt, dass es sich hier um ein neues, höchst gefährliches Spiel mit dem nuklearen Feuer handelt, muss blind sein.

›Wir sind der Meinung, dass die deutsche Seite fehlerhafte Logik und Scheinargumente benutzt‹, meinte dagegen ein hoher US-Regierungsbeamter gegenüber der *Washington Post*. So getadelt, beeilte sich Verteidigungsminister Rudolf Scharping bei seinem Antrittsbesuch in den USA, die Wogen zu glätten. Es gäbe keinen deutschen Sonderweg in der NATO. Nicht mit ihm. Zurück in Deutschland, versuchte er, Fischer in die Schranken zu verweisen und reklamierte für sich und sein Verteidigungsministerium die Federführung in Fragen der militärischen Strategie. Das war ein Versuch, die Diskussion abzuwürgen, bevor sie richtig beginnen konnte.

Aber Herr Scharping war schlecht beraten, und mit seiner Meinung liegt er falsch. Zwar ist die Umsetzung der Erstschlagdoktrin Angelegenheit des Verteidigungsministeriums, die Frage der Beibehaltung oder Abschaffung der Option des Erstschlags ist jedoch vorrangig eine bündnispolitische Angelegenheit und fällt somit in den Zuständigkeitsbereich des Außenministeriums.«

Am 2. Juli 2012 machte Rainer Rupp in einem Beitrag für die *junge Welt* auf die *Shanghai Cooperation Organization* (SCO) aufmerksam, die ein Gegengewicht zur NATO sein könnte:
»Für die Gründung des Clubs der ›Shanghai Five‹ Mitte der 90er Jahre, aus dem später die *Shanghai Cooperation Organization* (SCO) entstand, werden in der Regel drei Gründe genannt.

Der erste war nach dem Zusammenbruch der Sowjetunion der Marsch der NATO nach Osten über den Kaukasus hinaus ins energiereiche Zentralasien. Das war eine klare Provokation sowohl für China wie auch für die Nachfolgestaaten der Sowjetunion, vorneweg Russland. Der Prozess, bei dem die NATO immer näher an die Grenzen der ehemaligen Sowjetrepubliken rückte und bereits Militärbasen in einigen Ländern unterhielt, die unverblümte Diskussion in den westlichen Politzirkeln und Medien über den Griff nach den zentralasiatischen Reichtümern, verbunden mit der wachsenden westlichen politischen und kulturellen Subversion der ganzen Region ließ die Gefahr für die gerade unabhängig gewordenen Sowjetrepubliken wachsen, früher oder später ihrer nationalen Souveränität beraubt zu werden.

Der zweite Grund, der die Shanghai-Gruppe ins Leben rief, war der explosionsartige Aufstieg des radikalen Islamismus und Extremismus, verbunden mit gewaltseparatistischen Bewegungen in den post-sowjetischen zentralasiatischen Republiken bis in die benachbarte chinesische Region Xinjiang. Diesem grenzüberschreitenden neuen Phänomen, das die Entwicklung in den vergangenen zwei Jahrzehnte maßgeblich mitbestimmte, konnte auf nationalstaatlicher Ebene nicht viel entgegengesetzt werden. Nur in grenzüberschreitender Zusammenarbeit konnte dieser Bedrohung Einhalt geboten werden.

Als dritter Grund wird die Notwendigkeit genannt, Grenzfragen und territoriale Streitigkeiten, die infolge der Auflösung der Sowjetunion auch zwischen Shanghai-Clubmitgliedern entstanden waren, in einer Atmosphäre des gegenseitigen Respekts und Vertrauens kooperativ zu lösen.

Ausschlaggebend für die Weiterentwicklung zur SCO waren der durchschlagende Erfolg in allen drei genannten Aufgabenbereichen und die Notwendigkeit, diesen guten Willen und die gemachten Erfahrungen auf die Zusammenarbeit in wirtschaftlichen und vor allem energiepolitischen Fragen auszuweiten.

Die SCO, die ursprünglich von westlichen Diplomaten als chancenlos belächelt wurde, weder sicherheitspolitisch noch wirtschaftlich etwas auf die Beine zu stellen, ist mittlerweile ein nicht mehr zu vernachlässigendes politisches Gewicht. Die westlichen, insbesondere die US-amerikanischen Ambitionen für den zentralasiatischen Raum sind durch die Shanghai Cooperation Organization gescheitert. Dabei ist die SCO so geschickt wie bestimmt vorgegangen, dass es zu keinem Zeitpunkt zu einer offenen Konfrontation mit den USA gekommen ist.

Dennoch ist das Ergebnis klar: Zentralasien ist frei von US-Hegemonie. Dabei hatten insbesondere US-Strategen darauf gebaut, die Interessensgegensätze zwischen China und Russland über die Verwertung der Öl- und Gasvorkommen in der Region ausnützen zu können. Klugerweise haben statt dessen Moskau und Peking gemeinsam mit den zentralasiatischen Staaten auf der Basis des Respekts der Interessen der Gegenseite durch die gute Zusammenarbeit keine Ansatzpunkte dafür geliefert, dass der Westen destabilisierende Hebel hätte ansetzen können.

Dennoch gibt es auch in der SCO Meinungsverschiedenheiten. Bisher hatte Peking seine höchste Priorität immer in der wirtschaftlichen und energiepolitischen Zusammenarbeit gesehen, während Moskau das Potential der Organisation vorrangig in der Verfolgung sicherheitspolitischer Ziele ausgemacht hat. Aufgrund der zunehmenden Missachtung des Völkerrechts durch die USA und der in der neuen US-Militärstrategie dargelegten aggressiven Haltung Washingtons gegen China scheint in jüngster Zeit auch Peking das sicherheitspolitische Potential der SCO erkannt zu haben. Die SCO-Erklärung zum Ende des Gipfels in Peking mit einer klaren Warnung vor einer westlichen Militärintervention in Syrien oder Iran ist dafür ein Beispiel.

Wenn China und Russland wie aus einem Mund sprechen, dann horchen selbst die westlichen Imperialisten auf.«

Ursachen und Folgen der Niederlage

Am 4. September 1994, in der JVA Koblenz vor Prozessbeginn geschrieben, stellte Rainer Rupp in einem Brief Überlegungen zu Ursachen und Folgen des Untergangs des Sozialismus an, der für ihn eine Niederlage war:

»Und wofür waren die Opfer gut? Nichts ist geblieben von dem, wofür ich gekämpft habe. Der demokratische Sozialismus auf deutschem Boden war wohl doch eine unerreichbare Utopie, obwohl sie zeitweise so nah und greifbar schien. Aber die Strukturen des Staatssozialismus in der DDR waren zu verkrustet und waren aus sich heraus nicht mehr zu den notwendigen, korrektiven Reformen fähig. Und auch die Hoffnung, dass wenigstens die guten Seiten der DDR durch die Vereinigung in dem größeren Deutschland in die Gesellschaft Eingang finden würden, erwies sich als trügerisch.

Ostelbische Junker kehren auf ihre Latifundien zurück, stellen Vorkriegsbesitzverhältnisse wieder her, die selbst in der Alt-BRD anachronistisch sind und gegen die hier die Bevölkerung Sturm laufen würde – nur in den betroffenen Gebieten von Neufünfland wird das alles fast stillschweigend akzeptiert.

Ich muss immer deutlicher erkennen, dass nichts geblieben ist. Der Sozialismus ist in den Augen der Bevölkerung auf Jahrzehnte diskreditiert. In ohnmächtiger Wut muss ich auch zusehen, wie unsere Massenmedien die DDR mit Hitlerdeutschland gleichsetzen und das MfS mit der Gestapo. Widerstandskämpfer werden nur noch im Umkreis des 20. Juli ›gefunden‹, obwohl die meisten dieser Widerstandskämpfer in den Jahren vorher keine Gewissensbisse hatten, sich in führenden Funktionen an den faschistischen Angriffskriegen zu beteiligen. Erst als der Endsieg ein für alle Mal verspielt war, kam der Gesinnungswandel. Ich möchte hier auf keinen Fall den heroischen Einsatz und die Opfer der Widerständler des 20. Juli schmälern, aber es geht doch nicht an, dass in der neueren deutschen Geschichtsschreibung jene Menschen, die von Anfang an – und mit sehr hohem Blutzoll – gegen die Nazis gekämpft haben, auf einmal keine Widerstandskämpfer mehr sein sollen, nur weil sie Kommunisten waren! Aber genau in diese Richtung läuft die zur Zeit stattfindende Diskussion.

Schlimmer noch: Artikel und Bücher multiplizieren sich, die die Nazi-Greuel mit den Verbrechen Stalins relativieren wollen. Es wird nicht mehr lange dauern, dann haben die Geschichtsklitterer Hitler zum Opfer Stalins uminterpretiert. Das Schlimme ist, dass sich diese Bemühungen nicht auf die Neo-Naziszene beschränken. Dort gab es schließlich diese Tendenz schon immer. Immer mehr gut-bürgerliche Meinungsträger stellen sich für die Verbreitung solcher Ideen zur Verfügung.

Ungläubig beobachte ich auch, wie nun, fünf Jahre nach Fall der Mauer, alles getan wird, um Leute wie Dich weiter zu marginalisieren, abzustrafen und die Bevölkerung weiter zu polarisieren. Mit einem fast religiösen Eifer versucht man auch noch das letzte sozialistische Pflänzchen mit der Wurzel auszumerzen. Dabei geht man mit penetranter Selbstgerechtigkeit vor; als hätte sich in der Welt nichts geändert, als lauere die kommunistische Gefahr noch unter jedem Bett. Aber in der Bevölkerung hat's Erfolg; die Denkmuster des Kalten Krieges wirken nach.«

Am 10. März 1997 schrieb er zum gleichen Problem in einem persönlichen Brief:

»Was Du zum Thema DDR schreibst, unterschreibe ich voll und ganz. Und deshalb bin ich auch heute noch wütend, wenn ich daran denke, dass wir durch eigene Fehler viel zu ihrem Untergang beigetragen haben, obwohl es mir klar ist, dass eigenständige Korrekturen in der DDR nur bis zu einem gewissen Grad möglich gewesen wären. Aber selbst die wurden ja nicht richtig versucht. Aber spätestens, nachdem sich die SU zurückgezogen hatte bzw. die DDR fallen gelassen hatte, hätte sich auch ein moderner Sozialismus auf sich alleine gestellt in der DDR nicht halten können.

Die Ursachen für den Niedergang liegen also in der Unfähigkeit des gesamten sozialistischen Lagers, speziell der SU, sich von unwissenschaftlichen Dogmen zu befreien, von den Fakten zu lernen etc. etc. etc. Wir kennen ja den Rest. Ich möchte Dir damit nur sagen, dass Du Dir wegen der Vergangenheit keine Vorwürfe machen sollst. Selbst wenn sich alle führenden Genossen hätten vorbildlich verhalten wollen, wäre der Handlungsspielraum begrenzt gewesen, ohne die entsprechenden Veränderungen in Moskau.

Wir sollen von unseren Fehlern lernen und nach vorne blicken und uns nicht auf die Vergangenheit fixieren.«

Am 23. Juni 1997 behandelte Rupp das Thema erneut:

»Kritisch und etwas ausführlicher möchte ich auf Deine Gewichtung der ›Ursachen der Niederlage des Sozialismus‹ eingehen. Dabei schreibst Du, dass ›die äußeren und inneren Faktoren in einem dialektischen Verhältnis stehen‹, und folgerst, dass durch die ›äußere Gefährdung der sozialistischen Länder und durch die Wühltätigkeit des Imperialismus‹ u. a. die ›Begrenzung der sozialistischen Demokratie‹ notwendig war und dass damit die ›Deformationen des Systems verbunden waren‹.

Hier kann ich Dir jedoch nicht ganz folgen.

Ohne Zweifel waren die SU seit ihrem Bestehen und später das gesamte sozialistische Lager stets von außen bedroht. Diese Bedrohung war jedoch gewiss nicht der Hauptgrund für die ›Begrenzung der sozialistischen Demokratie‹ und die Deformationen. Spätestens mit der Machtergreifung Stalins wurden alle volksdemokratischen Fortschritte in Partei und Gesellschaft gestoppt und rückgängig gemacht; und zwar zu einer Zeit, in der die Existenz der SU von außen nicht gefährdet war.

Es gibt kein Drumherum: Stalin errichtete eine Diktatur, aber nicht die des Proletariats, sondern eine, die auf seine Person zugeschnitten war, mit einer Clique von Opportunisten um ihn herum. Von parteiinterner oder gar sozialistischer Demokratie konnte da auch nicht mehr ansatzweise die Rede sein.

Historisch ließen sich für diese Vorgehensweise vielleicht noch Entschuldigungen finden, wenn Stalin dadurch die SU für den sich ab Mitte der 30er Jahre abzeichnenden Krieg gegen Nazideutschland gestärkt hätte. Aber das Gegenteil war der Fall! Und die Behauptung, dass Stalin – zumindest vor dem Krieg – weitaus mehr aufrechte Kommunisten umgebracht hat als Hitler, lässt sich auch nicht so einfach vom Tisch wischen.

Nach dem Krieg wurde zwar in den befreiten Ländern Osteuropas und in der DDR der Sozialismus aufgebaut, an den die Massen damals zurecht ihre Hoffnungen auf eine bessere Welt knüpften, aber das geschah leider unter dem Vorzeichen der inneren Verfasstheit der kommunistischen Parteien nach Stalins Vorbild. Schließlich hatten die osteuropäischen und deutschen Kommunisten, die im sowjetischen Exil den Krieg und Stalin überlebt hatten, sich mit der Parteidiktatur stalinistischer Prägung akkomodiert, und sie halfen nach dem Krieg, diese in ihren eigenen Ländern zu reproduzieren, natürlich mit gewissen Eigenarten, soweit sie von Moskau geduldet wurden.

Auf diese Weise wurde beim Aufbau des Sozialismus ein genetischer Defekt eingebaut, der die parteiinternen Strukturen im Realsozialismus so nachhaltig deformierte, dass sie auch nach dem Tode Stalins und trotz wiederholter Reformversuche nicht mehr korrigiert werden konnten. Naturgemäß wirkte sich der parteiinterne genetische Defekt über die führende Rolle der Partei in allen Bereichen auch auf die Wirtschaft und die gesamte Gesellschaft aus und reduzierte dadurch nachhaltig die Vitalität und Flexibilität der realsozialistischen Länder, um den neuen Herausforderungen zu begegnen, was letztlich zum Zusammenbruch des gesamten Systems führt.

Sozialismus ohne Demokratie geht eben nicht! Das ist wohl die wichtigste Lehre, die wir aus der historischen Niederlage des Realsozialismus ziehen müssen!

Zurückhaltung bei der Diskussion der gemachten Fehler ist nicht geboten, denn sie kann das Lebenswerk und die sozialistischen Errungenschaften unserer GenossInnen im Osten nicht schmälern. Vielmehr das Gegenteil ist der Fall, denn das, was an Positivem erreicht wurde, wurde oft trotz widrigster Umstände und trotz der Deformationen geschaffen! Für die Festigung der innerparteilichen Demokratie und für einen sozialistischen Neuanfang ist jedoch eine rückhaltlose Offenlegung und Diskussion der gemachten Fehler unumgänglich, wobei wir uns jedoch vor individuellen Schuldzuweisungen hüten sollten.«

Überlegungen zur Strategie für einen neuen Weg zum Sozialismus

Am 7. Januar 1996 fixierte Rupp in einem Brief seine Ideen für einen Neubeginn:

»Ein fertiges Konzept für eine funktionierende, sozialistische Marktwirtschaft hat im Moment wohl niemand. Aber wird hier nicht verlangt, dass der Schwanz mit dem Hunde wedelt? Ist es für uns und die Partei überhaupt eine vorrangige Notwendigkeit, diese noch vage Idee mit theoretischen Formeln zu füllen – und womöglich neue Dogmen zu schaffen –, wo es doch allseits an wissenschaftlicher Gegenwartsanalyse mangelt und wir nur recht undeutliche Vorstellungen darüber haben, wie es morgen oder nächstes Jahr bei uns und anderswo aussehen wird?

Für mich ist der Begriff ›Sozialistische Marktwirtschaft‹ ein Synonym für eine humane und sozial gerechte Wirtschaft, die unabdingbar mit einer Demokratisierung von Gesellschaft und Wirtschaft auf allen Ebenen einhergeht. Zurecht wirst Du sagen, [...] dass dies eine Leerformel ist. Sie soll es auch sein! Sie kann erst nach und nach auf Grund der Erfahrungen, die wir machen werden, von uns und späteren Generationen mit sinnvollen, machbaren und effizienten Konzepten aufgefüllt werden. Alles andere würde uns dazu verleiten, das Ziel vielleicht mit Mitteln anzustreben, die dafür untauglich sind, oder es in einer Richtung zu suchen, in der es womöglich gar nicht liegt. Wir wollen schließlich nicht auf dem Weg zu einem guten Ziel die Gesellschaft ins Chaos stürzen.

Deshalb müssen in jeder Etappe zu dem Ziel die Menschen selbst demokratisch entscheiden, wie wir ihm näher kommen wollen und mit welchen Elementen die Formel angefüllt werden muss. Daraus folgere ich für mich, dass die Konzentration auf kurz- und mittelfristige Ziele absoluten Vorrang hat. Diese können auf Grund der herrschenden Machtverhältnisse mit der größten Wirkung auf lokalem und regionalem Bereich angestrebt werden. Denn als Realisten müssen wir fundamentale Strukturveränderungen auf absehbare Zeit ausschließen. [...]

Kommen wir also zu Deiner recht praktischen Frage: ›Was können wir heute wohl antworten, wenn uns junge Sympathisanten fragen: Wir würden euch ja wählen, aber wie sähe dann bei euch die Volkswirtschaft aus, wenn ihr das Sagen hättet?‹

Hier ein wie immer geartetes Konzept einer sozialistischen Marktwirtschaft darzulegen ist müßig, da zum jetzigen Zeitpunkt utopisch. Jeder Versuch, dies zu tun, würde wohl von den meisten SympathisantInnen schnell als Spinnerei entlarvt; ganz einfach deshalb, weil die Vorbedingungen nicht gegeben sind. Vor 100 Jahren hatten unsere sozialistischen Genossen noch das Universalrezept der Verstaatlichung als Allheilmittel. Und damals war es einleuchtend und machte durchaus Sinn.

Mittlerweile ist dieses Konzept aber bei der Bevölkerung durchweg diskreditiert. Inwieweit zu Recht oder zu Unrecht, darüber lässt sich wissenschaftlich streiten, wobei auch ich davon überzeugt bin, dass eine Planwirtschaft den Erfordernissen einer modernen Ökonomie und Gesellschaft nicht mehr gewachsen ist. Fakt ist auf jeden Fall, dass mit einer solchen Forderung keine müde Wählerstimme hinterm Ofen hervorgelockt werden kann. Aber wie steht es z. B. mit der Forderung nach der *Vergesellschaftung* der Großbetriebe? Wobei Vergesellschaftung keineswegs Verstaatlichung oder gar Planwirtschaft heißt.

Im Grunde genommen sind die Großbetriebe schon jetzt auf eine gewisse Art vergesellschaftet. Das Management ist nur noch in den seltensten Fällen identisch mit den Kapitaleignern. Allerdings managt es nur im Interesse der Kapitaleigner, die den Vorstand bestimmen. Führen wir jetzt das Gebot des Grundgesetzes ein, dass Eigentum auch sozial verpflichtet, so haben wir die Grundlage, auf der wir z. B. fordern können, dass bei der Wahl der Vorstände nicht nur die Interessen der Kapitaleigner zum Tragen kommen. In der Mitbestimmungsgesetzgebung haben wir bereits eine diesbezügliche Weichenstellung; sie geht aber bei weitem nicht weit genug, da Mitbestimmung nur den Gewerkschaften eingeräumt wird, diese in der Minderzahl sind und außerdem auch noch von den Großbetrieben erpressbar sind. Hinzu kommt, dass die Gewerkschaftsfunktionäre meist nur Partikular- und nicht gesellschaftliche Interessen vertreten, wobei ähnliche Probleme wie beim jugoslawischen Selbstverwaltungsmodell auftreten können.

Wie aber würde es z. B. aussehen, wenn der Vorstand sich zu je einem Drittel wie folgend zusammensetzen würde aus Vertretern der Kapitaleigner, Vertretern der Belegschaft und der Gewerkschaft (je ein Sechstel), Vertretern der von den Betriebszielen oder -aktivitäten betroffenen gesellschaftlichen Gruppierungen, z. B. ein Vertreter des Umweltschutzes, der an den Betriebsstandorten wohnenden Bürger, der Regierung (Wirtschafts-, Forschungs- oder/und Sozialministerium) etc.

So wäre gewährleistet, dass bei den strategischen Entscheidungen die Maximierung der Kapitalverwertung nicht mehr alleine an vorderster Stelle steht. Kompromisse unter Berücksichtigung gesellschaftlicher und gewerkschaftlicher Anliegen müssten berücksichtigt werden. Zugleich würde die Erhaltung eines gesunden und effektiven Betriebes im Vordergrund stehen, denn Kapitaleigner und Belegschaft und Gewerkschaften hätten notfalls gemeinsam zwei Drittel der Stimmen im Vorstand gegen exzessive Forderungen von Umweltschützern oder anderen Partikularinteressen. Wenn andererseits gesellschaftliche Anliegen als vordringlich erkannt würden, könnte sich der Vorstand über die Interessen der Kapitaleigner hinwegsetzen.

Natürlich wäre eine solche Entwicklung nicht ohne negativen Widerhall auf dem Aktienmarkt: eingeschränkte Verfügungsgewalt der Kapitaleigner und womöglich eine geringere Dividende ließen die Aktienpreise sinken, sich aber auf einem gewissen Niveau wieder einspielen. Die Existenz der Großbetriebe wäre durch eine solche Entwicklung auch nicht gefährdet, zumal die Refinanzierung über den Aktienmarkt in Deutschland keine besonders große Rolle spielt. Selbst wenn ein großer Teil der Großaktionäre ihre Anteile verkaufen würde und ihr Geld ins Ausland schaffen würden, könnte das die Existenz der Betriebe nicht berühren; den Verlust hätten höchstens die Großaktionäre gemacht, weil sie unter Preis verkauft hätten.

Auf diese Weise wäre eine Demokratisierung und ›Vergesellschaftung‹ der Großbetriebe durchaus möglich, ohne dabei deren wirtschaftliche Effizienz grundlegend zu gefährden. Bevor es generell eingeführt würde, könnte es an Pilotprojekten getestet werden. So könnte ich mir einen Etappensieg auf dem Weg in eine sozialistische Marktwirtschaft vorstellen. Die Großbetriebe wären demokratisiert, würden auf gesellschaftliche Erfordernisse reagieren, ohne aber ihre Anpassungsfähigkeit an neue Herausforderungen auf dem Gebiet der Technologie oder Veränderung der Nachfrage auf heimischen oder internationalen Märkten zu verlieren unter Beibehaltung der betriebswirtschaftlichen Effizienzkriterien.

Viel wichtiger als die Demokratisierung der Großbetriebe aber ist die der Großbanken entlang der oben genannten Linien. Es gibt gute Gründe, warum anzunehmen ist, dass bei der erfolgreichen Umstrukturierung die Großbanken sogar noch mehr Kapital zur produktiven Verwendung (Investitionen) im Inland zur Verfügung stellen würden als vorher, trotz der zu erwartenden Kapitalflucht.

Zur Zeit ist es doch so, dass die Großbanken die Sparguthaben sammeln und im Rahmen der Gewinnmaximierung dort verleihen, wo sie die größte Rendite machen. Der größte Anteil der Ersparnisse kommt jedoch aus Haushalten mit kleinen und mittleren Einkommen. (Die Leute mit hohen Einkommen haben schon längst ihren Broker in London oder New York, die für sie international Geld anlegen) Über die Großbanken wandert ein guter Teil der Ersparnisse des kleinen Mannes an Finanzplätze wie Singapore, wo sowohl für produktive als auch spekulative Investitionen ein höherer Ertrag erzielt wird als in Deutschland. Z. B.: mit 100 DM Ersparnissen erwirtschaftet die Deutsche Bank im Ausland einen Ertrag von zwölf Prozent, wovon sie dem heimischen Sparer nur zwei oder drei Prozent als Zinsen zahlt.

Zugleich hat ein einheimischer Kleinbetrieb es unheimlich schwer, an Kredite zu kommen, und wenn, dann auch nur zu den Zinsen, die die Bank auch sonstwo erzielen kann (Variationen durch Wechselkursunsicherheiten und andere Faktoren seien hier der Einfachheit halber ausgeschlossen). Wie aber würde es nach einer Umstrukturierung des Vorstandes aussehen, bei dem nach wie vor die Rentabilität groß geschrieben würde, sich aber zugleich Mehrheiten für eine produktive Verwendung der im Land ersparten Finanzen für heimische Investitionen finden ließen? Natürlich unter Berücksichtigung der üblichen Effizienzkriterien, denn am Ende soll ja mehr rauskommen, als man reingesteckt hat, was auch Maßgabe einer sozialistischen Wirtschaft sein muss.

Der Nachteil für die Banken herkömmlichen Stils ist offensichtlich. Durch die verstärkte Konzentration auf das eigene Land gäbe es weniger Gewinn, weniger Marmorpaläste, keine millionenschweren Jahressalärs für Vorstandmitglieder, niedrigere Dividenden an den Börsen. Aber 95 Prozent der heimischen Bevölkerung würden von dieser Entwicklung nicht negativ betroffen, denn die Zinsen für deren Sparguthaben würden die Banken immer noch ohne Mühe erwirtschaften; trotz Absage an die Gewinnmaximierung.

Stellen wir uns also einen Vorstand einer Großbank vor, bei dem die Anteilseigner (Aktienbesitzer) ein Drittel des Stimmrechtes haben. Ein Sechstel der Stimmen hätten gewählte Interessenvertreter der Sparer. Da der Hauptanteil der Spareinlagen von Kleinsparern kommt, müsste durch entsprechende Mechanismen sichergestellt werden, dass dies auch Vertreter der Kleinsparer sind. Diese würden dann vor der Entscheidung stehen, ob sie eine jeweilige Bankpolitik mit hoher Rendite im Ausland unterstützen oder Gelder für die inländische Entwicklung bereitstellen, woran wiederum die Arbeitsplätze der Kleinsparer hängen.

Ein Drittel Stimmen für Belegschaft und Gewerkschaften, und der Rest für Vertreter aus gesellschaftlichen Organisationen und Ministerien.

Dies ist eine willkürliche Zusammensetzung, die eines eingehenden Studiums bedürfte. Das Ziel aber muss es sein, für einen Interessenausgleich zu sorgen, bei dem alle Beteiligten größtmöglich befriedigt werden: die Kapitaleigner, damit weiterhin für Effizienz gesorgt wird (solange noch keine bessere Mechanismen erfunden sind); die Sparer, damit sie sich um ihre Zinsen und um ihre Arbeitsplätze kümmern können; desgleichen gilt für die Gewerkschaften und Belegschaften und schließlich die Vertreter gesellschaftlicher Organisationen und der Regierung, die die gesamtgesellschaftlichen Belange zum Tragen bringen.

Ich könnte mir vorstellen, dass in einem solchen Vorstand hitzige Debatten geführt werden, deren Entscheidungen schließlich aber einen Kompromiss aus betriebswirtschaftlichen, gesamtwirtschaftlichen, sozialen und gesellschaftlichen Überlegungen darstellt. Und wer einer solchen Konstruktion die Möglichkeit von Fehlentscheidungen vorhält (die es sicherlich auch geben würde), der soll sich doch mal die Riesenfehler unserer Großbanken allein in der jüngsten Zeit vor Augen halten!

Ein nicht zu unterschätzender und gewünschter Nebeneffekt einer solchen Konstruktion: durch die Demokratisierung der Bankvorstände würde auch der Einfluss auf die Industriebetriebe durch die Banken entsprechend verändert.«

Am 17. Februar 1996 beschäftigte sich Rupp in einem persönlichen Brief erneut mit diesen Überlegungen:

»Es freut mich, dass wir in unsrem Bemühen, uns strategisch frei zu schwimmen, auf der gleichen Wellenlänge liegen. Das heißt nicht, dass wir auch schon in irgendeinem Teilbereich eine Lösung gefunden hätten. Wir müssen aber alles offen und frei diskutieren, ohne Rücksicht auf ideologische Tabus und alte Dogmen, sonst treten wir weiterhin Wasser und bleiben auf der Stelle. Dabei sollten wir auch davon ausgehen, dass nur weil Marx unter historisch anderen Bedingungen zu seiner Zeit eine richtige Aussage machte, diese heute nicht mehr automatisch richtig sein muss. Alles bewegt sich. Alles muss immer wieder überprüft werden. Von zeitlosem Bestand sind jedoch für mich der Marxsche Denkansatz und seine Methodologie zur Analyse der Gesellschaft.

Bevor wir überhaupt Hoffnung auf die Entwicklung eines schlüssigen alternativen Gesellschaftskonzepts und seinen Weg dahin hegen können, müssen wir erst noch viel Grundlagenforschung über die aktuelle Situation und die Trends in der sogenannten post-industriellen Gesellschaft betreiben. Über die offensichtlichen negativen Auswirkungen z. B. der Globalisierung wird seitens der Linken hinreichend lamentiert. Soweit ich weiß, liegen noch keinerlei Untersuchungen und schon gar nicht Erkenntnisse vor, inwieweit und welche Teilbereiche durch die spezifisch kapitalistische Wirtschaft getrieben werden, und für welche Aspekte die technologische Entwicklung verantwortlich ist, also systemimmanent auch im Sozialismus stattfinden würde.

Um überhaupt theoretische Ansätze für eine sozialistische Wirtschaftspolitik entwickeln zu können, müssen wir erst die Punkte im alten System identifizieren, wo wir mit Aussicht auf Erfolg die Hebel ansetzen könnten, um den gewünschten Paradigmenwechsel herbeizuführen, ohne dabei die Gesellschaft auch nur kurzfristig ins Chaos zu stürzen. Dazu benötigt man aber auch eine Analyse der gesellschaftlichen Widerstände, aber auch der Gruppen, die eine solche Alternative ganz oder teilweise (und bis wohin) unterstützen würden. Also eine Analyse der klassenbedingten Interessenlagen; aber eben unter den heutigen Bedingungen, wo auch schon Manager und Akademiker vermehrt unter der Arbeitslosigkeit leiden und man auch Kleinunternehmer an der Seite von Bergleuten findet, die für die Erhaltung der Arbeitsplätze in den Gruben demonstrieren. Aber was die theoretische Arbeit betrifft, herrscht hier gähnende Leere. Ohne diese Arbeit wird es jedoch kein langfristiges Konzept geben können, an dem sich die PDS auf ihrem Weg orientieren könnte.«

Am 19. Januar 1997 ging er erneut darauf ein:

»Selbst wenn der Sozialismus in unseren Augen alles andere als diskreditiert ist, allein schon deshalb, weil die vorangegangenen Versuche, ihn einzuführen, mit unzulänglichen Mitteln betrieben wurden, so stellt sich objektiv jedoch die Situation heute in Deutschland ganz anders dar.

Der Zusammenbruch des Realsozialismus, die Aufdeckung der gemachten Fehler und die hemmungslose propagandistische Begleitmusik aus den etablierten Bonner Parteien haben dazu geführt, dass heute selbst viele ehemalige Sympathisanten des Sozialismus im Westen orientierungslos geworden sind und in einer sozialistischen Gesellschaftsform keine Alternative mehr zum bestehenden System sehen. Erschwerend kommt hinzu, dass wir in den letzten Jahren außer einer schönen Idee von der sozialistischen Idealgesellschaft weder eine Theorie noch praktische Schritte auf dem Weg dahin unter den neuen, heute herrschenden Bedingungen anbieten konnten. Und mit einer Verweigerungshaltung allein – obwohl das ein schönes Gefühl gibt – und mit dem Ruf nach *Rrrrevolution* können wir den Massen keinen Weg aus der Krise zeigen.

Vor diesem Hintergrund habe ich den Artikel von Prof. H. Laitko im *ND* vom 14. Januar 1997 ›Warten auf das letzte Gefecht?‹ außerordentlich begrüßt. Für mich ist das das Beste, was seit langem im *ND* erschienen ist. Der Artikel bringt uns auf den Boden der jetzt gegebenen Tatsachen zurück, denn nur die bestimmen unseren Handlungsspielraum, innerhalb dessen wir eine kohärente Strategie entwickeln können.

Aber dieser Handlungsspielraum ist bisher nicht einmal vollständig wissenschaftlich analysiert worden, zumindest nicht aus marxistischer Sicht. Dabei kann es jedoch nicht angehen, dass die Analyse sich darauf beschränkt, zu zitieren, was Marx zu diesem oder jenem Aspekt irgendwann und irgendwo einmal gesagt hat. Schließlich war Marx auch nur ein Kind seiner Zeit. Und er hätte sich bestimmt nicht vorstellen können, dass die Arbeiter (im klassischen Sinn) nicht mehr die Mehrheit der Bevölkerung darstellen. Welche Auswirkungen hat das auf den Klassenkampf? Muss der Begriff *Klasse* neu gefasst werden unter Berücksichtigung der heute real existierenden Bedingungen? Vielleicht als die Klasse der Lohnabhängigen? Und wie steht es mit jener großen Bevölkerungsgruppe, die vom herrschenden System gezwungen wird, sich selbst auszubeuten, deren Existenz womöglich noch unsicherer ist als die der Arbeiter, wie es der Fall ist bei den Scheinselbständigen, aber auch bei vielen kleinen Handwerkern und Kleinunternehmern?

Selbst die Interessen der Arbeiter sind seit Marx nicht homogener geworden. Vielmehr das Gegenteil ist der Fall. Addiert man hierzu die unterschiedlichen Interessen der anderen Lohnabhängigen und der oben erwähnten Gruppen, dann ist es ungleich schwieriger als früher, diese unter einen Hut zu bringen. Aber um wirkliche Einflussnahme auf die Politik zu bekommen und um real auch etwas verändern zu können, müssen wir Strategien formulieren, mit denen sich ein großer Teil der oben erwähnten Gruppen identifizieren kann.

Die Vergangenheit hat gezeigt, dass die bewusste, handlungsfähige politische Klassenbewegung nicht das automatische Resultat einer quasi naturgesetzökonomischen Entwicklung ist, wie es in der traditionellen marxistischen Klassentheorie dargestellt wird. Diesbezüglich hat von Oertzen in seinem Artikel vom 17. Januar 1997 ›Vorwärts zu Marx‹ auf den kritischen Kommunisten aus England, Thompson, verwiesen, der eine handlungsfähige politische Klassenbewegung als Resultat eines historischen Lernprozesses der Arbeiter (und Lohnabhängigen etc.?) definiert, in dem – natürlich auf der Basis einer objektiven Klassenlage – ökonomisch-soziale Interessen, kulturelle Traditionen, die politische Anstrengungen (z. B. auch durch außerparlamentarische Bewegungen wie Gewerkschaften, Umweltschutzbewegungen etc.?) zusammenwirken. Nun, ich weiß nicht, ob diese Definition das ›Gelbe‹ vom Ei ist, aber sie kommt der Wirklichkeit doch bedeutend näher als die traditionelle.

Ein weiterer Punkt unseres Disputs betrifft die ›zivilisatorischen Errungenschaften der Bourgeoisie‹, von denen Brie gesprochen hat.

Für mich sind wesentliche Bestandteile dieser Errungenschaften z. B. die Gewaltenteilung, die Rechtsstaatlichkeit und die Rechtssicherheit; d. h. Rechtsschutz des Individuums auch gegenüber dem Staat und seiner Bürokratie etc. Wenn auch diese zivilisatorischen Errungenschaften der Bourgeoisie von etlichen bürgerlichen Staaten nicht so angewendet werden, wie sie sollten (siehe z. B. Aufhebung des Rückwirkungsverbotes oder Ungleichbehandlung der deutsch-deutschen Spione etc.), und wenn auch die bürgerliche Klasse als herrschende Klasse vorrangig von diesen Errungenschaften profitiert, so heißt das noch lange nicht, dass das keine Errungenschaften sind, die nicht auch in ein sozialistisches System unbedingt übernommen werden müssen, also im Sinne der Engels'schen Negation der Negation.

Das gehörte zwar zum Lernpensum im ML-Unterricht der realsozialistischen Staaten, wurde aber leider in die Praxis nicht eingebracht, was maßgeblich mit zum Untergang führte. [...]

Zur *Europäischen Währungsunion* (EWU), zu der ich eine sicherlich etwas abweichende Meinung entwickelt habe.

Grundthese: nachhaltige gesellschaftliche Veränderungen in Richtung Sozialismus sind wegen der in den letzten Jahrzehnten rapide zugenommenen internationalen Verflechtung der Wirtschaften und Gesellschaften – besonders in Europa – heute in unserem Land weniger möglich denn je, wenn das in Isolation geschehen soll.

Nachhaltige Veränderungen haben nur eine Chance, wenn sie europaweit eingeführt werden. Der europäischen Arbeiterklasse (egal welcher Definition) mangelt aber, eine solche Einheit herzustellen, die Kraft. Deshalb sollten wir als Sozialisten die EWU unterstützen, zugleich aber die sozialen Defizite der derzeitigen Konzeption anprangern. Diese Konzeption ist selbst nach der herrschenden Lehrmeinung der Neoklassik heller Wahnsinn, und die negativen Folgen werden nicht auf sich warten lassen.

Dies wäre dann aber die Chance der europäischen Arbeiterklasse, gemeinsam nach neuen Lösungen zu suchen.«

Am 8. März 1997 stellte Rupp in einem Brief, den er an mehrere Kontaktpartner sandte, grundsätzliche Überlegungen für eine demokratische und sozialistische Gesellschaft an:

»Zur Zeit studiere ich wieder Rosa Luxemburg. Dabei ist mir klar geworden, dass die sozialistische Bewegung wieder auf den Stand der 20er Jahre zurückgeworfen wurde, allerdings unter teilweise schwierigeren, aber auch teilweise besseren Bedingungen. Schwieriger, weil der Begriff ›Sozialismus‹ in Westdeutschland weitgehen diskreditiert ist und er bei den Lohnabhängigen nur noch sehr wenig Anhänger hat, was allerdings in den anderen westeuropäischen Ländern besser ist.

Bessere Bedingungen sehe ich in dem Umstand, dass

a) Nazis und militante Rechtsradikale und Deutschnationale noch keinen im Vergleich zu Weimar ernstzunehmenden Machtfaktor darstellen und

b) weil die politische Verfassung der BRD zumindest theoretisch weitreichende Änderungen in Richtung Sozialismus zulässt, wenngleich ich mich diesbezüglich keinerlei Illusionen hingebe, denn wenn es um die ›Wurst‹ ginge, dann würde das Kapital schon seine Zähne zeigen.

Bei der Weiterentwicklung unserer Theorie müssen wir uns immer vor Augen halten, dass die DDR, der erste sozialistische Staat auf deutschem Boden, nicht das Resultat einer gesellschaftlichen Umwälzung unter Führung der Arbeiterklasse war, sondern das Ergebnis des Zweiten Weltkrieges.

Daher haben wir Deutschen keine wirklichen Erfahrungen, wie der Sozialismus in einer bürgerlichen Gesellschaft dem Kapitalismus die Macht entreißen kann.

Und die Erfahrungen der sozialistischen und kommunistischen Parteien in den bürgerlichen Staaten des Westens seit dem Zweiten Weltkrieg sind auch nur sehr bedingt auf die deutschen Verhältnisse übertragbar, zumal die Ergebnisse zusätzlich durch den ideologischen Ost-West-Konflikt und durch die oft unglückliche Einflussnahme Moskaus auf diese Parteien verfälscht wurden. Ebenso sind die in der DDR gemachten praktischen Sozialismuserfahrungen zur Weiterentwicklung unserer Theorie nur insoweit anwendbar, dass sie uns zeigen, was im Sozialismus funktionierte und was nicht, und welche Fehler für den Untergang der Wirtschaften und Gesellschaften des sozialistischen Lagers verantwortlich waren.

Für die Aufgabe, vor der wir jetzt stehen, nämlich langfristig dem erstarkten deutschen Kapitalismus die Macht zu entreißen und uns dabei über die richtige Strategie uneinig sind, die zwischen Reförmchen und Revolution, zwischen Regierungsbeteiligung und Totalverweigerung schwankt, zur Lösung dieser Aufgabe taugen die Erfahrungen der DDR herzlich wenig. Aus eben diesen Gründen meine ich, dass wir für die Entwicklung der Gesamtstrategie wieder bei Rosa Luxemburg anknüpfen sollen, deren Verknüpfung von Reform und Revolution mir zumindest als kohärentes Ganzes erscheint, dessen

Grundprinzip auch auf die heutigen Bedingungen übertragbar ist, wenn auch die praktische Ausgestaltung anders sein und den heutigen Fakten Rechnung tragen muss.

Die zumeist klassenbedingten Widersprüche in unserer Gesellschaft spitzen sich zu. Aber wie ich letztes Jahr in meinem *ND*-Diskussionsbeitrag zum Thema ›Globalisierung‹ geschrieben habe, ist das für die Linke für sich genommen noch ›lange kein Grund zum Jubel. Die alte, deterministische und daher pseudo-marxistische These, dass die Lohnabhängigen quasi automatisch sich sozialistischen Ideen und Parteien zuwenden, wenn sich ihre Lebensbedingungen verschlechtern, ist von der Geschichte allzu oft widerlegt worden‹. Rosa Luxemburg hat das in ihren Schriften besonders deutlich gemacht, was sich ja dann auch in Deutschland auf schlimmste Art und Weise bestätigte.

Bei Rosa L. heißt es, dass der Sozialismus nicht nur aus den sich zuspitzenden objektiven Widersprüchen der kapitalistischen Wirtschaft resultiert, sondern ebenso aus den subjektiven Erkenntnissen der Arbeiterklasse von der Unerlässlichkeit ihrer Aufhebung durch eine soziale Umwälzung und aus der wachsenden Organisation und Klassenerkenntnis des Proletariats, das den aktiven Faktor der bevorstehenden Umwälzung bildet.

Wenn wir Rosas Voraussetzung mit der gegenwärtigen Lage der Linken in Deutschland vergleichen, dann wird deutlich, wie weit wir vom Sozialismus wieder entfernt sind – trotz der sich zuspitzenden Widersprüche des kapitalistischen System, und welche Riesenprobleme und Arbeit noch vor uns liegen.

Obwohl bundesweit schwach, ist die Linke im Osten aber ein ernstzunehmender politischer Machtfaktor. Und so stellt sich die Frage zur Regierungsbeteiligung oder Verweigerung schon heute. Hier können wir von der Strategie Rosas lernen, bei der ein Minimal- und ein Maximalprogramm wie die Glieder einer Kette miteinander verbunden waren. Das Minimalprogramm muss den Aktionsradius für die tagespolitischen Handlungsspielräume abstecken zwecks Reformen zur Verbesserung der Lage der Arbeiterklasse; übrigens ein Begriff, der neu definiert und den heutigen Bedingungen angepasst werden muss.

Andererseits dürfen keine Zweifel an unserem Maximalprogramm bestehen, das auf die Abschaffung des Kapitalismus zielt und nicht darauf, ihn nur erträglicher zu machen. Nur wenn wir beide Enden der Kette fest in unserer Hand halten, haben wir Aussichten auf Erfolg. Konzentrieren wir uns nur auf das Minimalprogramm, dann laufen wir unweigerlich Gefahr, den Weg der SPD und des Bernsteinschen Revisionismus zu gehen und durch Koalitionen mit bürgerlichen Parteien im Lotterbett der Macht korrumpiert zu werden.

Haben wir andererseits nur das Maximalprogramm vor Augen und weigern uns, in der Tagespolitik die Möglichkeiten über Reformen und Koalitionen das Los der Lohnabhängigen zu verbessern, dann laufen wir Gefahr, zu einer Sekte von Utopisten zu werden, die kaum noch jemand ernst nimmt. Gegen Duldung und/oder Regierungsbeteiligung ist deshalb nichts einzuwenden, wenn, und nur wenn Minimal- und Maximalforderungen in unserem Programm den gleichen Stellenwert haben, und das eine nicht zugunsten des anderen leichtfertig ›verkauft‹ oder nur noch mit Lippenbekenntnissen bedient wird.

Allerdings müssen wir uns eingestehen, dass es uns wegen der im ›Realsozialismus‹ gemachten Erfahrungen heute schwer fällt, unsere Maximalforderungen mit Leben und einem kohärenten Programm auszugestalten. Da hatten es Rosa und die Sozialisten der 20er Jahre einfacher.

Durch rigorose Verstaatlichung, Planwirtschaft etc. etc. konnten sie ein Programm zur Überwindung der gesellschaftlichen Probleme des Kapitalismus anbieten. Damals erschien das auch einleuchtend. Die Praxis hat sich jedoch als viel schwieriger erwiesen, als man sich das in der Theorie vorgestellt hatte. Die DDR hat ja hier ihre eigenen schmerzhaften Erfahrungen gemacht. Deshalb müssen wir versuchen, neue Lösungsmöglichkeiten zu finden, die Realität zu analysieren, von den Fakten lernen, keine alten Glaubenssätze ungeprüft übernehmen, um daraus eine neue Gesamtstrategie zu entwerfen, in der Minimal- und Maximalprogramm fest miteinander verknüpft sind.

Wir sollten uns aber davor hüten, uns mit Eifer vorrangig damit zu beschäftigen, das Maximalprogramm – dessen Verwirklichung wieder in weite Ferne gerückt ist – mit festen Axiomen und Parametern anzureichern, über die wir im

Moment gar keinen Überblick haben und deren Wirkungsweise wir womöglich verkennen. Statt dessen sollten wir uns auf die Ausarbeitung mittelfristiger Etappenziele konzentrieren, die im Rahmen des bestehenden Systems möglich sind – und hier gibt es etliche Gestaltungsmöglichkeiten – und uns unserem Fernziel, der Abschaffung des Kapitalismus und der Überwindung des reinen Profitprinzips, näher bringen. Solche Etappenziele sollten auf bereits vorhandenen Ansätzen oder Strukturen aufbauen und unter den gegebenen Verhältnissen erreichbar und machbar sein.

Das sozialistische Fernziel bestimmt dabei unsere Richtung und Bewegung, was uns vor zu großen Kursabweichungen als Resultat fauler Kompromisse im tagespolitischen Geschehen abhalten soll.

Besonders für die Wirtschaftspolitik sind klar umrissene Etappenziele dringend nötig, denn hier haben wir im Moment wenig anzubieten. Weil sie aber konkret und machbar sein müssen, sind sie weitaus schwieriger zu formulieren als das abstrakte Endziel, in das wir all unsere Wünsche und Sehnsüchte hineinpacken können.

Dass die Linke viel Energie in die Debatte des Fernziels und seine Ausgestaltung steckt, ist verständlich, aber leider sind diese Anstrengungen müßig. Niemand kann heute ein schlüssiges Sozialismuskonzept ausarbeiten, denn wir wissen heute nicht, welche objektiven wirtschaftlichen und sozialen Bedingungen herrschen werden, wenn wir vor dessen Verwirklichung einmal stehen sollten. Zudem laufen wir Gefahr, unser sozialistisches Fernziel mit allerlei theoretischen Formeln und womöglich mit neuen Dogmen zu fixieren, wo es doch allseits an wissenschaftlicher Gegenwartsanalyse mangelt, und was uns unter Umständen dazu verleitet, unser Ziel in der falschen Richtung und/oder mit den falschen Mitteln zu suchen.

Die ›Globalisierung‹ ist hierfür ein Beispiel. Von der Linken wird sie zumeist pauschal verteufelt. Aber niemand weiß zur Zeit, inwieweit sie von der spezifisch kapitalistischen Ausprägung unserer Wirtschaft und/oder von der allgemeinen technologischen Entwicklung getrieben wird. Ist sie z. B. das Resultat der technologischen Entwicklung, die nur vom Kapital skrupellos zur Gewinnmaximierung ausgenutzt wird, so heißt das trotzdem, dass auch eine zukünftige sozialistische Gesellschaft mit dem Problem konfrontiert wäre und sich mit dessen Vor- und Nachteilen auseinandersetzen müsste. Eine wissenschaftliche Untersuchung dazu gibt es aber meines Wissens noch nicht. Ohne hinreichende Kenntnis dieser und anderer Probleme ist es vermessen, heute schon ein sozialistisches Wirtschaftskonzept ausarbeiten zu wollen!

Deshalb sollte der Teil unseres Fernzieles, der eine effiziente sozialistische Wirtschaft betrifft, bewusst eine Leerformel bleiben, die erst nach und nach mit praktischen Konzepten angefüllt, angereichert wird, und zwar in dem Maße, wie wir unserem Ziel näher kommen und auf der Basis der bis dahin gemachten Erfahrungen; eine Aufgabe, die auch noch unsere nachfolgenden Generationen beschäftigen wird.

Bei dem anderen Teil unseres Zieles, nämlich eine wirklich demokratische, gerechte und humane Gesellschaft zu schaffen, brauchen wir jedoch keine Zurückhaltung zu üben; da wissen wir, was wir wollen und wie die Strukturen aussehen sollen, wenn auch hier die Grenzen zur Wirtschaft verschwimmen. Aber der Zweck ist eine humane Gesellschaft, und die Wirtschaft ist das Mittel zum Zweck. Deshalb muss auch eine sozialistische Wirtschaft so ausgestaltet sein, dass sie dauerhaft diesem Zweck dienen kann. Die Art, wie z. B. in der DDR Raubbau an der wirtschaftlichen Substanz zur Realisierung sozialer Zwecke betrieben wurde, ist keine Lösung.

Aus der Geschichte haben wir gelernt, dass die Voraussetzung für den Erfolg der bürgerlichen Revolution die Tatsache war, dass im Vorfeld das alte System nicht nur abgewirtschaftet hatte, sondern die Bourgeoisie bereits in Wirtschaft und Gesellschaft starke Positionen erkämpft hatte. Desgleichen gilt auch für uns heute, solche Positionen auszubauen und neue zu erobern. Das unterstreicht die Bedeutung von Etappenzielen, die wir formulieren und durchsetzen müssen. In diesem Zusammenhang möchte ich zur Demokratisierung der Wirtschaft eine erweiterte Mitbestimmung als eines der Etappenziele vorschlagen. Sie sollte, vielleicht in einer ersten Phase, nur die Großunternehmen und Banken treffen.

Die Forderung nach mehr Mitbestimmung ist grundsätzlich nichts Neues. Man kann auf bereits vorhandene Strukturen zurückgreifen und aus einem gehörigen Erfahrungsschatz schöpfen. Mehr Mitbestimmung ist nicht nur eine alte Forderung der Gewerkschaften, sondern sie dürfte auch bei breiten Kreisen der Bevölkerung voll im ›Trend‹ liegen, zumal auch nicht-sozialistische Wähler das Gefühl haben, von Politik und Wirtschaft überrollt oder an den Rand gedrängt werden. Deshalb könnten wir bei einem solchen Vorstoß, der klug und gut fundiert vorgebracht werden müsste, auch mit Verständnis oder gar Unterstützung all jener rechnen, die sich – ohne Sozialisten zu sein – für eine größere Emanzipation der Menschen in Wirtschaft und Gesellschaft einsetzen, inklusive kirchliche Gruppen.

Damit die Idee einer erweiterten Mitbestimmung in den Großkonzernen bei den oben erwähnten Gruppen der Bevölkerung unter den heutigen Bedingungen überhaupt auf Interesse stößt und nicht von vornherein als diskussionsunwürdig verworfen wird, sind eine Reihe von Nebenbedingungen zu beachten. Wichtig ist, dass die Effizienz der Unternehmen erhalten bleibt, dass keine schwerfälligen, bürokratischen Strukturen geschaffen werden. Letztere sind in vielen Großkonzernen ohnehin schon lähmend genug und produzieren viele Fehlentscheidungen, wofür es genügend Beispiele gibt. Vielmehr müssten der Filz und Klüngel aufgebrochen und die Strukturen flexibler gemacht werden.

Erweiterte Mitbestimmung sollte auch nicht in Richtung Arbeiterselbstverwaltung verstanden werden. Die war im jugoslawischen Modell zu einem großen Selbstbedienungsladen degeneriert und war alles andere als effektiv. Die erweiterte Mitbestimmung sollte weder eine quasi-Verstaatlichung sein noch das Gewinnstreben außer Kraft setzen, noch dem eingesetzten Kapital seine Rendite verwehren. Sie sollte aber die Verfügungsgewalt über das eingesetzte Kapital gem. Grundgesetz in die gesellschaftliche Verantwortung nehmen; also die Umkehr der jetzigen Politik, die auf eine Maximierung des ›shareholder value‹ zielt, von der nur die Kapitaleigner meist auf Kosten aller anderen profitieren. (In diesem Zusammenhang ist es wichtig, zwischen dem Streben nach Gewinn, Gewinnmaximierung und der Maximierung des ›shareholder value‹ zu unterscheiden.)

In den existierenden Mitbestimmungsmodellen haben wir in den Vorständen der Konzerne auf der einen Seite die Vertreter des Kapitals und auf der anderen Seite jeweils Vertreter von Belegschaft und Gewerkschaft. Am ausgeglichensten ist das Verhältnis in der Montanindustrie, in deren Vorständen sich Vertreter von Kapital und Arbeit die Waage halten und die zusammen für einen Vorsitzenden kooptieren. Allerdings hat sich herausgestellt, dass, wenn es hart auf hart kommt, die Kapitalinteressen meist dominieren. Außerdem ist in dieser Mitbestimmungsstruktur kein Platz für einen Ausgleich zwischen Unternehmensinteressen und den Interessen der Gesellschaft als Ganzem, denn wenn in diesem Bereich ein Widerspruch auftritt, neigen sowohl Kapital als auch Gewerkschaft und Belegschaft dazu, sich für ›ihr‹ Unternehmen einzusetzen. Trotzdem wäre eine Ausdehnung des Montanmitbestimmungsmodells, vielleicht mit entsprechend notwendigen Modifizierungen, auf andere Industriebereiche schon ein gewaltiger Fortschritt.

Eine erweiterte Mitbestimmung würde aber, wie das Wort schon sagt, noch weiter gehen. Das Kapital müsste seine faktische Mehrheit in den Entscheidungsgremien verlieren, und eine dritte gesellschaftliche Kraft würde an den Entscheidungen mitbeteiligt. Diese dritte Kraft würde die sozialen, ökologischen, regionalen und wirtschaftlichen Interessen der Gesellschaft vertreten. Aus welchen Vertretern sich diese dritte Kraft genau zusammensetzen sollte und wie sie zu wählen und/oder zu bestimmen wären, bedürfte vieler Studien und Debatten.

Desgleichen gilt für die Proportionen, d. h. wie sich die drei Kräfte anteilsmäßig in den Entscheidungsgremien zusammensetzen sollten. Die Zusammensetzung ist aber letztlich eine Machtfrage und abhängig von der Stärke der Linken in der Gesellschaft und der Korrelation der Kräfte darin. Eine starke Linke könnte aber diese Frage für sich im Rahmen der bestehenden verfassungsmäßigen Ordnung entscheiden.

Die erweiterte Mitbestimmung müsste so gestaltet werden, dass sich bei wichtigen Entscheidungen z. B. im Vorstand immer wieder andere, neue Mehrheiten zusammenfinden, die die unterschiedlichen Interessen von Kapital, Belegschaft, Gewerkschaft und Gesellschaft so gut wie möglich austarieren, egal ob es um Effizienz, Schaffung oder Abbau von Arbeitsplätzen, Erhaltung der Wettbewerbsfähigkeit, ökologische Probleme, Zukunftsgestaltung, Globalisierung, Lehrstellen, regionale, aber unternehmensbedingte Probleme oder anderes geht. Die Vorteile einer solchen Lösung liegen auf der Hand: trotz der Einführung einer nunmehr gesellschaftlichen Verantwortung in die Unternehmenspolitik, bliebe das Unternehmen in seinen Entscheidungen flexibel, anpassungsfähig für Veränderungen auf dem Weltmarkt und weitgehend frei von bürokratischer Gängelung, Voraussetzung ist, dass keine der drei Kräfte für sich alleine die Mehrheit hat, sondern die zu den jeweiligen Problemen immer wieder neu gesucht werden muss.

Eine solche erweiterte Mitbestimmung wäre zwar noch weit vom Ideal entfernt, würde aber einen wichtigen Schritt in Richtung Demokratisierung der Wirtschaft bedeuten; ein Etappenziel, das den Vorteil hat, dass in Anlehnung an die existierenden Mitbestimmungsmodelle der ›Mann und die Frau auf der Straße‹ sich so was durchaus vorstellen können, was z. B. für den Sozialismus gilt. Allerdings würden die möglichen, negativen Auswirkungen dieses Etappenziels, die vom Kapital verursacht würden (z. B. Kapitalflucht, Verweigerung der Zusammenarbeit, Finanzierungsprobleme etc.) noch einer ausgiebigen Untersuchung bedürfen.

Ist der Gedanke einer erweiterten Mitbestimmung ein Hirngespinst? Als nicht machbar und als auf die Zerstörung der deutschen Industrie ausgerichtet, hatte seinerzeit das Kapital das Montanmitbestimmungsmodell vor seiner Einführung bezeichnet. Aus politischen und strategischen Gründen wurde es nach dem Krieg von den Alliierten Westdeutschland oktroyiert. Seitdem hat es sich erstaunlich gut bewährt, und es wurde im europäischen Ausland immer wieder bewundert, besonders die in den schwierigen Jahren der Strukturanpassung der Montanindustrie relativ konfliktfreie Zusammenarbeit von Kapital und Arbeit, eben weil das Kapital nicht mehr alleine und ohne Berücksichtigung der Interessen der Arbeiter entscheiden konnte. Warum sollte ein kohärentes Konzept einer erweiterten Mitbestimmung nicht auch funktionieren!? Es wäre ein für viele verständliches und greifbares Etappenziel, das zur Demokratisierung von Wirtschaft und Gesellschaft beitragen würde, und das im Rahmen von Minimal- und Maximalprogramm durchaus seinen Platz hätte.«

Auf diese Überlegungen reagierten etliche der Angeschriebenen, weshalb sich Rupp am 4. April 1997 entschloss, die Antworten in einer zusammenfassenden Replik zu kommentieren:

»Was meinen Brief betrifft, so habe ich erstaunlicher Weise von unterschiedlichen Seiten, von der DKP bis zur PDS-Ost und West nur positive Kommentare bekommen. Das heißt nicht, dass alles akzeptiert wird, wie es da steht. Wie könnte es auch, da ich bei einigen Sachen selbst nicht sicher bin und das ganze eher spontan und aus dem Bauch geschrieben hatte. Aber vieles hat scheinbar zum Nachdenken angeregt. Und alle haben den offensiven, vorwärts gerichteten Blick des Papiers gelobt. Einige waren regelrecht dankbar dafür, dass es sie aus einer rückwärts gerichteten Lethargie gerissen hat. Und alle wollen nun wie verrückt diskutieren und bombardieren mich mit Fragen, so dass ich kaum noch von meiner Schreibmaschine wegkomme und nur noch wenig Zeit zum Zeitungslesen habe. Und einige ganz Verrückte erhoffen sich sogar von mir wieder fertig ausgearbeitete Konzepte, obwohl ich ja gerade geschrieben hatte, dass es die nicht geben kann. Die alten Gewohnheiten! [...]

Grundsätzlich bin ich aber der Meinung, dass es sehr wohl einen Unterschied macht, ob der Gegner eine faschistisch-kapitalistische Diktatur oder eine bürgerlich-kapitalistische Demokratie ist (siehe Prof. Laitko). Entsprechend unterschiedlich muss sich auch der tagtägliche politische Kampf gestalten und die Mittel, die zum Einsatz kommen. In diesem Zusammenhang komme ich also auf Deine Frage, ob es möglich ist, mittels demokratischer Reformen auf der Grundlage demokratischer Wahlen und erreichter Mehrheiten allmählich antikapitalistische Institutionen in der Gesellschaft herauszubilden und so allmählich Gegengewichte zur Allmacht des Kapitals zu schaffen?

Ich glaube nicht, dass es möglich ist, in wichtigen Schlüsselbereichen der kapitalistischen Wirtschaft (z. B. Banken) antikapitalistische Positionen aufzubauen. Das verträgt sich so gut wie Feuer und Wasser. Möglich ist es dagegen, und das wurde auch in der Vergangenheit gezeigt, die Verfügungsgewalt über das Kapital in Richtung sozialer Verantwortlichkeit zu beschränken bzw. zu kanalisieren. Auf diesem Gebiet befinden wir uns also nicht auf Neuland. [...]

Mit einem solchen Ziel dürften wir auch als Sozialisten viele andere gesellschaftliche Gruppen auf unsere Seite ziehen. Selbst kirchliche Gruppen dürften da nicht abseits stehen, denn hier wird ein weit verbreitetes gesellschaftliches Bedürfnis angesprochen. Und je höher der Bildungsgrad einer Gesellschaft, desto größer das emanzipatorische Bedürfnis der Mitbestimmung.

Auch wird dadurch nichts exotisch Neues angesprochen, sondern eine Bewegung zur Durchsetzung und Verbesserung der Mitbestimmung kann sich auf bestehende Traditionen und Gesetze berufen. Die Linke könnte wieder in die Offensive gehen, ohne dabei mit jedem zweiten Wort den ›schrecklichen‹ Sozialismus zu fordern, wenn es uns auch im Endeffekt näher dahin bringt. [...]

Unter dem Eindruck der antikommunistischen Indoktrination seit 1933 in Westdeutschland und des katastrophalen Zusammenbruchs des real-existierenden Sozialismus werden im Westen, wo die meisten Wahlstimmen sitzen, sozialistische Ideen – wenn sie als solche bezeichnet werden – von vornherein verworfen. Es gilt aber, den Massen einen Weg aus der Krise zu zeigen. Der Weg und die Mittel dürfen jedoch nicht exotisch sein. Sie müssen verständlich, greifbar, einsichtig sein und zugleich einem tiefen Bedürfnis entsprechen. Ein schlüssiges Konzept zur erweiterten Mitbestimmung könnte all dies bieten, zumal es nicht a priori antikapitalistisch ist.«

Internationale Wirtschafts- und Finanzpolitik

Am 28. Oktober 1995 schrieb Rupp unter der Überschrift »Liegestühle auf der Titanic« im *Neuen Deutschland*:

»Ein bekannter US-amerikanischer Anlageberater warnte jüngst in einer Analyse seine reichen Kunden vor dem sich mittelfristig abzeichnenden Zusammenbruch der Weltwirtschaft – und vor dem Ende des Kapitalismus, ›so wie wir ihn kennen‹.

Besonders geht er auf die der nächsten Generation bevorstehende sozialpolitische Katastrophe ein. Die Generation der Kinder könne unmöglich jene Zeche bezahlen, die ihr die

Eltern hinterlassen. Als Beweis rechnet er die Zahlungsver-
pflichtungen der nächsten Generation auf ihren heutigen Wert
herunter. Dabei geht er sogar von der optimistischen Annahme
aus, dass es der Clinton-Regierung gelingt, den Staatshaushalt
auszugleichen, und dass die Wirtschaft mit den durchschnitt-
lichen Werten der letzten Jahre weiter wächst. Trotzdem ist das
Ergebnis erschreckend.

In den USA müsste die Steuerquote von derzeit 34 auf 82
Prozent ansteigen, damit die nächste Generation die angehäuf-
ten Staatsschulden bedienen, die Pensionen zahlen und den
Verpflichtungen der jetzigen Sozialgesetzgebung nachkommen
könne. Gerade letztere werden auf Grund der demographi-
schen Entwicklung (mehr alte Leute und längere Lebenser-
wartung) explosionsartig steigen.

Die Zwickmühle ist perfekt.

Da es unrealistisch ist, dass die nächste Generation gewillt
ist, von 100 verdienten Dollar 82 an Steuern zu zahlen, bleibt
nur der massive Sozialabbau. Heute gemachte soziale und wirtschaftliche Versprechen werden nicht einlösbar sein. Große
Gefahr in Verzug – so warnt der Anlageberater und entwickelt
für seine reichen Kunden langfristige Strategien, wie sie trotz
dieser Entwicklung Vermögen ins Trockene bringen können.

Nach dem Zusammenbruch des Staatssozialismus nun
auch die Krise des kapitalistischen Wohlfahrtsstaates? Prof.
Alan Auerbach von der University of California in Berkeley,
der als Pionier der Methode der ›Generationen-Buchhaltung‹
gilt, war einer der ersten, die auf die anstehende Problematik
hinwiesen. Eine Untersuchung der OECD bestätigt die Angaben des schon erwähnten Anlageberaters mit nur unwesent-
lich anderen Zahlenergebnissen.

Dabei trifft das Problem nicht nur auf die USA zu, sondern
auf fast alle westlichen Industriestaaten. Für den Extremfall
Italien berechnete die OECD, dass dort die nächste Genera-
tion fünfmal höhere Steuern zahlen müsste, um den sozialen
Status Quo zu erhalten. Damit wären die Steuern höher als das
Bruttosozialprodukt; absoluter Irrsinn.

Für die nächste Generation der Deutschen liegt die Steuerquote bei etwa 75 Prozent, wobei eine Produktivitätssteigerung
in der Wirtschaft von jährlich 1,5 Prozent zugrunde gelegt wird.

Wer will angesichts dieser Perspektiven noch behaupten, dass die Renten sicher sind und der Sozialstaat um- statt abgebaut wird?

Natürlich lässt sich diese Entwicklung noch eine Zeit lang vor der Bevölkerung verstecken, die Auswirkung vertuschen. Eine Wiederbelebung der Inflation wäre dafür das ideale Instrument. Nicht zufällig wird in der internationalen volkswirtschaftlichen Debatte in letzter Zeit die Inflation kaum noch als Schreckgespenst behandelt. Ein bisschen Inflation sei gut für die Wirtschaft, denn sie fördere das Wachstum. Die Inflation aber könnte noch viel mehr, nämlich die Schulden des Staates entwerten, bei geringerer Indizierung die real zu erbringenden Sozialleistungen kürzen, ohne dass dafür – politisch höchst unpopulär – die Gesetze geändert werden müssten, d. h. die Regierung finanziert ihre Ausgaben teilweise über die Inflation, zahlen aber tut der Sparer.

Politisch wäre das sicher der elegantere Weg für die Herrschenden, um die aufziehende Krise zu meistern. Das Endergebnis wäre aber das gleiche, nämlich eine massive, reale Schlechterstellung der Masse der Bevölkerung! Verantwortung dafür dürfte kein Politiker gewillt sein zu übernehmen. An entsprechenden Entschuldigungen wird schon fleißig gebastelt: Globalisierung, weltweiter Wettbewerb, Standortprobleme, Sozialmissbrauch etc. etc. Das eigentliche Problem aber liegt im System, das weiterhin nicht in Frage gestellt wird.

Hoffnungen, dass gemeinschaftliches Handeln der wichtigsten Industrieländer die Probleme lösen könnte, bleiben unerfüllt. In der EU besinnen sich die einzelnen Staaten mehr und mehr auf nationale Prioritäten. Alle Industriestaaten sind hochverschuldet, und die Finanzpolitik fiel als Instrument wirtschaftlicher Steuerung und gesellschaftlicher Gestaltung weitestgehend weg. Auch die Globalisierung der Waren- und Finanzströme stellt nationale Wirtschaftspolitiken vor schwierige Aufgaben, bei denen soziale Belange nicht losgelöst von globalen Verflechtungen behandelt werden können – wenn das gesamte System nicht in Frage gestellt werden soll.

An neuen Arbeitsplätzen mangelt es überall. Investitionen bleiben aus. Geld jedoch ist genug da. Nur: Die großen privaten Investitionen werden heute überwiegend in Finanzinstrumente und Währungsspekulationen getätigt – das bringt mehr und schneller Geld als neue Fabriken.

Um auf aktuelle nationale Schlussfolgerungen zu kommen: Angesichts der sich abzeichnenden Entwicklung wäre es zum Beispiel Aufgabe einer Partei wie der PDS, glaubhafte Alternativen zu entwickeln. Wer sonst soll es tun? Einerseits bringt die PDS Erfahrungen aus dem Scheitern des Staatssozialismus mit, andererseits erlebt sie jetzt die Fehler und Schwächen des sozialmarktwirtschaftlichen Kapitalismus, der ebenfalls seiner Krise entgegengeht.

Die derzeitigen Dispute über die Marschrichtung der PDS zwischen Pragmatikern, ›Nostalgikern‹, Libertären, Anti-Autoritären, diffusen Linken innerhalb der Partei erinnern freilich fatal an den Streit um Liegestühle auf dem Deck der Titanic.«

Am 26. Mai 2012 fragte er in der *jungen Welt* »Schuldentilgung durch Druckerpresse oder Austritt Griechenlands aus Euro-Zone«?:

»Für den weiteren Verlauf der Euro-Krise zeichnen sich laut Deutschlandausgabe der *International Business Times* (IBT) vom Donnerstag ›nur noch zwei mögliche Szenarien‹ ab – und beide seien ›für die Menschen in der Euro-Zone katastrophal‹.

Im ersten Szenario wird darauf verwiesen, dass nach Angaben der Bank für Internationalen Zahlungsausgleich Kreditinstitute aus Deutschland, Frankreich und Großbritannien Ende 2011 insgesamt mehr als eine Billion Euro in Griechenland, Spanien, Portugal und Italien angelegt hatten. Daher würden die Auswirkungen eines Zusammenbruchs der Euro-Zone weit über den Finanzsektor hinausgehen. Ähnlich wie im Krisenjahr 2008 wären starke Einbrüche in der realen Wirtschaft und rapide steigende Arbeitslosigkeit vorprogrammiert. Alle Austrittkandidaten würden sich gezwungen sehen, ihre neuen/alten Währungen gegenüber dem Euro stark abzuwerten. Die Sparer in diesen Ländern würden am Ende fast alles verlieren. Doch durch den Austritt hätten diese Länder wieder die nationale Souveränität über ihre Geld- und Fiskalpolitik gewonnen. Mit Währungsabwertungen hätten sie die Möglichkeit, der Rezession zu entkommen. Im zweiten Szenario wird die Überschuldung der Euro-Staaten mit der Druckerpresse der Europäischen Zentralbank ›weginflationiert‹. Europaweit würde das auf Jahre zu massigen Preissteigerungen und einer Abwertung des Euro gegenüber dem US-Dollar und anderen Währungen führen. Aber wegen der Euro-Abwertung wären die Arbeitsplätze zumindest relativ sicher, wenn auch mit weitaus geringeren Reallöhnen. Das ›Weginflationieren‹ der Staatsschulden funktioniert nämlich nur dann, wenn zusammen mit den durch die Inflation vernichteten Sparguthaben auch die stark gestiegenen Lebenshaltungskosten nur unzureichend durch höhere Löhne ausgeglichen werden. Denn irgend jemand muss letztlich die Schulden der Banken bezahlen.

Während die beiden *IBT*-Szenarien ein Ende mit Schrecken versprechen, bedeutet den von der neoliberalen Sparzuchtmeisterin in Berlin forcierte sogenannte Fiskalpakt ein Schrecken ohne Ende, sogar für zukünftige Generationen.

Bisher haben die meisten Europäer geglaubt, irgendwie könne schon genügend Geld aufgetrieben würde, um ohne großen Krach einen Staatsbankrott der Euro-Krisenländer zu verhindern. Das weltweit hohe Prestige des Euro und die Zukunft des europäischen Projekts würden schon genügend Investoren mit dem notwendigen Geld anlocken. Besonders auf China, das mehrmals Ziel von Bettelreisen führender EU-Politiker war, wurden große Hoffnungen gesetzt.

Doch diese Vorstellungen haben sich als Wunschtraum entpuppt. Gao Xiqing, Präsident der *China Investment Corporation* (CIC), sagte laut der US-Agentur für Finanznachrichten Bloomberg im Mai, dass der nationale Staatsfonds aufgehört habe, europäische Staatsanleihen zu kaufen. ›Was sich in Europa derzeit abspielt, ruft große Beunruhigung hervor. Wir sind nicht mehr gewillt, die staatlichen Wertpapiere der Länder der Region aufzukaufen‹, so Gao.

Derweil berichtete die *Financial Times Deutschland* Mitte der Woche, dass die 17 Euro-Staaten sich inzwischen in einer Arbeitsgruppe der Finanzstaatssekretäre mit detaillierten Notfallplänen auf einen möglichen Austritt Griechenlands vorbereiten. Dies zeige, so das Blatt, ›wie real aus Sicht der Regierungschefs inzwischen die Gefahr ist, dass die Griechen nach der Wahl am 17. Juni nicht im Euro zu halten sind‹. Allerdings könnte die Dynamik des Ansturms auf griechische Banken bereits vorher den Exit Athens forcieren. Die Vermögenden in Hellas haben schon seit Jahresbeginn begonnen, ihre Konten zu räumen und ihre Ersparnisse sicher in Londoner, Pariser und Berliner Luxusapartments zu investieren. In den letzten Wochen begannen nun auch griechische Kleinsparer, ihre Guthaben auszulösen. Dadurch verliert das griechische Bankensystem Berichten von *Russia Today* zufolge wöchentlich über vier Milliarden Euro und steuert auf den Zusammenbruch zu. Die Europäische Zentralbank (EZB) weigert sich unter Verweis auf das Fehlen einer politisch beschlussfähigen Regierung in Athen, mit frischem Geld auszuhelfen.

So bleibt als einziger Ausweg, den Kollaps zu vermeiden, zum System einer souveränen, nationalen Notenbank zurückzukehren, welche die Banken eigenständig mit Geldmitteln versorgen kann. Nur wären dies keine Euro, das kann und darf nur die EZB, sondern Drachmen.

Damit aber wäre der griechische Austritt besiegelt.«

Am 27. Juni 2012 hatte sich Rupp in der *jungen Welt* schon einmal mit dem gleichen Thema beschäftigt:

»Die Euro-Rettungspakete werden immer größer. Allerdings sind sie falsch deklariert. Mit den Billionensummen wurde und wird keine einzige Volkswirtschaft gerettet, kein Arbeitsplatz geschaffen, nichts dergleichen. Erfolgreich war lediglich die Operation, den Banken zu helfen, ihre gigantischen Schuldenberge zu verschleiern.

Früher, als die Banken noch ihr Geld als Dienstleister für Industrie und Handel verdienten, machten faule Kredite selbst im schlimmsten Fall nur einen kleinen Teil des Finanzvermögens eines seriösen Hauses aus. Heute verdienen die Bankster das große Geld, indem sie im globalen Kasino auf eigene Rechnung zocken und ein irrwitziges Risiko eingehen. Eigenkapitalrenditen von 25 Prozent und mehr werden nur durch das sogenannte Leveraging, die Hebelung, erreicht.

Das heißt: Das jeweilige Zockerinstitut nimmt Kredite auf. Diese fungieren als ›Sicherheit‹, um sich bei Dritten noch mehr Geld zu leihen. Fast alle Banken machen mit, so dass jeder von jedem Darlehen erhalten bzw. jeder an jeden solche vergeben hat. Das blähte die Bankbilanzen auf und ließ ein gigantisches, schuldenfinanziertes Finanzvermögen auf dem Papier entstehen. Große britische Geldhäuser beispielsweise haben mit dieser Methode ihr Eigenkapital auf das bis zu Siebzigfache vergrößert: Ein Euro an haftendem Eigenkapital wurde zu einem in spekulative Anlagen investierten angewiesenen Finanzvermögen von 60 bis 70 Euro ›hochgehebelt‹. Jetzt ist das Finanzvermögen dieser Banken sieben Mal größer als das Bruttoinlandsprodukt des Vereinigten Königreichs.

Anderswo sieht es ähnlich aus.

Wenn auf Grund ›unerwarteter‹ Entwicklungen – wie beim Krisenausbruch 2007 – Bankdarlehen erster Ordnung faul werden, also ihre Einbringlichkeit in Frage steht, werden alle Darlehen niedrigerer Rangfolge sofort mit in den Strudel gerissen. Da sich die Banken gegenseitig mit Krediten hochgeschaukelt haben, droht eine Kettenreaktion, die das ganze Finanzsystem auslöschen würde.

Diese Entwicklung im Ansatz zu verhindern, war Anliegen der sogenannten Rettungspakete. Die Herrschenden gaukelten uns vor, sie würden so den Menschen in den Krisenländern helfen. Das Gegenteil ist der Fall. Die Bürger – nicht nur in den Krisenländern – werden einem ›Spar‹-Regime unterworfen, um für die Sünden der Banken zu haften.

Allerdings ist deren Schuldenberg so hoch, dass alle Schutzschirme der Welt das System nicht retten können. Der Zusammenbruch kann lediglich hinausgezögert werden, es wird der Anschein erweckt, die Politiker hätten alles im Griff.

Sobald die Bürger das wahre Ausmaß des Himalaja-Schuldengebirges erkannt haben, wird ein Run auf die Bankschalter nicht mehr aufzuhalten sein. Bis dahin dürften die Herrschenden mit dem geplanten Europäischen Stabilitätsmechanismus (ESM) die Verarmung der Bürger Europas per Dekret noch ein ganzes Stück vorangetrieben haben.«

Am 13. Juli 2012 beschäftigte sich Rupp in einem Beitrag für die *junge Welt* (»Ohne Schamgrenze«) mit dem sogenannten Euro-Wachstumspaket:

»Die Politik der radikalen Haushaltskürzungen hat bewirkt, dass die Wirtschaftsleistungen in den Krisenländern der Euro-Zone stark eingebrochen sind. Auch die übrigen EU-Mitgliedsstaaten wurden von der Kontraktion erfasst. Die Rettung maroder Privatbanken, die das Hauptziel dieser Politik ist, findet auf dem Rücken der Lohnabhängigen statt. Es drohen soziale Unruhen. In dieser Situation musste eine Korrektur her, ohne den Kurs der Umverteilung von unten nach oben zu ändern. Geschafft hat dies der neue französische Präsident François Hollande, der die Wahl mit der Forderung nach mehr Wachstum gewann.

Der zwischen Hollande und der als Sparzuchtmeisterin verschrieenen Bundeskanzlerin Angela Merkel erwartete Konflikt blieb aber aus. Nach wenigen Tagen im Amt hat sich der Franzose den ›Sachzwängen‹ der Euro-Krise gebeugt. Mit abenteuerlicher Geschwindigkeit zauberten er und Merkel gemeinsam mit ihren EU-Kollegen ein 120-Milliarden-Euro-›Wachstumspaket‹ herbei als Ausgleich für die drastischen Ausgabenstreichungen.

Eine genauere Analyse zeigt jedoch, dass die von den medialen Hofschranzen hochgelobten Maßnahmen zur Ankurbelung der Wirtschaft vor allem aus heißer Luft bestehen: Es handelt sich bei ihnen vor allem um Umschichtungen bereits laufender Programme. Zudem sollen die versprochenen Gelder nur als Zuschuss zu privaten und öffentlichen Investitionen vergeben werden.

Das Klima dafür ist aber derzeit EU-weit frostig, d. h. Zuschüsse werden nicht wirksam, weil nicht investiert wird. Der Rest des ›Wachstumspakets‹ – Investitionen in die Infrastruktur der EU-Länder – benötigt mindestens ein Jahr Vorlauf, bevor Geld fließt.

Die Behauptung, es werde ein Gleichgewicht zwischen Haushaltskürzungen und Wachstum angestrebt, erweist sich als eine weitere zynische Maßnahme, um die Rettung des kriminellen Bankensystems zu rechtfertigen. Es bleibt bei der Umverteilung von unten nach oben. Wenn die ›Eliten‹ heute von Wachstum sprechen, denken sie nicht an produktive Investitionen und die Schaffung von Arbeitsplätzen, sondern an ein breitgefächertes Programm ›struktureller Änderungen‹. Gemeint sind damit die neoliberale Totalumkrempelung der Wirtschaft und die Beseitigung verbliebener Elemente von Sozialstaatlichkeit. Um Wachstum zu fördern, werden weitere

Privatisierungen staatlicher und kommunaler Betriebe, von Versorgungsbetrieben und Dienstleistungen, bis hin zu Schulen, Universitäten und Krankenhäusern gefordert.

Angeblich soll außerdem mit der Abschaffung staatlicher Subventionen Wirtschaftswachstum gefördert werden, in Wirklichkeit geht es um die Abschaffung des sozialen Netzes und der Sicherheit des Arbeitsplatzes. Zugleich schenken die Staaten Banken und ihren Eigentümern weitere Hunderte Milliarden Euro, indem sie deren Schrott- und Zockerpapiere übernehmen und mit Steuergeldern teuer bezahlen. ›Wachstum‹ heißt hier lediglich, den internationalen Konzernen und Banken den Weg zur Übernahme staatlicher Unternehmen zu ebnen.

Derweil sucht das internationale Kapital verzweifelt nach sicheren Anlagemöglichkeiten. Es ist sogar bereit, ›Sicherheitsprämien‹ für Papiere zu zahlen, die bisher gute Erträge brachten. Käufer deutscher Schatzbriefe bekommen derzeit aber keine Zinsen mehr, sondern haben in den letzten Tagen sogar – nach Abzug des Verlustes durch Inflation – 0,3 Prozent drauflegen müssen, nur um ihr Geld beim deutschen Staat für eine Zeitlang sicher zu ›parken‹. Dagegen gelten die Anleihen der meisten anderen Staaten inzwischen als mehr oder weniger dubios.

Wohin also mit den Bergen privat angehäufter Gelder?

Da gelten Privatisierungen und Übernahmen z. B. von bisher staatlichen Versorgungsbetrieben für Wasser, Elektrizität und anderen Energieträgern, Verkehrsbetrieben, Immobilien, Sozialwohnungen usw. als ›todsichere‹ Anlagen. Sie erhalten dadurch zusätzliche Attraktivität, dass sie in der Krise zu Schnäppchenpreisen zu haben sind. Denn die Krisenländer der Euro-Zone werden im Rahmen der sogenannten Rettungspakete zur raschen Privatisierung ihrer wirtschaftlichen ›Filetstücke‹ regelrecht gezwungen.

Als Resultat dieser ›Wachstumsstrategie‹ werden in den nächsten Jahren die ausländischen Direktinvestitionen stark ansteigen. Das bedeutet: Insbesondere in den EU-Krisenstaaten werden europäische und US-amerikanische Großkonzerne einen noch größeren Teil der Wirtschaft kontrollieren als bisher und folglich dort auch die Politik bestimmen. Die Gelder, welche die Regierungen durch die Privatisierungen einnehmen, sind meist schon für die Zahlung der Bankenschulden verpfändet. Daher wird nicht einmal kurzfristig eine Erleichterung der finanziell angespannten Lage der Staatskassen erreicht. Langfristig werden den Ländern wichtige Einnahmen entgehen, während die Bevölkerung höhere Preise für die privatisierten Dienstleistungen und höhere Mieten zahlen muss. Das lehrt die Erfahrung von neoliberal ›reformierten‹ Volkswirtschaften wie Großbritannien oder Deutschland.

Resultat und Zweck dieser ›Wachstumsstrategie‹: Die Masse der Lohnabhängigen wird finanziell noch stärker ausgequetscht und durch steigende Arbeitslosigkeit in Schach gehalten, während die Reichen reicher werden.

Schamgrenzen kennt das kriminelle System nicht.«

Am 28. Juli 2012 nahm sich Rainer Rupp in der *jungen Welt* der »Marodeure in Nadelstreifen« an:

»Der Euro muss erhalten bleiben – koste es, was es wolle. Seit fast 30 Monaten wird dieses Glaubensbekenntnis von Finanzpolitikern beschworen. Nach Kräften werden sie dabei von ihren medialen Hofschranzen unterstützt. All das konnte nicht darüber hinwegtäuschen, dass die in atemloser Folge und in immer größerem Umfang von den Herrschenden durchgesetzten ›Rettungsaktionen‹ die Krise nur weiter verschärften.

Die Unruhe wächst überall in der EU. Selbst auf der scheinbaren Insel der Seligen, in der BRD, gibt es zunehmend Protest gegen diesen Kurs. Vor allem in Kreisen der akademisch gebildeten Mittelschicht und jener Teile des Bürgertums, deren Interessen durch die ›Rettungsaktionen‹ verletzt werden, formiert sich erheblicher Widerstand.

Er richtet sich gegen eine Politik, die inzwischen nicht nur die rechtlichen Grundlagen verlassen hat, sondern der auch jegliche politische und moralische Legitimität abgeht.

Illegal ist sie, weil Maßnahmen wie die »Rettungspakete« laut europäischem Vertragswerk ebenso verboten sind wie die längst praktizierte inflationäre Finanzierung der Krisenländer über die Banknotenpresse der Europäischen Zentralbank (EZB). Deren Chef, Mario Draghi, hat bereits vollmundig angekündigt, dieses Vorgehen energisch fortzusetzen.

Für die auflaufenden Verluste der Draghi-Bank haften die Bürger der Euro-Zone gemeinschaftlich.

Da die Lohnabhängigen etwa 80 Prozent der Steuern zahlen, kann getrost behauptet werden, dass diese Politik auf dem Rücken der arbeitenden Menschen gemacht wird.

Es ist inzwischen klargeworden, dass die Versprechen der selbsternannten Retter – nämlich die Problemländer mit Hilfe von rigorosen Haushaltskürzungen und sozialen Grausamkeiten wieder auf die Beine zu stellen – weder mittel- noch langfristig einzuhalten sind. Die ›Medizin‹, die die Troika aus EU-Kommission, EZB und Internationalem Währungsfonds (IWF) den Südeuropäern aufgezwungen hat, verschlimmerte deren Lage sogar noch. Trotz einschneidender Kürzungen der Staatsausgaben wurden weder die großen Haushaltsdefizite nennenswert zurückgefahren, noch wurde die Schuldenlast gesenkt. Im Gegenteil. Alles, was die Troika bewirkt hat, war, die Krisenländer in den wirtschaftlichen Abgrund zu stoßen, während die Schulden weiter wuchsen, wenn auch etwas langsamer.

Diese Last aber, nämlich die Höhe der Verbindlichkeiten im Verhältnis zur Gesamtwirtschaftsleistung (Bruttoinlandsprodukt, BIP), ist sogar gestiegen, teils sogar sehr stark. Dadurch jedoch wird die Fähigkeit der Länder, ihre Schulden zu bedienen, nur noch geringer. Erst seit kurzem wird die Tatsache eingeräumt, dass die neue Regierung in Athen – anders als noch vor wenigen Monaten mit Überzeugung wiederholt – ihr für das Jahr 2020 gestecktes Ziel der Reduzierung ihrer Staatsschulden auf 120 Prozent des BIP nicht erreichen wird.

Ein weiteres Ergebnis der Troika-Politik in Griechenland ist die abrupte Zerstörung gewachsener Wirtschaftsstrukturen. Und sozialpolitisch wurde verbrannte Erde hinterlassen. Letzteres hat immer heftigere Unruhen provoziert, die die staatlichen Fundamente erschüttern.

Niemand wird behaupten wollen, dass diese Entwicklungen von Regierungsexperten in Berlin oder Brüssel *nicht* vorhersehbar waren. Es gab genügend Warnungen von ernstzunehmenden Kritikern. Um so skrupelloser ist es, diesen Kurs trotz des offensichtlichen Versagens fortzusetzen.

Es ist auch ein (inzwischen nur noch notdürftig) verdeck-

ter Krieg gegen die sozialstaatlichen Strukturen in den Krisenländern und vor allem gegen noch bestehende demokratische
Strukturen.

Und es geht um Enteignung und die Umverteilung von
Produktionsmitteln. Dazu gehört das Verramschen öffentlichen Eigentums an private Investoren ebenso wie der Kahl-
schlag bei Renten und im gesamten Sozialbereich. Deutsche
und internationale Konzerne und ›Investoren‹ vom Heu-
schreckenformat sind gern bereit, ihr derzeit praktisch wertlo-
ses Geld in griechische Häfen oder spanische Versicherungen
zu stecken. Das ist der wahre Grund, weshalb es weder in
Brüssel noch in Berlin eine Abkehr von der ›Sparpolitik‹ gibt.

Die Verlierer sind nicht nur die Lohnabhängigen in Griechenland oder Spanien. Auch ihre Kollegen in Deutschland,
Finnland oder den Niederlanden sind betroffen. Profitiert haben
fast ausschließlich die großen Finanzkonzerne, unter deren Diktat die Regierungen der EU Politik machen. Erstere marodieren
weiter mit Eifer in der Wirtschaft. Sie betreiben ihre globalen
Losbuden, manipulieren Daten und Zinssätze, sahnen Milliarden ab, die es faktisch gar nicht gibt – und können sich dennoch nicht aus dem Würgegriff ihrer eigenen Überschuldung
und ökonomischen Perspektivlosigkeit befreien.«

Am 21. September 1996 beschäftigte sich Rupp in einem Beitrag im *Neuen Deutschland* mit der »Legitimationskrise der
Marktwirtschaft«:

»Wie unmittelbar vor der Weltwirtschaftskrise in den 30er
Jahren wird auch heute wieder unsere Wirtschafts- und Gesell-
schaftspolitik fast ausschließlich von der – wenn auch seither
verfeinerten – Gedankenwelt der Neoklassik bestimmt. In der
Praxis hat diese Theorie eine enorme, systemstabilisierende
Wirkung. Denn anders als bei Marx haben gesellschaftliche
Besitz- und Machtstrukturen für die Analyse keinerlei Bedeutung und werden somit auch nicht hinterfragt. Statt dessen
beruht die Theorie auf einem psychologischen Reduktionis-
mus, der das gesamte Geschehen in Wirtschaft und Politik auf
rationales Verhalten und naturgegebene, individuelle Präfe-
renzen zurückführt. Dies führt mechanistisch zum Gleichgewicht, solange keine marktfremden Einflüsse, wie etwa staatli-

che Sozialgesetze, auf diesen Prozess Einfluss nehmen. Obwohl die Grundlagen dieser Theorie durch nichts bewiesen sind, werden sie gerne als Naturgesetze von universeller Bedeutung dargestellt und erfreuen sich in den westlichen Industriestaaten in fast allen führenden Schichten breitester Akzeptanz.

In diesen Rahmen fällt auch die Debatte um die scheinbar unausweichliche Globalisierung und ihre angeblich segensreichen Folgen. Sie wird mit einer fast 200 Jahre alten Theorie des ›Komparativen Kostenvorteils‹ des Klassikers David Ricardo begründet (›Unter einem System von vollständig freiem Handel widmet natürlicherweise jedes Land sein Kapital und seine Arbeit solchen Verwendungen, die jedem am segensreichsten sind‹).

Unter bestimmten historischen Bedingungen profitierten seither durchaus alle am Wirtschaftsgeschehen beteiligten Gruppen/Klassen von der schrittweisen Öffnung der nationalen Märkte. Aber: andere Bedingungen, andere Wirkungen! Heute, da mehr Kapital als Waren und statt Maschinen Arbeitsplätze exportiert werden, dürfte der blinde Glauben an diese Theorie für die Masse der Lohnabhängigen verheerende Folgen haben.

Andreas Zielcke liegt in seinem *FAZ*-Essay (Auszug im *ND* am 7. September) ganz auf der neoklassischen Linie, wenn er davon spricht, dass die Globalisierung die ›sozialstaatlichen Illusionen‹ als solche entlarvt, denn der globale Markt ist ›wie keine andere politische oder gesellschaftliche Institution […] der Wahrheit, einer universellen Wahrheit‹ verpflichtet.

Auch wenn diese ›Wahrheit‹ in der Praxis Massenarbeitslosigkeit, Sozialabbau, sinkende Reallöhne und die Entsolidarisierung der Gesellschaft bedeutet, wird an der angeblichen Naturgesetzlichkeit des kapitalistischen Marktes nicht gerüttelt. Mit ideologisch begründeten ›Naturgesetzen‹ hat aber die Menschheit stets schlechte Erfahrungen gemacht; zuletzt in der vormals sozialistischen Staatengemeinschaft, wo in einer Perversion der marxistischen Analyse der historische Determinismus zur universellen Wahrheit erhoben worden war. Durch die ideologische Fixierung auf die Globalisierung sind ähnliche Entwicklungen zu befürchten. In einer weiteren Analogie wird auch heute der Bevölkerung eine rosige Zukunft versprochen, für die jedoch erst Opfer gebracht werden müssen. Die ›Wohlfahrtsökonomie ist ein Gedankenmodell, das für eine sozialistische, diktatorisch gelenkte Wirtschaftsordnung vielleicht einen Sinn ergeben mag, mit den Grundlagen eines freiheitlichen Systems jedenfalls nicht vereinbar sein dürfte‹. (Prof. A. Woll im Lehrbuch ›Wirtschaftspolitik‹, 1992).

Intellektuell ist Andreas Zielcke wenigstens ehrlich, wenn er schreibt, dass die Globalisierung im ›Interesse des Kapitals läuft‹. Als Gewinner macht er u. a. den ›arrivierten Stand der Angestellten‹ aus. Diese neue Klasse, zusammen mit den Eigentümern von Finanzkapital, setzt sich denn auch am nachhaltigsten für die Globalisierung ein. Beide Klassen verfügen über die Fähigkeiten, global zu agieren und zu profitieren.

Eine US-Studie schätzt, dass bei fortschreitender Entwicklung nur noch 40 Prozent der Lohn- und Gehaltsempfänger in wissensabhängigen und deshalb gut bezahlten Jobs unterkommen werden. Ein florierender Kapitalismus ohne Arbeit? Wirtschaftswachstum und wachsende Armut! Eine Entwicklung, die den christlichen Moraltheologen Hans Küng jüngst zu einer Aussage veranlasste, dass ›eine Wirtschaftsdoktrin, die sich ausschließlich am Profit orientiert, nicht nur unrealistisch und selbstzerstörerisch, sondern auch unmoralisch ist‹. Nicht umsonst befürchtet Bundespräsident Herzog eine dadurch ›ganz neue Legitimationskrise der Marktwirtschaft‹.

Für die Linke ist dies jedoch gewiss kein Grund zum Jubeln. Die alte deterministische und daher pseudo-marxistische These, dass sich die Lohnabhängigen quasi automatisch sozialistischen Parteien und Ideen zuwenden, wenn sich ihre Lebensbedingungen verschlechtern, ist von der Geschichte allzuoft widerlegt worden.

Die Globalisierung hängt vom freien Fluss von Waren, Kapital, Informationen etc. ab. Er setzt ein Muster von Regeln und Standards voraus, die der neoklassischen Gedankenwelt entspringen. In den Ländern, in denen die großen politischen Parteien dieses Paradigma grundsätzlich akzeptieren – in Deutschland etwa – gibt es kaum noch einen Unterschied zwischen Regierung und Opposition.

Dieses Vakuum gilt es zu füllen, und hier liegt auch die Chance der PDS in den alten Bundesländern. Dafür ist verstärkte theoretische Arbeit wichtig, die den Anspruch der modernen Ableger der Neoklassik auf Naturgesetzlichkeit als unmoralisch und gesellschaftsfeindlich bloßstellt.«

Am 29. August 1998 veröffentlichte das *Neue Deutschland* Rupps Gastkolumne »Ein Ruck muss durchs Land gehen«:

»Manche Leute, sagt ein englisches Sprichwort, kann man immer betrügen. Alle Leute kann man manchmal betrügen. Aber man kann nicht alle Leute immer betrügen!

Die Regierung Kohl hat mit ihrer neoliberalen ›Reformpolitik‹ immer neue Kontrast-Rekorde aufgestellt, bei Arbeitslosen und Unternehmergewinnen, bei Börsenkursen und Sozialhilfeempfängern, bei Luxuskonsum und Kinderarmut, bei Millionären und Obdachlosen.

Mit zaghaftem Murren haben die Lohnabhängigen bisher reagiert. Marxismus und Klassenkampf sind tot, hatte der Kanzler nach dem Untergang der DDR erklärt. Handzahme Lohnabhängige arbeiten heute zu Bedingungen, die ihre Vorgänger in harten Kämpfen überwunden hatten. Ende des Klassenkampfes oder Erfolg der Propaganda?

Das neoliberale Glaubensbekenntnis in die Naturgesetzlichkeit des freien Marktes beherrscht die Politik und die Medien: Wer gegen die Gesetze des globalen Marktes verstößt, tut das bei Strafe seines eigenen Untergangs. Weil die Sozialgesetze in der Vergangenheit durch Klassenkämpfe erzwungen wurden, verstoßen sie gegen die Gesetze des Marktes. Sie erdrücken die Wirtschaft und müssen deshalb weg. Soll die internationale Wettbewerbsfähigkeit des Standorts Deutschland erhalten bleiben, dann müssen auch die Löhne und die Steuern auf Unternehmensgewinne runter. Mit ideologischer Verbissenheit wiederholt die Kohl-Regierung diese Glaubenssätze, so dass der vom Kapital geführte Klassenkampf von oben unter dem Deckmantel notwendiger Reformen daherkommt und von vielen noch gar nicht als Klassenkampf erkannt wird – zumal der Kanzler den ja ohnehin für tot erklärt hat. In der Tradition verblendeter Ideologen werden alle Fakten ignoriert, die den Propagandamythen widersprechen.

Tatsache ist beispielsweise, dass sich unter dieser Regierung der deutsche Staat vom Sozialstaat zum geschäftsführenden Aus-

Rainer Rupp, September 2011

schuss zum Wohle des Kapitals zurückgebildet hat. Ein Forschungsprojekt an der Universität Frankfurt (Main) weist nach, dass seit 1983, besonders aber seit 1993, die steuerliche Begünstigung der hohen und höheren Einkommen zugenommen hat. Eine Untersuchung des Landesrechnungshofs Baden-Württemberg zeigt, dass auf Jahreseinkommen zwischen 250.000 und 300.000 Mark durchschnittlich nur noch 13 Prozent Steuern bezahlt wurden (der ›durchschnittliche‹ Arbeiter zahlt mehr). Einkommensmillionäre zahlten in 15 von 100 Fällen überhaupt keine Steuern. Aber Herr Waigel klagt über leere Kassen.

Unbeeindruckt von dem von ihr angerichteten gesellschaftlichen und sozialen Scherbenhaufen behält die Regierung Kohl ihre neoliberalen Scheuklappen auf. Augen zu und durch! Soviel ideologische Verblendung muss besonders in den neuen Bundesländern unangenehme Erinnerungen wecken. Aber anders als die Fürsorgediktatur der DDR führt die neoliberale Diktatur des Geldes in die soziale Barbarei mit ihren bereits deutlich erkennbaren rechtsextremen politischen Folgen.

Im neuen, größeren Deutschland gebärdet sich die selbsternannte Elite, bestehend aus den Reichen, den Vertretern der

Großunternehmen und Verbände und ihrer politischen Wasserträger, gerne patriotisch. Nationale Aufgaben und Verantwortung werden beschworen.

In Wirklichkeit haben sich die Herrschaften aus der Finanzierung des Gemeinwesens Deutschland längst verabschiedet. Die Regierung Kohl hat ihnen das ermöglicht. Steuerpolitik ist Klassenpolitik, und sie zeigt deutlicher als alles andere, wo eine Regierung steht.

›Man kann nicht alle Leute immer betrügen‹, sagt das englische Sprichwort. Trotz der massiven demagogischen Hetze gegen Links belegt eine kürzlich (im *ND*) veröffentlichte repräsentative Umfrage, dass im Westen mittlerweile wieder 44 Prozent es für richtig halten, in der heutigen Situation vom Klassenkampf zu sprechen. Im Osten sind es 56 Prozent, die diesen Begriff für zutreffend halten. Ob sie bei der nächsten Wahl die richtigen Schlussfolgerungen aus dieser Erkenntnis ziehen, ist eine andere Frage.

Kohl muss weg! Wir dürfen uns aber von Gerhard Schröder nicht verKOHLen lassen. Ein Politikwechsel muss her! Der wird aber nicht erreicht, wenn sich der Kanzlerkandidat der Opposition im vorauseilenden Gehorsam bereits im Vorfeld der wahren Macht im Lande, dem Großkapital, unterwirft. Dagegen müssen deutliche linke Signale gesetzt werden, nicht nur bei der Wahl.«

Anlagen

*Auszüge aus dem psychologischen Gutachten über Rainer Rupp
für den Prozess vorm Oberlandesgericht Düsseldorf, erstellt von
Prof. Dr. Steinmeyer von der TH Aachen*

[...] Demnach besitzt Herr Rupp eine weit überdurchschnittliche intellektuelle Leistungsfähigkeit. Logisches Denkvermö-
gen, Abstraktionsfähigkeit und Kombinationsfähigkeit sind im
Bereich des Hochbegabten anzusetzen. [...]

Eine Analyse des Persönlichkeitsprofils zeigt die Skala
Offenheit im Normbereich, so dass eine systematische Verfäl-
schung der Selbstdarstellung nicht angenommen zu werden
braucht. [...] Deutlich wird das Bild einer emotional und
vegetativ stabilen und robusten Persönlichkeit mit einer extravertierten und geselligen Grundstruktur. Herr Rupp nennt
wenig körperliche Beschwerden oder psychosomatische Allge-
meinstörungen und zeigt generell eine geringe körperliche
Affektresonanz sowie eine geringe Erlebnisaktualität körperli-
cher Regulationen. Die Stimmungslage ist ausgeglichen mit
einem guten emotionalen Report zu anderen Menschen. Der
Proband schildert sich selbstsicher, eher positiv denkend und
fühlt sich dem Leben gewachsen. Er beschreibt sich als emotional beherrscht, geduldig, als eher in sich ruhend mit einer
großen Frustrationstoleranz, als ungezwungen, kontaktbereit
und selbstbewusst. Herr Rupp findet rasch Zugang zu anderen Menschen, lässt sich durch äußere Ereignisse und Störun-
gen nicht so leicht aus der Ruhe bringen und bleibt ruhig und
geduldig. [...]

Er hat einen hohen SW-Wert von 8. Dieser Befund spricht
dafür, dass Herr Rupp in hohem Maße dazu neigt, soziale Verantwortung für andere Menschen zu fühlen. Es gelingt ihm
leicht, auf die Sorgen anderer einzugehen, sie zu trösten, zu
beraten und ihnen zu helfen. Deutlich wird eine skrupelhafte
Einstellung gegenüber dem eigenen Wohlstand und Konsum
im Vergleich zu anderen mit der Bereitschaft zum sozialen
Engagement etwa durch Geldspenden oder Mithilfe in sozialen Einrichtungen. Die Testwerte zeigen keine Hinweise auf
eine Erhöhung des Aggressionspotentials. Herr Rupp schildert
sich als beherrscht, als kontrolliert und zeigt einen eher ver-
trauensvollen und ungezwungenen sozialen Umgangsstil. [...]

Persönlichkeitsfaktoren – Test nach Cattell. [...] In diesem Testverfahren zeigt der Intelligenzindikator bei Herrn Rupp eine weit überdurchschnittliche Fähigkeit zu abstraktem und logischem Denken. Er begreift und lernt schnell und kann schwierige und komplizierte Probleme leicht lösen. Er schildert sich als besonnen, als ernsthaft und nachdenklich, bleibt in Problemsituationen eher gelassen und zeigt bei starker Belastung eher einen Leistungsanstieg. Deutlich wird insgesamt das Bild einer robusten, vegetativ und emotional stabilen Persönlichkeit mit einer hohen Durchsetzungsfähigkeit und einer ausgeprägten Selbstsicherheit. Hinweise auf eine Verminderung der Selbst- oder Impulskontrolle zeigen die Testergebnisse nicht.

Die extrem hohen Werte auf den Skalen Kontaktorientierung, Unkonventionalität, Veränderungsbereitschaft und Unbefangenheit weisen auf eine aufgeschlossene, warmherzige und zugewandte Persönlichkeit mit einem ausgeprägten Interesse für andere Menschen. Herr Rupp kann sich leicht in andere Menschen hineinversetzen und versteht es, sich mit großem Empathiegefühl auf andere einzustellen. Er ist Veränderungen und neuen Ideen gegenüber aufgeschlossen, orientiert sich an Zukunftsvorstellungen, ist bereit, Autoritäten zu widersprechen, neigt dazu, Konventionen zu überprüfen, um sie entweder abzulehnen oder zu verändern. Er geht leicht hohe Risiken ein und versucht, neue Wege auszuprobieren und neuartige und grundsätzliche Problemlösungen zu finden. [...] Es ergibt sich kein Hinweis auf eine Neurotisierung der Persönlichkeit. [...]

Das Antwortprotokoll des Formdeuteversuchs nach Rorschach, einem vom Probanden in seiner Auswertelogik nicht zu durchschauenden projektiven Testverfahren, bei dem Herr Rupp aufgefordert wurde, Deutungen zu sinnfreien Farbformgebilden zu geben, zeigt Hinweise auf eine gute Beobachtungstätigkeit, ein hohes Intelligenzniveau und eine gute Konzentrationsfähigkeit und Dauerbelastbarkeit. Dem Probanden gelingt es leicht, die für ihn noch unstrukturierte Situation selbständig zu gestalten, und er ist in der Lage, diese in ihren übergeordneten Zusammenhängen zu betrachten. Die guten Originalantworten lassen auf Originalität und Überlegenheit im Denken schließen. Insgesamt gesehen scheint der Proband im Zusammenhang mit seinen hohen geistigen Fähigkeiten in überdurchschnittlicher Weise zu einer sachlichen und ausgewogenen kritischen Stellungnahme von neuartigen Situationen und Problemkonstellationen in der Lage zu sein.

Hinsichtlich des emotionalen Aspektes ist festzustellen, dass Herr Rupp ein durchaus von Emotionen geleiteter Mensch ist, der aber in der Lage scheint, seine Gefühle und Affekte soweit rational zu kontrollieren, dass er sie der jeweiligen Situation angemessen zu steuern versteht. Er ist bemüht, seine Lebensführung stärker nach verstandesmäßigen als nach gefühlsmäßigen Gesichtspunkten auszurichten, was ihm aber nicht immer gelingt. Die sozialen Beziehungen des Probanden werden durch emphatische Sensibilität und eine warmherzige und hilfsbereite Grundhaltung bestimmt, wobei es Herrn Rupp gelingt, sich rasch auf die Wünsche und Vorstellungen anderer Menschen einzustellen.

Herr Rupp verhält sich feinfühlig und ästhetisch anspruchsvoll, beschäftigt sich intensiv mit Vorstellungen und Gefühlen anderer Menschen und entwickelt eher ungewöhnliche Ideen und kümmert sich weniger darum, was andere davon halten. Hierbei bestimmen die eigenen Vorstellungen sein Erleben und Verhalten mehr als Reize aus der Umwelt. Er versucht seine Lebensführung möglichst autonom zu planen und zu gestalten. Hinweise auf eine Verminderung der Impulskontrolle oder ein erhöhtes Aggressivitätspotential zeigt das Antwortprotokoll ebenso wenig wie eine verminderte Kritikfähigkeit, übermäßige Vertrauensbereitschaft, Manipulierbarkeit oder Steuerbarkeit. Das Selbstwertgefühl scheint ungestört; die Grundstimmung ist ausgeglichen und gelassen. [...]

Die Testinstruktion wurde sehr rasch erfasst. Die Denkabläufe erschienen sachlogisch folgerichtig, wenn auch bei der Durchführung der Fragebogenverfahren eine gewisse Umständlichkeit und Weitschweifigkeit zu beobachten war. Dies ist sicherlich in Zusammenhang zu bringen mit einer hohen Motivation und dem angestrengten Bemühen, jede Frage ihrem Sinngehalt nach möglichst präzise und unverfälscht zu beantworten. In allen Untersuchungssituationen zeigte Herr Rupp eine gute Leistungsmotivation und Anstrengungsbereitschaft. Deutlich wurde über den großen Untersuchungszeitraum hinweg eine hohe Dauerbelastbarkeit und ein ausgezeichnetes Konzentrationsvermögen. Herr Rupp zeigte sich kooperativ, war leicht ansprechbar und in allen Situationen zur reibungslosen Zusammenarbeit bereit. [...]

Ein überdurchschnittliches Leistungsbild ist festzustellen. Dies betrifft die Komponenten Wortschatz, Worteinfall, allgemeine Denkfähigkeit, Kombinatorik des Denkens sowie Einfalls- und Ideenreichtum. Organisationsfähigkeit, Kreativität und Originalität weisen auf eine hohe soziale Intelligenz. Auch bei intellektuellen Teilleistungen, die eine länger dauernde konzentrative Zuwendung erforderten, zeigte Herr Rupp eine überdurchschnittliche Leistungsfähigkeit. Die Denkabläufe sind sachlogisch folgerichtig und nicht verlangsamt. Hinweise auf eine Reduzierung allgemeiner hirnleistungsspezifischer Leistungskapazitäten sind weder zu beobachten im Bereich der visuell-perzeptiven Verarbeitung bzw. der visuell-perzeptiven Gliederungs- und Speicherfähigkeit noch im Bereich der Konzentrationsleistungen oder Gedächtnisleistungen.

Im Bereich der Konzentrationsleistung ist ein weit überdurchschnittliches Leistungsbild in Bezug auf Qualität und Konstanz der Leistung festzustellen. Allerdings arbeitet Herr Rupp eher langsam, jedoch sehr sorgfältig mit geringen Aufmerksamkeitsschwankungen. Insgesamt wird ein altersadäquates Konzentrationsvermögen und eine gute psychophysische Belastbarkeit deutlich. Besonders charakteristisch für das allgemeine Leistungsverhalten des Untersuchten ist eine hohe Dauerbelastbarkeit. Auch bei längerdauernder intensiver Belastung zeigt sich kein Nachlassen der hohen Leistungsqualität infolge Ermüdbarkeit oder Motivationsverlust. Die hohe Stresstoleranz korreliert mit einem energischen und zielbewussten Arbeitsstil auch über einen langen Zeitraum hinweg.

In Bezug auf den Bereich der Emotionalität und der effektiven Erlebnisreaktion sind zum Zeitpunkt der Untersuchung bei dem Untersuchten aus testpsychologischer Sicht keine Störkomponenten oder benachteiligende Einflüsse festzustellen. Deutlich wird das Bild einer psychisch sensiblen, reichhaltig und differenziert strukturierten, aber doch ausreichend robusten, selbstsicheren und kontaktorientierten extravertierten Persönlichkeit mit einem hohen Aktivitätsniveau, einer guten Realitätsanpassung und einer ausreichenden Kontrollfähigkeit emotionaler und affektiver Impulse.

Eine Erhöhung des Aggressionspotentials kann in verschiedenen Persönlichkeitstests ebenso wenig objektiviert werden wie eine Erhöhung des Trieb- oder Erregungsniveaus.

Auch lassen sich testpsychologisch keine Hinweise auf Strukturdefekte oder persönlichkeitsstrukturelle Defizite objektivieren, die zu einer Verminderung oder Störung der Kritikfähigkeit, der Selbsteinschätzung oder der emotionalen Stabilität führen könnten.

Tendenzen zur Simulation, Dissimulation oder Testaggravation in den Testverfahren können bei Herrn Rupp mit hoher Wahrscheinlichkeit ausgeschlossen werden.

»Zwischen Gulaschsuppe und Kartoffelschalen«
Interview im Neuen Deutschland, *10. August 1996*

Herr Rupp, halten Sie sich für einen von Hause aus mutigen Menschen?

Wenn zum Mut auch Angst gehört, dann bin ich es vielleicht. Meinen Einsatz zur Sicherung des Friedens im Kalten Krieg sah ich als meine moralische Pflicht, und die half mir, die Angst zu überwinden. Als überzeugter Marxist hoffte ich auch, damit zur Stärkung der sozialistischen Idee beizutragen. Persönliche Bedenken und Ängste durften da keinen Platz haben. Sicherlich habe ich sie teilweise verdrängt, sonst hätte ich auf Dauer kaum die Belastung ertragen.

Sie bezeichnen sich als überzeugten Marxisten – und arbeiteten bei der NATO. Mit welchen Lebensvorstellungen gingen Sie nach Brüssel?

Rainer Rupp, September 2011

Ganz gewiss nicht mit denen eines bürgerlichen Lebens im herkömmlichen Sinne. Schon als Schüler begehrte ich gegen eine selbstgerechte Gesellschaft auf, die vor lauter Stolz auf ihr gerade vollbrachtes Wirtschaftswunder am liebsten die Verbrechen der Nazi-Zeit gänzlich aus ihrem Bewusstsein getilgt hätte. An der Universität las ich dann zum ersten Mal die Schriften von Marx, und meine Gedanken fanden auf einmal einen Platz im kohärenten Ganzen. Ich engagierte mich in linken Gruppen, demonstrierte gegen Vietnam, den Schah, die Notstandsgesetze und auch gegen den Einmarsch in die CSSR 1968.

Es war für mich schwer vorstellbar, nach meinem Examen als Diplom-Volkswirt in dieser Gesellschaft Karriere zu machen. Für den »langen Weg durch die Institutionen« war ich zu ungeduldig. Ich wollte mich ganz und gar für den Kampf um eine gerechtere Gesellschaft einsetzen. Aus meiner damaligen Sicht bot mir die HV A für dieses Ziel einen effizienten Weg, wofür ich ihr dankbar war Mein jugendlicher Enthusiasmus überwog alle anfänglichen Bedenken.

Wie vollzog sich die Kontaktaufnahme seitens der HV A?
Über eine Gulaschsuppe. Nach einer Demonstration ging ich mit einem Freund hungrig und durstig in eine Kneipe. Als wir die Gulaschsuppe und ein Bier bezahlen wollten, fehlten 50 Pfennig. Ein sympathischer Mann, der am Nebentisch saß, half uns aus der Klemme und bestellte noch eine Runde. So kamen wir ins Gespräch. Ein Jahr später war ich das erste Mal bei der HV A in Ostberlin

Und es störte Sie nicht, dass Sie bei einem Geheimdienst landeten?
Einerseits war ich erfreut, als ich 1968 in Ostberlin die Leute von der HV A kennenlernte. Andererseits hatte ich – noch ganz unter dem Eindruck der Zerschlagung des »Prager Frühlings« – große Vorbehalte gegenüber der DDR und dem ganzen sozialistischen Lager. In den Ostberliner Gesprächen mit der HV A gab es dann jedoch eine weitestgehende Übereinstimmung über die weltpolitische Lage. Auch konnte man mich von dem grundsätzlich sozialistischen Charakter der östlichen Gesellschaften überzeugen. Da sei zwar vieles nicht so, wie es sein

sollte, aber nachhaltige Verbesserungen seien nur eine Frage der Zeit. Am weiteren Ausbau des Sozialismus müssten wir arbeiten, und ich könnte zur Sicherung der Außenflanke beitragen.

Die Argumente überzeugten mich.

Schwierigkeiten gab es jedoch anfangs, mich für den geheimen Kampf zu gewinnen. Ich wollte mit offenem Visier kämpfen und meine sozialistische Überzeugung nicht verstecken müssen. Auch wollte ich in die DDR übersiedeln, um mich dort am Aufbau zu beteiligen. Aber die HV A hatte andere Vorstellungen, denen ich mich schließlich aus Einsicht in die Notwendigkeit unterordnete. Nun musste ich erst anfangen, an mir selbst zu arbeiten: Keine Teilnahme mehr an linken Veranstaltungen und Demonstrationen, keine linken Positionen mehr bei Diskussionen etc. Das alles fiel mir lange Zeit schwer. Um so mehr freute ich mich auf jedes Treffen mit den HV A-Leuten.

War da auch Abenteuerlust im Spiel?

Ich bin ein vorsichtig abwägender Mensch, der zwar aus Überzeugung seine eigene Sicherheit riskiert, aber nicht aus Abenteuerlust die von Frau und Kindern

Und welche Rolle spielte Geld?

In meinem Urteil steht: »Die Erstellung von Charakteristiken (zu Personen) hat er stets abgelehnt und auch nicht des Geldes wegen für seine östlichen Auftraggeber gearbeitet.« Trotzdem ist Geld geflossen. Mein ehemaliger Führungsoffizier schrieb dazu: »Als Motiv für die Zusammenarbeit spielte Geld keine Rolle. Allerdings ist ohne dieses auch nicht viel zu erreichen. Deshalb war es notwendig, Unkosten, Auslagen usw. zu ersetzen und Mittel zur Verfügung zu stellen, um die Aufgaben erfüllen zu können. Gemeinsame politische Überzeugungen sind nicht mit Geld zu erreichen.«

Sie erhielten ein Darlehen über 200.000 Mark für ein Haus von der HV A.

Das ist richtig. Die HV A war sehr daran interessiert, dass mein Zeitvertrag bei der Brüsseler NATO-Zentrale verlängert wurde. Sesshaftigkeit hätte sicher zur Erhöhung meiner Chancen beigetragen. Daher die Empfehlung, ein Haus zu kaufen.

*Sie sagen, dass Sie etwas für die Sicherung des Friedens tun woll-
ten. War denn die NATO tatsächlich so kriegslüstern, wie in der
DDR dargestellt?*

Bis zu meinem Eintritt in die NATO im Januar 1977 und
die ersten Jahre danach war ich überzeugt, dass die Haupt-
kriegsgefahr von den USA ausging, der die NATO ein will-
fähriges Instrument war. Nach einigen Jahren in der NATO
hatte ich jedoch eine bessere Vorstellung von den internen
Mechanismen und Strukturen und erkannte, dass die Amerikaner oft erhebliche Schwierigkeiten hatten, ihre aggressiven
und möglicherweise destabilisierenden Pläne durchzusetzen.
Die Europäer, die die Hauptlast eines bewaffneten Konflikts
zu tragen gehabt hätten, waren bestrebt, das militärische Ost-
West-Gleichgewicht zu erhalten und nur mit wirtschaftlichen
und politischen Maßnahmen die Korrelation der Kräfte zu
ihren Gunsten zu verändern.

Aufgrund der inneren Konflikte stimmte es schon, was die
NATO immer behauptete, dass sie strukturell nicht angriffsfähig war; das heißt unfähig, bewusst einen Angriffskrieg vor-
zubereiten. Damit war die Kriegsgefahr jedoch nicht gebannt,
denn die östliche Seite sah sich stets im Zugzwang, auf die US-
Technologieinitiativen zu reagieren, was wiederum Verunsi-
cherungen und Reaktionen bei der NATO hervorrief und für
neue Spannungen sorgte. Ein Abgleiten in einen von beiden
Seiten ungewollten, bewaffneten Konflikt konnte also nie ausgeschlossen werden. In meinem Urteil, das mir zwölf Jahre
Haft einbrachte, steht denn auch, dass es mir darum ging,
»zum Abbau von Vorurteilen und Besorgnissen des Warschauer
Paktes die Absichten der NATO transparent zu machen und
damit zum Frieden beizutragen«.

Die dritte Phase begann mit Gorbatschow, dessen Zielsetzung ich begrüßte, versprach sie doch eine Demokratisierung
der Gesellschaft und eine Revitalisierung der Wirtschaft im
gesamten sozialistischen Lager sowie die Entspannung des Ost-
West-Konflikts.

Anfangs sahen viele im Westen dies als schmutzigen, kommunistischen Trick (Kohl verglich Gorbatschow bekanntlich
mit Goebbels). Auch im Osten sperrten sich starke Kräfte
gegen jegliche Veränderung, meist mit dem Hinweis, hier wür-

den gefährliche Flanken geöffnet, in die die NATO stoßen könnte. Die HV A und ich wussten, dass solche Absichten bei der NATO als Organisation nicht bestanden. Mein Auftrag lautete, dies so umfassend wie möglich mit Dokumenten zu belegen, um dadurch dem Widerstand gegen Reformen im Osten und insbesondere in der DDR den Wind aus den Segeln zu nehmen. Wie sich jedoch später herausstellen sollte, war der Punkt für Reformen längst überschritten, und als die Zügel etwas gelockert wurden, brach das ganze System zusammen.

In einem Spiegel-*Interview warf Ihnen Generalbundesanwalt Nehm vor, dazu beigetragen zu haben, »dass bei einem atomaren Erstschlag des Warschauer Paktes Zehntausende von Soldaten umgekommen wären«.*

Jeder westliche sicherheitspolitische Experte wird bestätigen, dass der nukleare Erstschlag keinen Platz in der Militärdoktrin des Warschauer Vertrages hatte; im Gegensatz zur NATO, die auf den Ersteinsatz von Nuklearwaffen bis heute nicht verzichtet hat. Während meines Prozesses wies ich u. a. darauf hin, dass die NATO die Freigabemechanismen von Atomwaffen für den Erstschlag im Rahmen der WINTEX-Stabsübungen immer fleißig übte. Bei der letzten dieser Übungen, an der ich teilnahm, warf die NATO in zwei Wellen fast 150 Atomwaffen auf Ziele in Osteuropa. Interessant ist, dass das WINTEX-Szenario mit inneren Konflikten in Jugoslawien begann, die dann durch die Einmischung von Ost und West internationalisiert wurden und schließlich außer Kontrolle gerieten und mit dem großen Konflikt in Europa endeten. Zum Glück blieb es bei den Übungen.

Was hat Ihre Tätigkeit im Kampf der Systeme tatsächlich bewirkt?

Es ist wohl gelungen, zur Stabilität beizutragen und auch die Verschwendung knapper Ressourcen an so manch unnötiges Rüstungsprojekt zu verhindern, zumal diese bereits erdrückend schwer auf der östlichen Wirtschaft lasteten.

Vor Gericht und in einem Interview sagte der ehemalige Chef der HV A-Abteilung NATO und EG, dass durch die

Arbeit von »Topas« auch die sowjetische Führung zu einer realistischen, stabilitätsfördernden Einschätzung der NATO und ihrer Absichten gelangte, wodurch mögliche Überreaktionen verhindert und potentiellen Heißspornen im Vorfeld die Argumente entzogen wurden. Immer ist das wohl nicht gelungen, wie das Beispiel Afghanistan zeigte, was eine Zeitlang zu einer schweren Krise zwischen mir und der HV A führte.

Und später, als Ihnen der Verfall der DDR sicher nicht entging, wie reagierten Sie darauf?

Mit Bestürzung, Unverständnis und Wut. Bereits 1984 warnte ich meinen HV A-Instrukteur bei einem Treffen in Antwerpen das erste Mal, dass die innere Entwicklung im gesamten sozialistischen Lager existenzbedrohend würde. Ohne Demokratie und die freie Entfaltung der Persönlichkeit innerhalb sozialistischer Rahmenbedingungen sah ich den historischen Sozialismusversuch zum Scheitern verurteilt – und das als Ergebnis einer marxistischen Analyse. Ohne grundlegende Reformen war es für mich nur noch eine Frage der Zeit, bevor die Idee zur materiellen Gewalt würde.

Was antwortete man Ihnen?

Mit dieser Analyse traf ich bei meinen Freunden aus der HV A erst auf Zurückhaltung, dann jedoch auf schnell wachsende Zustimmung. Schließlich wurde mir gesagt, dass auch die HV A-Führung auf weitreichende Reformen drängte, aber die »Betonköpfe oben« sich nicht bewegen wollten. Als Ausrede käme von denen immer der Hinweis auf die Gefahr von der NATO. Ab 1986/87 aber bestand diese Gefahr in dieser Form längst nicht mehr. Dies belegte ich mit Dokumenten und Analysen. In der DDR bewegte sich auch weiterhin absolut nichts. Wie in einer griechischen Tragödie ging man sehenden Auges in den Abgrund. Schließlich wurde für jeden deutlich, dass der Staatssozialismus in mangelnder Demokratie einen genetischen Fehler hatte, der letztlich zur Selbstzerstörung führen müsste. Wie so viele stand auch ich am Ende vor einem Scherbenhaufen. Die Hoffnung, auf deutschem Boden doch noch eine bessere und gerechtere Gesellschaft zu schaffen, war auf einmal in sehr, sehr weite Ferne gerückt.

Rechneten Sie mit Ihrer Festnahme?

Ja, aber je länger sich die hinauszögerte, um so größer wurde die Hoffnung, dass der Kelch an mir vorübergehen würde. Weglaufen machte keinen Sinn. Bei dem politischen und ökonomischen Gewicht des vereinten Deutschland hätte mich jedes Land ausgeliefert. Maßgeblich gegen eine Flucht sprach die Sorge, unsere Kinder den unsicheren Verhältnissen in fernen Ländern auszusetzen.

Wie ging die HV A nach dem Ende der DDR mit Ihnen um?

Der stellvertretende Chef der HV A-Auswertungsabteilung, Dr. Heinz Busch, lief bereits Mitte Januar 1990 zum BND und erzählte alles, was er über »Topas« wusste, ohne jedoch meine Identität zu kennen. In meinem Prozess trat er dann im Einvernehmen mit dem BND als Kronzeuge auf. Etliche andere AufklärerInnen wurden sogar von ihren Führungsoffizieren für ein »Linsengericht« verkauft. Diese Enttäuschung blieb mir erspart. Die HV A-Mitarbeiter, die mich persönlich kannten, standen trotz verlockender Angebote fest zu mir. Über die nachrichtendienstliche Tätigkeit hinaus verbindet mich auch heute noch mit ihnen eine tiefe Freundschaft. Ehemalige Mitarbeiter der HV A, so ihr letzter Chef Werner Großmann, versuchen zu helfen, so gut es geht. Aber sie sind selbst ausgegrenzt, einige leben am Rande des Existenzminimums, trotzdem halten sie sich nicht zurück mit moralischer Hilfe.

Mit dem Ende der DDR ist auch die HV A verschwunden. Allerdings hat die PDS das Erbe der SED angetreten, und ehemalige AufklärerInnen gehören zum Teil zu diesem Erbe. Deshalb würde ich erwarten, dass die Partei sich öffentlich mehr für unsere Belange einsetzt. Der Hinweis auf die Vorlage eines bereits letztes Jahr abgelehnten Straffreiheitsgesetzes und eine halbherzige Solidaritätsbekundung auf dem Parteitag in Magdeburg genügen eben nicht.

Einige Abgeordnete stehen mit mir im brieflichen Kontakt, aber die Partei bleibt auf Distanz.

Was müsste, was könnte sie tun?

Das eigentliche Problem liegt in der vor dem Hintergrund der Vereinigung nicht nachvollziehbaren, schreienden Ungleichbehandlung von Agenten der BRD und DDR. Die guten BRD-Agenten wurden belobigt oder rehabilitiert und entschädigt, und die bösen DDR-Agenten wanderten ins Gefängnis. Das muss mehr ins Bewusstsein der politisch Verantwortlichen gebracht werden.

Warum aber sind viele von der PDS zurückhaltender als die britische *BBC*, die in einem jüngst gezeigten Dokumentarfilm die anhaltende Strafverfolgung der ehemaligen AufklärerInnen als des »Siegers Durst nach Rache« beschreibt? Selbst ehemalige Gegner an der nachrichtendienstlichen Front setzen sich heute für uns ein. So der ehemalige Chef des BND, Heribert Hellenbroich, und der ehemalige Chef des MAD, Flottillenadmiral Elmar Schmähling. Warum nutzen PDS-Abgeordnete nicht ihre Kontakte zu Abgeordneten anderer Parteien und Persönlichkeiten des öffentlichen Lebens, um auf die andauernde Strafverfolgung und die oft sehr unterschiedlichen Haftbedingungen der ehemaligen KundschafterInnen aufmerksam zu machen?

Unverständlich ist die bisherige Haltung der SPD.

Während sich im Strafvollzug ehemaliger AufklärerInnen das CSU-regierte Bayern besonders großmütig zeigt, entsteht in den meisten SPD-Ländern der Eindruck, dass der Durst nach Rache vorherrscht. Die in Bayern zu langjähriger Freiheitsstrafe verurteilten AufklärerInnen wurden bereits alle auf Halbstrafe entlassen. »Man war geradezu bemüht, uns so früh wie möglichaußerhalb der Mauern des Zuchthauses zu bringen«, schreibt mit ein ehemaliger »Kollege« aus München. Also: bereits vor der Halbstrafe Lockerungen und als »Freigänger« in den Offenen Vollzug. In der Lafontaine-Hauptstadt verfolgt man in meinem Fall die entgegengesetzte Politik.

Wie das?

Nachdem ich bereits 22 Monate in Haft verbracht hatte, und in Koblenz und Düsseldorf wie andere Gefangene behandelt worden war, erwartete mich bei meiner Ankunft hier (*in der JVA Saarbrücken – d. Hrsg.*) ein Schock in Form einer langen Liste von Restriktionen. Angefangen vom Regime der »Musterzelle« bis hin zur Überwachung der Telefongespräche mit meiner Familie, die zweimal im Monat für zehn Minuten erlaubt sind. Die »Musterzelle« ist zwar seit einigen Monaten aufgehoben, aber einige Restriktionen sind geblieben, die mich gegenüber Normalgefangenen immer noch schlechter stellen. Was den Status eines »Freigängers« im Offenen Vollzug betrifft, so wurde er mir erst neun Monate vor meinem voraussichtlichen Haftende im Juli 2001 in Aussicht gestellt.

Allein dadurch, dass man die Aufmerksamkeit auf diese doch sehr unterschiedliche Behandlung von Bundesland zu Bundesland lenkt, könnte geholfen werden. So gab es meines Wissens in SPD-regierten Ländern noch keine Halbstrafe. Wer helfen möchte, der sollte bitte unsere Initiative »Kundschafter des Friedens fordern Recht« unterstützen.

Werden Sie mit den widrigen Haftbedingungen fertig?

Ich habe eine großartige und tapfere Frau und eine gute Mutter für unsere drei lieben Kinder. Die Familie ist intakt und gesund. Wir hatten immer sehr enge Beziehungen, sie fehlt mir und ich ihr. Die Besuchszeit beträgt nur dreieinhalb Stunden im Monat. Aber wir glauben ganz fest an ein Leben nach dem Knast.

Trost und Stärke suche ich im Vorbild jener Genossen, die unter ungleich schwierigeren Bedingungen in Konzentrationslagern und Zuchthäusern schmachteten. Im Vergleich dazu geht es mir sehr gut.

Aber in einem Punkt beneide ich die Genossen, die in jener finsteren Zeit lebten: Sie wussten, dass die Partei hinter ihnen stand.

Sie sind auch selbst sehr aktiv ...

Körperlich halte ich mich neben einer Stunde Hofgang pro Tag durch Gymnastik und »Eisenbiegen« fit; auf der Flachbank drücke ich mittlerweile zwei Zentner. Ich möchte die Zeit der Gefangenschaft auch intellektuell so sinnvoll wie möglich nutzen. Hin und wieder gelingt es mir, einen Artikel zu Wirtschaft und Politik zu veröffentlichen. Auch mache ich öfter Übersetzungen von internationalen Publikationen für den Pressespiegel der PDS-Bundestagsgruppe. Eine Abenteuergeschichte, die ich für meine Kinder schreibe, ist halb fertig. Sie spielen darin die Hauptrollen und decken ein Umweltverbrechen auf. Mit

Spannung und Ungeduld erwarten sie die jeweilige Fortsetzung. Hinzu kommt täglich eine Stunde Spanisch und Russisch im Selbststudium. Außerdem wurde ich Anfang des Jahres zum Vorsitzenden der Gefangenenmitverantwortung gewählt, was mir viel Zeit und Arbeit abverlangt und auch zu kritischen Diskussionen mit der Anstaltsleitung geführt hat.

In Zukunft soll ich jedoch für geistige Arbeiten weniger Zeit haben. Obwohl nach offiziellen Angaben die Arbeitslosigkeit in der Anstalt bei 60 Prozent liegt, hat nun der Anstaltsleiter persönlich angeordnet, dass ich als »Kartoffelschäler« in der Küche zum Arbeitseinsatz kommen soll.

Bestrafung über die Haft hinaus?

Dazu fällt mir ein Wort von Walter Janka ein. Das war damals zwar an die DDR-Führung gerichtet, gilt aber heute im vereinten Deutschland genauso: »Jede Gesellschaft wird auch danach beurteilt, wie sie ihre Gegner behandelt.« Kürzlich wurde Nelson Mandela im Bundestag für seine Politik geehrt, die Versöhnung vor Vergeltung setzt. Und was geschieht im vereinten Deutschland?!

Die Menschen, die sich in der DDR – egal wo in der Gesellschaft, im MfS, in der Wirtschaft oder in Wissenschaft und Forschung – für den Sozialismus eingesetzt haben, werden heute ausgegrenzt und mit Strafrente und/oder Berufsverbot kollektiv bestraft. Die Frage nach möglicher individueller Schuld wird erst gar nicht gestellt. Wie die Kommentare aus dem Ausland zeigen, kann das vereinte Deutschland mit diesem Neuanfang wirklich keinen Staat machen.

Sie sprechen von einem »Leben nach dem Knast« – wie könnte das aussehen?

Leicht wird es nicht werden, zumal mir jüngst von der NATO meine Pension, auch meine Eigenbeiträge, konfisziert wurden. Aber zur Arbeit, egal welcher, war ich mir noch nie zu schade, und ich bin zuversichtlich, meine Familie wieder ernähren zu können. Je früher ich als Freigänger in den Offenen Vollzug komm, desto eher kann ich zu dem knappen Lebensunterhalt der Familie beitragen und eine neue Perspektive aufbauen.

Das klingt nicht so, als hielten Sie Ihr Leben für gescheitert.

Ich habe eine liebe und gute Familie, wie kann mein Leben da gescheitert sein? Anders sieht es natürlich bei meinem Einsatz für den ersten Sozialismusversuch aus. Ich halte jedoch die Sehnsucht nach einer friedlichen und gerechten Welt für unstillbar.

Derzeit beschäftige ich mich mit dem Problem, wie unter den Bedingungen der zunehmenden Globalisierung und der heraufziehenden Krise des Kapitalismus praktische, sozialistische Wirtschaftspolitik gemacht werden könnte, ohne dabei Wirtschaft und Gesellschaft in eine andere, womöglich tiefere Krise zu stürzen. Am liebsten würde ich, wenn erst wieder in Freiheit, auf diesem Gebiet arbeiten.

»Sie nannten ihn Topas«
Gespräch im Zeit-Magazin *mit Stefan Lamby, 30. Mai 1997*

Eigentlich wollte er Entwicklungshelfer werden. Doch nachdem Rainer Rupp 1968 mit der HV A, der Hauptverwaltung Aufklärung des Ministeriums für Staatssicherheit, dem Auslandsgeheimdienst der DDR, in Berührung kam, wurde er immer tiefer in die Auseinandersetzung zwischen Ost und West hineingezogen.

Geboren wurde Rainer Rupp vier Monate nach Ende des Zweiten Weltkriegs in Saarlouis. In Mainz studierte er Volkswirtschaft, in Brüssel arbeitete er als Abteilungsleiter einer englischen Handelsbank. 1977 geht der Plan seiner Ost-Berliner Agentenführer auf, und Rupp erhält eine Anstellung in der politischen Abteilung der NATO in Brüssel. Im Juli 1993 wird er im Haus seiner Eltern in Saarburg verhaftet. Ein Jahr später verurteilt ihn das Oberlandesgericht Düsseldorf zu zwölf Jahren Gefängnis, die er in der JVA Saarbrücken verbüßt. Rupp ist Sprecher der Gefangenenmitverantwortung und setzt sich für verbesserte Haftbedingungen ein. Die Besuchszeit, während der er seine Ehefrau und seine drei Kinder sehen darf, beträgt dreieinhalb Stunden im Monat.

Ich würde Ihnen gern eine Zigarette anbieten. Aber die Wächter haben gesagt, das sei verboten.

Ja. Leider, denn hier im Knast habe ich das Rauchen wieder angefangen – man gönnt sich ja sonst nichts.

Ich habe gehört, Tabak dient im Gefängnis als eine Art Währung.

Ja. Man nennt sie Koffer. Ein Koffer ist eine 40-Gramm-Packung Tabak. Und es gibt Bomben, eine Bombe ist ein großes Glas Nescafé.

Auch Edelsteine dienen gelegentlich als Währung. Wie kamen Sie gerade zu dem Decknamen Topas?

Den hatte die HV A vorgeschlagen. Zunächst war ich entsetzt. Ich dachte, sehen die denn überhaupt keine Hitchcock-Filme? Zumal in dem Hitchcock-Film »Topas« der Maulwurf, der von Philippe Noiret gespielt wird, an derselben Stelle der NATO arbeitet, wie ich es getan habe. Allerdings er in Paris und nicht wie ich in Brüssel.

Als Ihre Spionagelaufbahn begann, waren Sie gerade einmal 23 Jahre alt. Wie kamen Sie in Berührung mit der HV A?

Es war die Zeit der Studentenproteste. Nach einer Demonstration ging ich mit einem Freund in eine Kneipe. Wir bestellten Gulaschsuppe und Bier. Als wir bezahlen mussten, fehlten uns fünfzig Pfennig. Ein netter Mann am Tisch nebenan half aus der Klemme und bestellte sogar noch eine Runde. So kamen wir ins Gespräch. Später wurden wir Freunde. Und noch viel später gab er sich als Mitarbeiter der HV A zu erkennen.

In jenem bewegten Jahr haben Sie sich vom Demonstranten, der gerade den Einmarsch der Roten Armee in Prag protestierte, zum Mitarbeiter der HV A gewandelt. Wie erklärt sich der plötzliche Umschwung?

Wir haben viele ideologische Diskussionen geführt damals. Nach anfänglicher Ablehnung der DDR wuchs dann mein Interesse, mir ein persönliches Bild von ihr zu machen.

Was an der DDR hatten Sie denn abgelehnt?

Meine Meinung über die DDR war geformt von der damaligen Zeit. Selbst wenn man eine linke Gesinnung hatte, so wie in der DDR stellte man sich den Sozialismus natürlich nicht vor. Bei meinem ersten Treffen mit der HV A in Ost-Berlin lernte ich dann Jürgen kennen, der später ein führender Mann in der HV A wurde. Auch Jürgen sagte ganz offen: »Bei uns wird viel Mist gebaut, da läuft vieles nicht so, wie es sollte. Aber falls die DDR eines Tages verschwinden sollte, werden die Leute es nicht erlauben, dass hier der Kapitalismus wieder eingeführt wird.«

Jürgen hat sich geirrt.

Ja. Es ist anders gelaufen. Aber zu der Zeit schien die DDR auf dem richtigen Wege zu sein. Es gab große Fortschritte in der Wirtschaft und eine gewisse Liberalisierung. Man hatte das Gefühl, es geht bergauf.

Es gibt viele Wege, sich politisch zu engagieren. Warum musste es unbedingt die Arbeit für einen Geheimdienst sein?

Schon damals zeichnete sich ab, dass durch die studentische Protestbewegung gesellschaftliche Veränderungen nicht möglich waren. Für den »langen Marsch durch die Institutionen« war ich zu ungeduldig. Und ich glaubte auch nicht, dass er erfolgreich sein würde.

Auf ihre Art sind Sie dann ja doch durch eine Institution marschiert. Wurde Ihre berufliche Karriere bei der NATO von der HV A geplant?

Bevor ich zur HV A stieß, hatte ein Job bei der NATO nicht auf meiner Wunschliste gestanden. Aber gemäß dem Diktum, dass Freiheit Einsicht in die Notwendigkeit ist, fügte ich mich dem Karriereplan der HV A. Dieser ging voll auf. Als ich dann bei der NATO begann, hatte ich das Gefühl, die Höhle des Löwen zu betreten. Es war eine Mischung aus Angst und Begeisterung. Angst davor, entdeckt zu werden, Begeisterung, weil ich an dem Platz war, wo ich einen wichtigen Beitrag für den Frieden leisten konnte.

Auf welche Art haben Sie denn geheime Informationen von der NATO an die HV A weitergegeben?

Zum Beispiel mit Hilfe einer Bierdose, Marke Tuborg. Wenn Sie die aufmachten, schäumte Bier heraus. Die Dose hatte ein ganz normales Gewicht. Nur beim Röntgen hätten sie feststellen können, dass sie zur Hälfte hohl war. Der Hohlraum enthielt einen Container für Mikrofilme. Man konnte ihn aufschließen, indem man eine Nadel in ein kleines Loch unter dem oberen Rand der Dose einführte. Dann sprang ein Mechanismus auf und öffnete den Hohlraum. Der war schön ausgepolstert, damit es keine verräterischen Geräusche gab.

Zu Hause mussten Sie sicher aufpassen, dass die Dosen im Kühlschrank nicht verwechselt wurden.

Ja, es mussten aber auch genügend Dosen vorrätig sein. Eine einzelne Dose wäre aufgefallen. Aber ich hatte sie sicher im Keller verwahrt.

*Fühlten Sie sich als Einzelkämpfer, oder hatten Sie bei der
NATO Kontakt zu anderen Agenten?*

Kontakt zu anderen Agenten bestand zu keinem Zeitpunkt.
Allerdings kannte ich Frau Lorenzen, die ebenfalls in der
NATO arbeitete, bis sie sich 1979 in die DDR absetzte. Ich
wusste allerdings nicht, dass wir »Kollegen« waren.

*Welche Spuren hinterlässt das Doppelleben, das man als Spion
zwangsläufig führen muss – ein Leben voller Lügen und Misstrauen selbst im Freundes- und Familienkreis?*

Welche Spuren das bei einem hinterlässt, kann man selbst
schlecht beurteilen. Natürlich musste ich darauf achten, zu keinem Zeitpunkt durch ein voreiliges Wort meine wahre Gesinnung zu offenbaren. Das war schon eine große Belastung. Mir
hat es aber geholfen, dass ich Freunde und Kollegen auf keine
Art mit hineingezogen habe. Ich habe sie, was übrigens auch
im Urteil festgehalten ist, nie verraten. Deshalb hatte ich ihnen
gegenüber auch keine Schuldgefühle.

*Dennoch fällt es mir schwer zu glauben, dass man abends sein
zweites Ego einfach ablegt wie einen Anzug.*

Natürlich hat man große Probleme. Man möchte über
seine Erkenntnisse reden. Das bedrückt einen. Meine Frau
weiß das. Sie erinnert sich sicher, wie ich reden wollte. Sie
sagte, es wäre doch besser, offen zu kämpfen. Aber mit der Zeit
gewöhnt man sich daran.

*Vor allem, wenn man Erfolg hat. Woran merkten Sie, dass Ihre
Informationen in den Regierungszentralen auf fruchtbaren
Boden fielen?*

In der Militär- und Außenpolitik konnte man Veränderungen beobachten. So hatte ich bei der NATO-Nachrüstung
versucht, durch Dokumente und durch persönliche Einschätzungen der östlichen Seite nahezulegen, dass sie die SS-20-
Raketen auf keinen Fall stationieren soll. Die Drohung der
USA, die Pershing II und die Cruise-Missiles in Europa zu stationieren, war ernst gemeint. Das war kein Spiel. Damals
glaubte ja die Sowjetunion, durch die Schaffung eines Fait
accompli (*vollendete Tatsachen – d. Hrsg.*) den Westen politisch

unter Druck setzen zu können. Hinzu kam, dass die DDR auch keine SS-20-Raketen haben wollte. Weder die DDR noch die BRD wollten eigentlich diese neuen Atomraketen auf ihren Territorien stationieren.

Also haben Sie versucht, in diese Richtung Einfluss auszuüben.
Ja. Über die HV A auf die Politik.

Um Frieden und Stabilität zwischen den Machtblöcken zu sichern, war das Rad, an dem Sie in Brüssel drehten, aber nicht groß genug. In Ihre Zeit als Agent fällt der Einmarsch der Sowjets in Afghanistan.
Afghanistan war ein heikles Thema und verusachte eine Krise in meinen Beziehungen zur HV A. Allerdings gab es keinen zwischenmenschlichen Konflikt, denn es stellte sich heraus, dass der Einmarsch auch im sozialistischen Lager heftig umstritten war. Nur nach außen wurde eine gemeinsame Front aufgebaut. Aber nach und nach wurde bekannt, dass die Amerikaner in Afghanistan ihr altes Spiel des *poking the bear* getrieben haben. In einer für den Westen unbedeutenden Region hatte man die lokalen Auseinandersetzungen genutzt und den Bären mit einem Stock so lange gestoßen, bis der überreizt reagierte. Schlagartig wurde dadurch der Begriff *Détente*, also die Entspannung zwischen den Blöcken, für einige Jahre zum Unwort in der NATO. Das passte genau ins Konzept der neuen Reagan-Administration, die bei ihrem Kreuzzug gegen das »Reich des Bösen« mit Entspannung nichts im Sinn hatte.

Beim Rüstungswettlauf der 80er Jahre hatten Sie auch sicher alle Hände voll zu tun.
Damals gab es die NATO-Strategie des chirurgischen Einsatzes von Waffen im gegnerischen Hinterland. Die Frage war, wie man die C3-Strukturen – Command, Communication –, also die Befehlsstrukturen, aushebeln und mit einem Überraschungsschlag ohne Nuklearwaffen den gesamten Warschauer Pakt enthaupten konnte. Da hätte die Sowjetunion noch so viele Panzer und Soldaten haben können, sie wäre hilflos gewesen ohne ihre C3-Strukturen. Und damit die Genossen da drüben nicht verrückt wurden, halfen natürlich Dokumente …

... militärische Dokumente.

Ja, denn so konnte man sehen, womit man zu rechnen hatte. Die große Politik konnte ich natürlich nicht verändern. Da war ich nur ein Mosaiksteinchen. Aber immerhin haben vor Gericht Zeugen bestätigt, dass durch die Arbeit von Topas »die sowjetische Führung zu einer realistischen Einschätzung der NATO gelangte, wodurch mögliche Überreaktionen verhindert wurden«. Wenn das zutrifft, würde ich darin schon einen Erfolg sehen.

Bekamen Sie solche Erfolgserlebnisse auch in Form von Auszeichnungen und Honoraren zu spüren?

Wenn Sie aufs Geld anspielen, möchte ich noch einmal aus meinem Urteil zitieren, wonach der Angeklagte Rupp »nicht des Geldes wegen für seine östlichen Auftraggeber gearbeitet« hat. Allerdings standen mir für Auslagen, Reisen und so weiter Geldmittel zur Verfügung.

Was meinen Sie mit »und so weiter«? Fällt darunter auch Geld für den Kauf eines Hauses?

Es handelt sich um ein Darlehen. Damals ging es um die Veränderung meiner Dreijahresverträge in einen unbefristeten Vertrag bei der NATO. Deshalb wollte die HV A Fakten schaffen, auch emotionale. Wir wollten uns ja nie festlegen und dachten nicht daran, uns ein Haus zu kaufen. Zwei Jahre lang haben sie mich bearbeitet, bis ich gewillt war, ein Haus zu kaufen. Dann wollten sie das ganze Haus bezahlen. Ich habe gesagt: um Gottes willen, nein. Schließlich wurden 200.000 Mark als Darlehen akzeptiert, aber niemals als Geschenk.

Das Thema ist Ihnen offenbar unangenehm.

Das Thema ist mir deshalb unangenehm, weil man leicht falsche Schlüsse ziehen kann. Gemeinhin wird Spionage ja immer mit Erpressung, Sex oder Glücksspiel in Verbindung gebracht, also mit menschlichen Schwächen, die ausgenutzt werden. Und da spielt Geld natürlich eine Rolle. Aber gerade in dem Bereich der Ost-West-Spione hat der überwiegende Teil der Leute aus Überzeugung diese Arbeit geleistet.

Wann war Ihnen eigentlich durch die Kenntnisse, die Sie in Brüssel erhielten, klar, dass die DDR vor dem Zusammenbruch stand?

Schon 1984 warnte ich die HV A das erste Mal davor, dass der Sozialismusversuch in der DDR womöglich zum Scheitern verurteilt wäre, wenn nicht schleunigst die notwendigen wirtschaftlichen Reformen durchgeführt würden. Aber die Machtstrukturen waren zu verkrustet, das Misstrauen gegenüber den eigenen Leuten zu groß.

Hatten Sie in der NATO konkrete Hinweise über einen bevorstehenden Zusammenbruch der DDR?

Nein. Innerhalb der NATO ging niemand vom Zusammenbruch der DDR aus. Selbst 1989 nicht. Wir hatten eines Abends im Herbst 1989 bei uns zu Hause Besuch von zwei BND-Leuten, den DDR-Experten von Pullach. Da haben wir bis spät in der Nacht in der Küche gesessen und diskutiert. Zu der Zeit sind in Leipzig die Menschen schon auf die Straße gegangen. »Nein«, sagten die beiden vom BND, »die DDR wird so schnell nicht zusammenbrechen …«

»… die Mauer wird noch hundert Jahre stehen«?

Das zumindest war der Tenor. Meine persönliche Analyse der Entwicklung war marxistischer Natur. Ich sah, wie die Widersprüche in der Gesellschaft zunahmen und die Unzufriedenheit wuchs. Mir war klar, dass diese Unzufriedenheit früher oder später zur materiellen Gewalt würde. Da half es auch nicht, wie die DDR-Oberen immer sagten, dass die Machtfrage gelöst wäre.

Ihre Analyse war korrekt. Als Spätfolge wurden sie knapp vier Jahre später verhaftet, als Sie für einen Besuch bei Ihrer Mutter mit Ihrer Familie Belgien verließen und nach Deutschland einreisten. Hatten Sie sich schon so sicher gefühlt?

Ich wusste, dass Topas seit Ende 1989 gesucht wurde.

War der Grenzübertritt dann nicht ein schwerer Fehler?

Im Grunde genommen ist es gut, dass es so gekommen ist. Später sagte man uns: Wenn wir in Belgien geblieben wären, hätte man uns wahrscheinlich nicht verhaften können. Das einzige, was man gegen uns hatte, waren diese elektronischen Listen des MfS, die in die Hände der CIA gelangt waren. Es hieß, das hätte einem belgischen Ermittlungsrichter nicht genügt. Deshalb musste man warten, bis wir nach Deutschland kamen. Früher oder später wären wir ja doch nach Deutschland gekommen.

Sie hätten ja auch in Belgien bleiben können.
Nein, ich bin froh, dass das vorbei ist.

Warum?
Weil man auf die Dauer mit so etwas nicht leben kann. Wohin hätten wir denn gehen sollen? Was wäre denn noch geblieben als Refugium?

Kuba.
Aber meine Kinder sprechen kein Spanisch. Außerdem glaubte damals niemand, dass sich Kuba noch lange halten würde. Das konnte ich den Kindern nicht antun.

Jetzt tun Sie ihnen an, dass ihr Vater im Gefängnis sitzt.
Immerhin haben sie ihre Mutter, ein Heim und eine Umgebung, in der sie akzeptiert sind und sich zurechtfinden. Und sie haben eine gute Chance auf eine anständige Ausbildung.

Wie werden Sie selbst mit der Haft fertig?
Seitdem ich nicht mehr zum Kartoffelschälen verpflichtet bin, geht es mir besser. Als ich hier nach Saarbrücken kam, wurde ich von der Anstaltsleitung zunächst mit zahlreichen zusätzlichen Restriktionen empfangen. Nachdem ich immer wieder dagegen protestiert habe, wurden kürzlich die letzten Einschränkungen aufgehoben. Ich weiß auch nicht, was hinter all dem steckt. In Bayern wurden ehemalige Ostagenten ganz anders behandelt. Zwei »Kollegen« schrieben mir sogar, man sei geradezu bemüht gewesen, sie aus dem Zuchthaus hinauszubekommen. Und tatsächlich wurden sie nach der Verbüßung der Halbstrafe entlassen.

Lassen Sie uns über einen umstrittenen Grundsatz sprechen: BRD-Bürger, die auf dem Boden der Bundesrepublik für die DDR spionierten, wurden oder werden verfolgt. DDR-Bürger, die auf dem Boden der DDR für die Bundesrepublik spionierten, gehen dagegen straffrei aus. Etliche Kritiker im In- wie im Ausland bezeichnen diese Praxis als Ungleichbehandlung. Wie stehen Sie zu dem Vorwurf?

Zunächst möchte ich deutlich sagen: Ich habe spioniert. Und auf Spionage steht Strafe. Ganz klar. Ich beschwere mich nicht darüber. Dennoch ist die Ungleichbehandlung offensichtlich. Zwar hatten die beiden Chefunterhändler des Einigungsvertrags, Schäuble und de Maizière, sich damals auf eine Amnestie für vereinigungsbedingte Delikte geeinigt. Doch kurz vor der ersten gesamtdeutschen Bundestagswahl bezeichnete die SPD den Regierungsentwurf als »Stasi-Amnestiegesetz« und brachte ihn zum Kippen. Die Ungleichbehandlung geht sogar so weit, dass per DDR-Unrechtsbereinigungsgesetz ehemalige BND-Agenten, die in der DDR gefasst und inhaftiert worden waren, nun rehabilitiert und entschädigt werden. Wie zu Zeiten des Kalten Krieges unterscheidet die Bonner Politik eben zwischen den »guten« West- und den »bösen« Ostspionen.

Rupp, Vesper, Eichner, Rehbaum auf dem ND-*Podium, 2011*

Und doch werden auch Sie gelegentlich »guter Spion« genannt.
So ist zum Beispiel Markus Wolf in seinem in diesen Tagen
erscheinenden Buch »Spionagechef im geheimen Krieg« voll des
Lobes für seine ehemalige »Spitzenquelle Topas«. Schmeichelt
Ihnen das?

Nein, für Schmeicheleien war ich nie empfänglich. Markus Wolf bestätigt nur, dass ich etwas zu der Sache beigetragen habe. Und, ja, das freut mich.

Haben Sie Markus Wolf jemals persönlich kennengelernt?

Nein. Nie. Aber er ruft meine Frau immer wieder an, um sich zu erkundigen, wie es mir und meiner Familie so geht.

In seinem Buch ist die Rede davon, dass es bei der HV A immer
wieder Pannen gegeben habe. Deshalb hätten kaum persönliche
Treffen mit Ihnen stattgefunden. Welche Pannen meint er?

Ich kann nur spekulieren: Stiller. (*Stiller war Mitarbeiter des*
MfS in der DDR, lief zum Bundesnachrichtendienst über und
machte schließlich, von der CIA unterstützt, in den USA als Bör-
senmakler Karriere – Anm. d. Red.)

Wolf schreibt weiter, der BND sei von einem ehemaligen Mitar-
beiter der HV A auf Ihre Spur geführt worden. Klassischer Ver-
rat also.

Ja, das war es.

Wissen Sie, wer es ist?

Ja.

Verspüren Sie ein Bedürfnis nach Rache?

Nein. Solche Leute gibt es eben immer wieder. Leute, die, um persönliche Vorteile zu erreichen, andere in den Knast schicken. Schade. Aber man kann es ja auch so sehen: Als er damals nach dem Mauerfall wegging und auspackte, existierte die DDR noch. Er ist zum BND gelaufen, hat aus der Schule geplaudert und mit dem Finger unter anderem auf Topas gezeigt. Somit hat er also an seinem Land Verrat begangen.

Sie haben in der NATO gearbeitet, aber dem Osten gedient.
Jetzt soll die NATO nach Osten ausgeweitet werden. Wird Ihnen
nicht langsam schwindelig?
Die besten Argumente gegen eine Ausweitung findet man
in der *International Herald Tribune.*

Zum Beispiel: »Geschichtlich war eine Maßnahme noch
nie von Dauer, wenn sie gegen den Willen eines Volkes in Zeiten seiner Schwäche von den Stärkeren durchgesetzt wurde.«
Wenn man den Russen unter Ausnutzung ihrer derzeitigen
Schwäche also eine solche Entscheidung aufzwingt, wird das
langfristige Schäden haben. Auch für uns.

Sie haben russischen Politikern zum Thema NATO viele
Berichte übermittelt. Welche Lageeinschätzung würden Sie heute
Boris Jelzin geben?
Jetzt führen Sie mich aufs Glatteis. Na gut: Die Entwick-
lung könnte gefährlich werden, denn in Russland gibt es Stim-
men, die sagen, falls die NATO auf polnischem Boden ihre
Infrastruktur und Nuklearwaffen stationiert, wäre die Sowjet-
union gezwungen …

… Sie meinen, Russland wäre gezwungen …
… ja, dann wäre Russland gezwungen, seinerseits die
NATO-Strategie des nuklearen Ersteinsatzes zu einer Doktrin
zu machen. Und das könnte für uns alle sehr gefährlich werden. Obwohl wir alle glauben, das Problem wäre längst auf der
Müllhalde der Geschichte.

Wenn Sie aus dem Gefängnis wieder herauskommen, sind Sie
Mitte Fünfzig. Was haben Sie dann vor?
Ich werde mit meiner Frau und meinen Kindern einen Spa-
ziergang durch den Wald machen.

»Damals war ich Aufklärer, heute kläre ich auf«.
Gespräch mit Peter Wolter in der jungen Welt *am 13. Novem-*
ber 2004 anlässlich der Verurteilung von Rupp vor zehn Jahren

Vor zehn Jahren wurden Sie wegen Landesverrats zu zwölf Jah-
ren Haft verurteilt, sieben haben Sie abgesessen. Vorher waren
Sie hoher NATO-Beamter, hatten gesellschaftliche Anerkennung
und ein hohes Einkommen. Kommen Ihnen nicht manchmal
Zweifel, ob es richtig war, das alles aufzugeben?
    Zweifel, weil ich das aufs Spiel gesetzt habe? Auf gar kei-
nen Fall. Ich wurde ja nicht erst geworben, als ich schon in der
NATO arbeitete. Ich bin ja von Anfang an mit dem Ziel, sie
aufzuklären, in diese Militärorganisation gegangen. Normalerweise wäre es mir doch nie in den Sinn gekommen, für die
NATO zu arbeiten, die ich schon als Student als kriegshetze-
risch betrachtet habe. Alle Befürchtungen haben sich doch seit
dem Wegfall der Sowjetunion und des real existierenden Sozialismus bestätigt – was diese auch immer an Fehlern hatten. Die
NATO führt Aggressionskriege und hat mittlerweile der Welt
ihr wahres Gesicht gezeigt. Wir wussten das ja damals schon
– ich habe doch mittendrin gearbeitet und kannte den Apparat ganz genau.

Viele Aufklärer, die wie Sie jahrelang ihre wahre politische Ein-
stellung verbergen mussten, erlebten nach ihrer Enttarnung, dass
enge Freunde den Kontakt abbrachen. Haben Sie noch Freunde
aus der NATO-Zeit?
    Aus meiner NATO-Zeit ja, aber natürlich nicht mehr aus
der NATO selbst. Denn wer dort noch weiter arbeiten wollte,
der hat besser jeden Kontakt zu mir abgebrochen. Ich hatte ja
Verbindungen zu wichtigen Persönlichkeiten in der EU, in den
Ministerien fast aller NATO-Mitgliedsländer, in den US-
Geheimdiensten CIA, DIA und FBI usw. Diese Verbindungen
lassen sich verständlicherweise nicht mehr wiederbeleben.
    Ich habe aber noch eine ganze Reihe guter Freunde in Brüs-
sel, sogar in guten Positionen. Die machen mir auch keinen
persönlichen Vorwurf daraus, dass ich für die DDR gearbeitet
habe. Sie fühlen sich nicht persönlich getroffen, nicht persön-

lich verraten, sie respektieren meine Entscheidung. Sie hielten während meiner Haft den Kontakt zu meiner Familie, und seit meiner Freilassung sehen wir sie auch öfter – entweder in Brüssel oder bei mir. Die rein menschlichen Kontakte, die ich oder meine Familie damals in Brüssel hatten, Kontakte also, die nichts mit der NATO oder mit meinem Beruf zu tun hatten, sind größtenteils erhalten geblieben.

Bei manchen ehemaligen Aufklärern hat sich sogar die eigene Familie distanziert. Söhne und Töchter warfen den Vätern mitunter vor, auch sie über ihre wahre Tätigkeit getäuscht zu haben. Wie war das bei Ihnen?

Der Vorwurf, sie über meine wahre Tätigkeit getäuscht zu haben, kam natürlich auch bei Mitgliedern meiner Familie auf. Aber das hat sich nie so ausgewirkt, dass sie es aufgegeben hätten, meine Frau und Kinder oder mich in dieser schwierigen Zeit zu unterstützen. Die Familie insgesamt, auch die Verwandtschaft, hat zusammengehalten.

Wie wurden Sie eigentlich Kundschafter für die Auslandsaufklärung der DDR, die Hauptverwaltung Aufklärung?

Ich war Student und gehörte zu den sogenannten 68ern, um mal dieses Klischee zu gebrauchen. Nach einer Demonstration gegen die Notstandsgesetze wurde ich von einem Werber der HV A angesprochen. Der hat sich mir natürlich nicht als DDR-Agent vorgestellt – daß er das war, habe ich erst später erfahren.

Wurden Sie gezielt für eine Tätigkeit in der NATO aufgebaut?

Nein, nicht gezielt für eine Tätigkeit in der NATO. Eine Karriere in Brüssel war allerdings schon geplant, wobei die Genossen in Berlin wohl eher an die damalige Europäische Gemeinschaft gedacht haben. Einen Posten in der NATO bekommt man eigentlich nur auf dem Wege, dass man schon in einem der einschlägigen Ministerien der Mitgliedstaaten arbeitete. Oder indem man bereits Mitarbeiter in einem der Geheimdienste der NATO-Länder ist. Die HV A hatte damals überhaupt nicht damit gerechnet und hatte es erst recht nicht geplant, dass ich es bis ins Allerheiligste des NATO-Hauptquartiers schaffen würde.

Und wie haben Sie das erreicht – ohne Empfehlungen, ohne Militärdienstgrad, ohne einen einschlägigen beruflichen Vorlauf in der Bundesrepublik?

Ich war damals tatsächlich der einzige, der von draußen kommend in das internationale Sekretariat der NATO aufgenommen wurde. Und das nicht bei irgendeiner technischen Agentur oder Unterabteilung, sondern im Hauptquartier selbst. Ich hatte mich gegenüber 73 Mitbewerbern durchgesetzt – die anderen kamen alle aus Ministerien oder Geheimdiensten der Mitgliedsländer. Wahrscheinlich habe ich dabei eine riesige Portion Glück gehabt – aber ich will mein Licht auch nicht unter den Scheffel stellen, ich war einfach gut. Ich hatte Volkswirtschaft studiert, hatte ausgezeichnete Zeugnisse, sprach die erforderlichen Sprachen fließend, hatte schon immer großes Interesse an strategischen Fragen, und ich war hoch motiviert. Und da haben die wohl gesagt: Den Mann nehmen wir.

Das Oberlandesgericht in Düsseldorf, das Sie vor genau zehn Jahren verurteilte, kam zu der Einschätzung, die von Ihnen gelieferten Informationen wären im Ernstfall kriegsentscheidend gewesen. Um welche Informationen handelte es sich?

Im Grunde genommen habe ich eigentlich alles an die Genossen in Berlin weitergegeben, außer der nuklearen Zielplanung. Das Spektrum meiner Informationen reichte von der Ost-West-Politik über die Rüstungsplanung aller NATO-Länder bis herunter zu Details wie Stationierungsorte, Bewaffnung etc. Man hat mir ja vorgeworfen, durch mich sei die NATO wie ein Sieb gewesen. Das Wasser, das man hineinschüttete, sei direkt in den Osten weitergeflossen.

Wie haben Sie diese Informationen nach Berlin geschafft?

Meist mit den üblichen Methoden, aber nicht immer mit denselben. Man muss ja variieren, um der Gegenseite die Aufdeckung nicht zu erleichtern. Das war immer den Erfordernissen der jeweiligen Situation angepasst – mal mit extrem verkleinerten Fotos, die ich mit einer handelsüblichen Kamera angefertig habe, mal mit Fotos aus einer Mikrokamera. Oder auch mal über Tonbänder. Hin und wieder auch über Geräte, mit denen man ganz schnell auf elektronischem Wege Nachrichten übermitteln konnte. Auch mal ganz klassisch, mit Geheimschrift.

Den Transport übernahm dann meist einer von zwei Kurieren. Zwei waren es – teils aus Sicherheitsgründen, teils wegen der Materialfülle. Mal ging das Material über die sogenannte grüne Grenze, mal über Umwege über Österreich oder Dänemark unter Vermeidung der Bundesrepublik. Die Materialübergabe fand stets unter konspirativen Bedingungen statt, teils in Brüssel, wenn die Zeit knapp war, oder in anderen belgischen Städten. Am sichersten war die Übergabe des Materials jedoch in Holland oder Luxemburg.

Die DDR wird heute gerne als »Unrechtsstaat« bezeichnet. Ein Etikett, das unsere bundesdeutschen Politiker nicht einmal für das faschistische Apartheid-Regime in Südafrika gefunden hatten. Trifft es Sie, wenn Ihnen vorgeworfen wird, für einen »Unrechtsstaat« gearbeitet zu haben?

Wir kennen doch die Leute, die einem so etwas vorwerfen und wir kennen auch die Absicht, die dahinter steckt. Das sind doch diejenigen, die nach wie vor den Versuch verurteilen, nach dem Zweiten Weltkrieg auf deutschem Boden einen sozialistischen Staat zu errichten. Das sind die Leute, die in der Bundesrepublik Deutschland lieber den Nachfolgestaat des Nazi-Regimes sehen. Es sind die Leute, die absichtlich die Nazi-Kriegsverbrecher haben laufen lassen und die nach der Rückwende 1989 diese Schande zum Vorwand nahmen, um die Strafverfolgung von DDR-Politikern, Juristen und Militärs zu rechtfertigen.

Die Parole: »DDR gleich Unrechtsstaat« hatte doch von Anfang an ein strategisches Ziel, nämlich zu desorientieren und die von zunehmender Arbeitslosigkeit und Sozialabbau geplagten Menschen glauben zu machen, daß »Sozialismus gleich Unrecht« ist. In einer Zeit, in der die Kapitalinteressen immer rücksichtsloser in der Gesellschaft durchgesetzt werden, können diese Leute und Schreiber doch kein gutes Wort an der DDR lassen. Sonst kämen die Menschen womöglich wieder auf andere Gedanken. – All das soll natürlich nicht heißen, dass die DDR keine Fehler hatte. Sie hatte viele. Und deswe-

gen hatte ich so manche Kontroverse mit meinen Führungsoffizieren, wir haben oft sehr lebhaft diskutiert. Mir war klar,
daß es in der DDR so nicht weitergehen konnte. Vieles hätte
geändert werden müssen. Aber als Gesellschaftssystem war die
DDR auf dem richtigen Weg.

Letztlich muss man doch fragen, wem nützt es, dass die
DDR und die sozialistischen Staaten nicht mehr da sind? In
Moskau gibt es 30.000 bis 50.000 Straßenkinder, das sind
Dimensionen wie in Rio de Janeiro. Der World Children Fund
hat in seinem letzten Bericht festgestellt, dass in ganz Osteuropa
und in der ehemaligen Sowjetunion inzwischen 156 Millionen
Menschen unterhalb der Armutsgrenze dahinvegetieren.

Das sind die Fortschritte der bürgerlichen Vorstellung von
»Freedom and Democracy«. Da ist mir doch der Sozialismus
zehnmal lieber – da konnte man zwar nicht mit dem Mercedes
herumfahren, aber dafür hatten die Erwachsenen Arbeit und
die Jugendlichen eine Lehrstelle. Die Menschen hatten keine
Angst um die Zukunft. Das waren eben die Errungenschaften
des Sozialismus.

Haben Sie noch Kontakte zu ehemaligen HV A-Offizieren?

Sehr gute. Sobald es möglich war, hat mich mein Führungsoffizier jeweils an meinem Geburtstag im Gefängnis
besucht. Wir waren ja nicht nur Kollegen, wir haben nicht nur
dienstlich zusammengearbeitet. Im Laufe der Jahre ist da auch
eine echte und tiefe Freundschaft entstanden. Wir haben
schließlich gemeinsam an der unsichtbaren Front gekämpft.
Das sind Bindungen, die alle Höhen und Tiefen überstehen.

Vor einer Woche hat sich zum 60. Mal das Hinrichtungsdatum
des Aufklärers der Roten Armee, Richard Sorge, gejährt. Haben
Sie nie befürchtet, dass Ihnen bei Ihrer brisanten Position
irgendwann ein ähnliches Schicksal drohen könnte?

Daran habe ich schon damals sehr oft gedacht. Wenn man
es so nimmt, bin ich mit der Haftstrafe von zwölf Jahren
glimpflich davon gekommen. Ich will mich nicht beschweren.

Sie arbeiten heute als freier Journalist u.a. für die junge Welt,
Unsere Zeit, *und auch für* Neues Deutschland. *Sie analysieren*

vor allem politische Vorgänge. Ist das wesentlich anders als das, was Sie früher bei der NATO gemacht haben?

Nein, ich mache im Grunde genommen dieselbe Arbeit wie früher. Heute natürlich unter anderen Bedingungen und mit anderen Mitteln. Aber die Aufgabe ist nach wie vor im eigentlichen Sinne »aufklärend«. Ich will die Lügen aufklären und die Schleier etwas lüften, die über bestimmte Ereignisse und Ziele der Politik geworfen werden.

Bedauern Sie, dass Sie heute nicht mehr an der Quelle wichtiger Informationen sitzen, durch deren Weitergabe Sie einen Beitrag zum Frieden leisten können?

Das ist eine hypothetische Frage. Aber zum Glück gibt es heute das Internet. Und ich habe schon so manches Mal mit meinen ehemaligen Kollegen in der HV A darüber gesprochen, dass der eine oder andere Handstand, den wir früher machen mussten, uns heute dank Internet erspart würde. Wenn man weiß, wo und wie man zu suchen hat und wie man bestimmte Dinge interpretieren muss, kann man mit Hilfe des Internets sehr viel erreichen. Es ist ein wunderbares Instrument.

Sie waren einer der ganz wenigen Bundesbürger, die auch Mitglied der SED waren …

Darauf hatte ich bestanden. Damit hatte mein Führungsoffizier allerdings Probleme, die Genossen hatten damals Angst, sie könnten mich mit der Ausstellung eines Mitgliedsbuches und der entsprechenden Registrierung als Parteimitglied in meiner konspirativen Arbeit gefährden.

Die SED ging Ihnen verloren, und Sie fanden sich dann in der PDS wieder. Aus der sind Sie vor gut einem Jahr ausgetreten.

Ich bin ausgetreten, weil die PDS zu einer von Grund auf bürgerlichen Partei geworden ist. Ziel der PDS ist es doch nur noch, Anteil an der Macht zu bekommen. Das zwar nicht im Sinne des Großteils der Wähler, aber in dem der Führungsspitze. Ich bin ausgetreten, weil ich nicht zu einer Partei gehören wollte, die an Wochenenden gegen den Sozialabbau demonstriert und an Werktagen in Regierungskoalitionen kräftig am Sozialabbau arbeitet.

Lebensdaten

1945   geboren am 15. September in Saarlouis

1966   Abitur nach Besuch der Grundschule Schwalbach und von Gymnasien in Saarlouis, Trier und Saarburg

1968   Anwerbung durch die Hauptverwaltung Aufklärung als Inoffizieller Mitarbeiter der Abteilung XII, Einsatzrichtung NATO und Europäische Gemeinschaft (EG)

1974   Diplomvolkswirt nach Studium an die Universitäten in Mainz, Brüsel und Bonn, danach, bis

1975   wissenschaftlicher Mitarbeiter an den Universität Brüssel und zugleich Geschäftsführer der belgischen Firma IRELCO

1976   Direktor der Industriebank CEDIF in Brüssel

1977   bis 1993 Tätigkeit im NATO-Hauptquartier in Brüssel, Spitzenquelle im Generalsekretariat, Wirtschaftsdirektorat der Politischen Abteilung

1979   Rupp bekommt den Decknamen »Topas«, bis dahin wurde er als IM »Mosel« geführt

1993   Verhaftung am 31. Juli in Saarburg gemeinsam mit seiner Ehefrau und Inhaftierung, U-Haft in Koblenz und Düsseldorf

1994   Verurteilung am 17. November durch das Oberlandesgericht Düsseldorf zu zwölf Jahren Haft, die er in der JVA Saarbrücken bzw. Saarlouis absitzen muss

2000   Entlassung aus der Haft

2003   Austritt aus der PDS. Während seiner Tätigkeit für die DDR-Aufklärung gehörte er der SED an. In der Haft und danach war er für die PDS politisch aktiv. Heute ist er Mitglied der DKP

Rainer Rupp ist verheiratet, Vater von drei Kindern und lebt in Rheinland-Pfalz. Er ist seit den 90er Jahren publizistisch tätig.

ISBN 978-3-360-01846-5

© 2013 edition ost im Verlag Das Neue Berlin, Berlin
Umschlaggestaltung: Buchgut, Berlin,
unter Verwendung eines Fotos von Robert Allertz
Fotos: Robert Allertz S. 8, 14, 35, 38, 59, 73, 74, 94, 217, 225, 244
Druck und Bindung: Multiprint, Bulgarien

Ein Verlagsverzeichnis schicken wir Ihnen gern:
Das Neue Berlin Verlagsgesellschaft mbH
Neue Grünstr. 18, 10179 Berlin
Tel. 01805/30 99 99
(0,14 Euro/Min., Mobil max. 0,42 Euro/Min.)

Die Bücher der edition ost und des Verlags Das Neue Berlin
erscheinen in der Eulenspiegel Verlagsgruppe
www.edition-ost.de